"十二五"职业教育国家规划教材
经全国职业教育教材审定委员会审定
汽车电子技术专业项目化教学改革成果教材
国家级精品资源课程配套教材

汽车电器实训

第 3 版

主　编　徐景波

副主编　王世震

参　编　张真忠　刘焕学　左明伟

主　审　李春明

机械工业出版社

本教材以汽车电器检修项目为主线组织教材内容，包括汽车电器检修基础、电源系统故障检修、起动系统故障检修、点火系统故障检修、灯光系统故障检修、仪表及报警系统故障检修、辅助电器系统故障检修和空调故障检修8个检修项目。

本教材可作为高等职业院校汽车类专业汽车电器实训用书，以及汽车电器项目导向课程和理实一体课程的教学用书，也可作为中等职业院校和汽车检测和维修企业的培训用书。

本书配有电子课件，凡使用本书作为教材的教师可登录机械工业出版社教育服务网 www.cmpedu.com 注册后下载。咨询邮箱：cmpgaozhi@ sian.com。咨询电话：010-88379375。

图书在版编目（CIP）数据

汽车电器实训/徐景波主编. —3 版. —北京：机械工业出版社，2015.2（2024.9重印）
"十二五"职业教育国家规划教材　汽车电子技术专业项目化教学改革成果教材
ISBN 978-7-111-49497-3

Ⅰ.①汽… Ⅱ.①徐… Ⅲ.①汽车-电气设备-高等职业教育-教材
Ⅳ.①U463.6

中国版本图书馆 CIP 数据核字（2015）第 041764 号

机械工业出版社（北京市百万庄大街22号　邮政编码100037）
策划编辑：葛晓慧　责任编辑：葛晓慧
责任校对：刘怡丹　封面设计：陈　沛
责任印制：郜　敏
北京富资园科技发展有限公司印刷
2024 年 9 月第 3 版第 7 次印刷
184mm×260mm·11.5 印张·281 千字
标准书号：ISBN 978-7-111-49497-3
定价：38.00 元

电话服务　　　　　　　网络服务
客服电话：010-88361066　机 工 官 网：www.cmpbook.com
　　　　　010-88379833　机 工 官 博：weibo.com/cmp1952
　　　　　010-68326294　金 书 网：www.golden-book.com
封底无防伪标均为盗版　机工教育服务网：www.cmpedu.com

第 3 版前言

本书是根据职业教育的教学规律，结合现代汽修企业的实际需求编写而成的。实训内容充分考虑职业院校学生的特点，以项目操作为中心，理论能够满足项目完成即可。本书的所有训练项目均有详尽的操作描述，任务实施环节有引导文及相应表格，可以帮助学生自主完成工作任务。训练项目的组织不但简单实用，而且成本低廉，完全能够满足"做中学""做中教"的职业院校教学要求。

本书将修复能力、汽车电路识图能力、故障诊断能力，以及工具、仪器的使用能力等的训练融入到各个任务中。每个任务各有侧重，并标明核心技能，如项目二中的任务二侧重于修复能力，任务三则侧重于故障诊断能力。

本书推荐的主要训练车辆是桑塔纳系列轿车（可以配桑塔纳全车线路实验台）。桑塔纳系列轿车具有应用广泛和配件价格低的优势，非常适合用于"汽车电器与电路检修"及相关课程教学。

本书由承德石油高等专科学校"汽车检测与维修专业国家级教学团队"组织人员编写，并作为"汽车电器与电路检修"国家级精品资源课程配套教材。本书由徐景波任主编并负责统稿，王世震任副主编，其中：徐景波编写项目一、三、四、五和附录 A，王世震编写项目七和附录 B，左明伟编写项目六；张真忠编写项目二，刘焕学编写项目八。李春明负责主审。

本教学团队可提供"汽车电器实训"或"汽车电器理实一体课程"整体的软硬件技术服务。由于汽车电子技术发展很快，教材的编写不可能面面俱到，疏漏之处在所难免，敬请广大读者批评指正，意见和建议可使用 E-mail 发至：cdpcxjb@126.com，不胜感谢。

本书在编写过程中，参考和借鉴了大量的相关资料和书籍，在此一并向有关作者致以最诚挚的谢意！

编　者

目　　录

项目一

汽车电器检修基础

任务一　故障车辆的接待与入厂检查

【任务组织】

1. 目的与要求

1）掌握车辆的接待与交接程序，能够与客户进行故障现象的交流。

2）掌握车辆基本检查方法，熟悉常用汽车电器的操作和使用。

3）熟悉汽车维修施工单的主要内容，能够正确填写承修车辆的检查单和施工单。

4）核心技能：团队协作能力、与客户的交流能力。

2. 安全与环保教育

1）实训车辆使用前，必须先将档位置于空档，自动档置于 P 档，并将驻车制动器置于制动状态。

2）移动车辆时，应由驾驶人或专门的接车人员操作，学员不能自行驾驶车辆。

3）维修作业前应先检查设备、工具和场地，熟悉操作规程。

4）进行入厂检查时，必须先放置座椅和车身护罩，爱护维修车辆。

3. 设备及工具准备

1）训练用轿车。

2）电工工具、数字式万用表、指针式万用表等检查工具。

【任务知识准备】

故障车辆接待是汽车电器检修工作的第一步，对故障诊断结果、检修效率、检修质量以及企业的信誉起到至关重要的作用。故障车辆接待一般包括客户陈述、故障车辆入厂检查和施工单的填写等步骤。

1. 客户陈述记录

经总结与归纳后的客户陈述，应该由以下 3 个部分组成：

（1）基本信息　车辆的品牌、型号、购车时间、行驶里程、保养状况、主要行驶的路面特征以及最后一次保养或维修的日期与内容，都属于该车辆的基本信息。其中，购入的是新车还是二手车？车辆经常行驶的路面是以高速公路为主、城市道路为主，还是以乡村公路为主？车辆准确的累计行驶里程是多少？这些信息的集合，就成为目前大致的车况。

（2）故障现象　引导客户将故障发生时的印象与感受，用最通俗的语言表述出来。例如："我几乎每天早晨在起动发动机的时候，或者在急加速的时候，车头那里都传来类似鸟叫的声音。"这句话就非常生动地描述了故障发生的频率、诱发故障的两个条件与故障的异响特征。另外，对各类故障发生时的车速、档位、发动机转速、冷却液温度、道路状况、天气，以及空调、灯光等辅助设备的使用情况进行准确的描述，也是非常重要的。因为这些信息将有助于维修技师缩小故障检查与诊断的范围，缩短维修时间。

（3）故障历史　要尽量引导客户说明是突发性故障还是渐进式故障，以及诱发故障的条件或故障渐进的过程与特征。这将有助于提高维修技师的工作效率与维修质量。例如："昨天下班时下大雨，车辆曾冲过一个水洼，今天发现发动机怠速时有明显的抖动。"

正确理解与尊重客户对故障的描述，并将客户的重要口述直接记录在维修工单中，便于维修技师能够一次性了解更多的相关信息，以缩短故障判断与故障修复的时间。

2. 入厂车辆的基本检查

故障车辆入厂时应对其进行基本检查，确定车辆的基本现状，填写入厂检查单。根据故障现象初步确定检修方案，填写施工单。

（1）起动状态检查　正确操作车辆，倾听起动过程声响，判断起动是否正常。

（2）仪表指示状态检查　观察仪表指示状态是确定汽车现状的基本方法，检查包括以下内容：

1）燃油表及警告灯指示。

2）冷却液温度表及警告灯指示。

3）自动变速器档位指示。

4）发动机警告灯。

5）驻车指示灯。

6）机油压力警告灯。

7）驱动防滑指示灯。

8）ABS 警告灯。

9）充电指示灯等。

点火开关处于"ON"（闭合）位置时，指示灯全亮，起动后全部熄灭为正常。汽车警告及指示灯见表1-1。

表1-1　汽车警告及指示灯

序号	警告/指示灯标志	警告/指示灯含义
①		废气排放指示灯
②	EPC	EPC 指示灯
③		预热及故障指示灯
④		防盗指示灯
⑤		发电机指示灯
⑥		灯泡检测指示灯
⑦		转向信号机指示灯

（续）

序号	警告/指示灯标志	警告/指示灯含义
⑧		冷却液温度及液位指示灯
⑨		机油压力警告灯
⑩		制动衬片磨损指示灯
⑪		车门指示灯
⑫		风窗清洗液液位警告灯
⑬		行李箱开启指示灯
⑭		燃油油位报警
⑮		机油油位报警
⑯		安全带未系报警
⑰		ABS 警告灯
⑱		ASR 或 ESP
⑲		驻车制动、制动液位、制动系统
⑳		定速巡航
㉑		电动助力转向
㉒		柴油车颗粒净化器警告灯
㉓		油箱盖开启警告灯
㉔		远光灯
㉕		后雾灯指示灯
㉖		安全气囊或燃爆式安全带故障指示灯
㉗		制动踏板

（3）外观和行李箱检查　通常检修车辆都有一定的外观和辅助电器缺陷，为防止交车时造成纠纷，入厂时应对外观和辅助电器等做必要检查。检查内容包括：

1）车身检查及缺陷记录。

2）内饰检查及缺陷记录。

3）音响等辅助电器检查及缺陷记录。

4）随车携带物品检查及记录。

5）行李箱物品检查并记录。

3. 施工单的填写

一般维修费超过1万元的，应与修理厂签署正式维修合同和施工单；1万元以下的，接车单（施工单）视为合同单。施工单是重要的原始凭证，和合同一样具有法律效能，因此需要如实填写，如果在维修过程中增加或更改维修项目，必须在施工单上及时反映出来。

【任务实施】

1. 施工单填写

施工单包括车辆信息、故障陈述、委托事项和维修内容等。采用角色扮演法实施本任务，即由教师扮演客户，学生扮演接车员，记录客户委托和车辆信息，并填入表1-2中。

表1-2　汽车维修施工单

工单号：　　　　　　　接待员：　　　　　　　　　　　客户签字：

车牌号		VIN No.			
客户 ID		客户姓名			
邮政编码		地址			
电话 1		电话 2			
车型		SFX		外观色	
上次行驶里程		入厂规定		卡号	
故障陈述		委托事项		维修内容	

注："VIN No."为车辆身份号，"SFX"为车辆类型号。

2. 故障车辆的入厂基本检查

1）起动状态检查。把实训汽车档位扳至空档，起动汽车，检查起动情况，将检查记录填入表1-3中。

表1-3　起动状态检查表

起动次数	起动时间、次数	起动声音	起动是否正常

2）将实习用车辆的点火开关置于"ON"位置，检查仪表和警告灯，然后起动车辆再次观察仪表和警告灯，将检查结果填入表1-4中。

3）观察实训轿车，找出外观缺陷，填写外观检查，见表1-5。

4）检查实训轿车，将辅助电器及附属物的检查结果填入表1-6中。

表 1-4 轿车仪表及警告灯工作状况表

警告灯	(发动机)	(!)	(机油)	VSC TRC	
名称状态					
警告灯	(!)	(ABS)	(电池)	(图标)	
名称状态					
警告灯	(安全带)	(机油)	VSC OFF	O/D OFF	
名称状态					

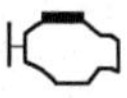

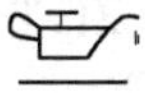

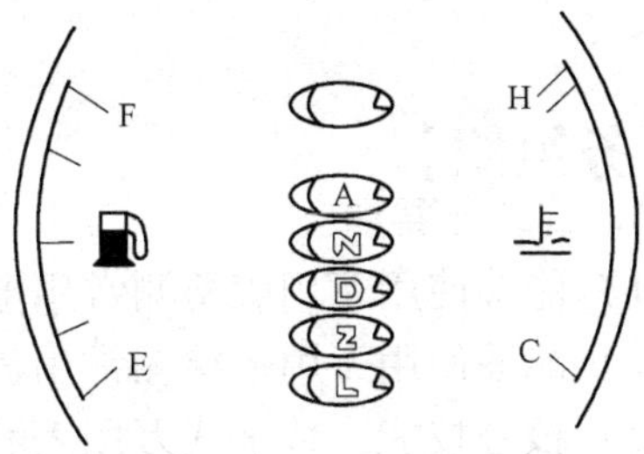

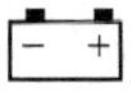

燃油表　　　　档位　　　　冷却液温度表

表 1-5 外观检查表

序号	外观瑕疵	瑕疵位置标注
①	有裂纹(例)	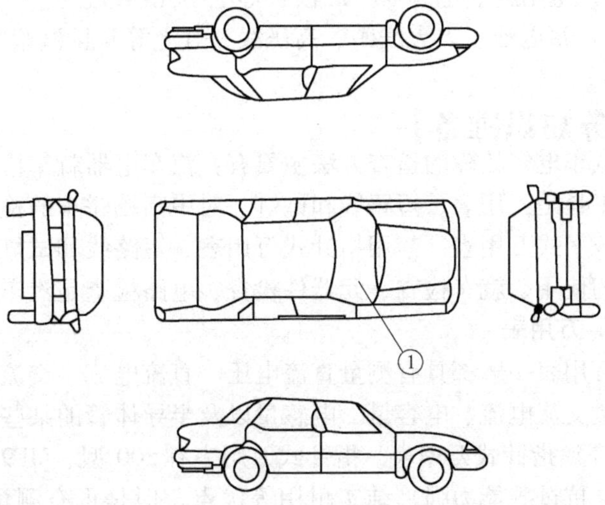 ①

表 1-6 车辆辅助电器及附属物检查表

车牌号		车型		行驶里程		维修日期	
随车附件 良好(打√) 有问题(打×)		点烟器			音响		
		升降器			备胎		
		钢圈及护盖			中控锁		
		随车工具			车内物品		
		内饰状况					

任务二　汽车电器元件检查

【任务组织】

1. 目的与要求

1）能够使用万用表检测常用电子元器件。

2）能够使用万用表检测常用汽车电器元件。

3）核心技能：数字式万用表和指针式万用表的使用。

2. 安全与环保教育

1）使用万用表前，应检查万用表转换开关的档位与所要测量的电量是否一致，否则可能导致万用表和元器件损坏。

2）在车上拆卸元器件时，应断开蓄电池正极，防止短路打火，损坏车上计算机。

3）在进行实车检查时，应使用高阻数字式万用表，尽量少用试灯和短路线。

3. 设备及工具准备

1）数字式万用表、指针式万用表等检查工具。

2）电阻器、电容器、二极管等电子元器件。

3）蓄电池、点火线圈、高压线、灯泡等常见汽车电器元件。

【任务知识准备】

汽车电气故障的检查方法主要有：汽车电器就车检查、元器件检查和电路检查等，主要检查工具是万用表、短路线和试灯。对中高档轿车的检查，一般应使用数字式万用表或汽车专用数字式万用表，禁用指针式万用表、短路线和试灯，以避免损坏计算机和电子设备。万用表的使用、就车检查、元器件检查、电路检查是汽车电器故障诊断和维修的基础。

1. 万用表

万用表一般都具有测量直流电压、直流电流、交流电压、静态电阻等多种功能，有的还能测量交流电流、电容量、电感量以及半导体管的某些参数等。

（1）指针式万用表　指针式万用表有 500 型、MF9 型、MF10 型等多种型号，具有显示直观、抗过载能力强、结实耐用等优点，但是也有测量精度低、输入阻抗低、功能少等缺点，适用于一般汽车电器的检查。对于带有 ECU 的汽车电控系统检查，应使用数字式万用表。

（2）数字式万用表　由于现代轿车均采用电控系统，为了防止检查过程中损坏计算机，一般不使用短路线、试灯以及指针式万用表等传统检测工具，而使用数字式万用表或汽车专用数字式万用表。数字式万用表具有测量精度高、灵敏度高、速度快及数字显示等特点，在汽车维修应用中，正逐步取代指针式万用表。

DT-890 型数字式万用表的面板如图 1-1 所示，该表前、后面板主要包括：液晶（LCD）显示器、电源开关、功能（量程）选择开关、h_{FE} 口、输入插孔及在后盖板下的电池盒等。

（3）汽车专用数字式万用表　汽车专用数字式万用表的面板如图 1-2 所示。

汽车专用数字式万用表的一般测量方法与数字式万用表相同，此外还可以测量汽车电控系统专用参数，主要包括信号频率检测、温度检测、闭合角检测、占空比检测、转速的测量、起动机起动电流的检测、氧传感器的检测、喷油器喷油脉宽的测量等。

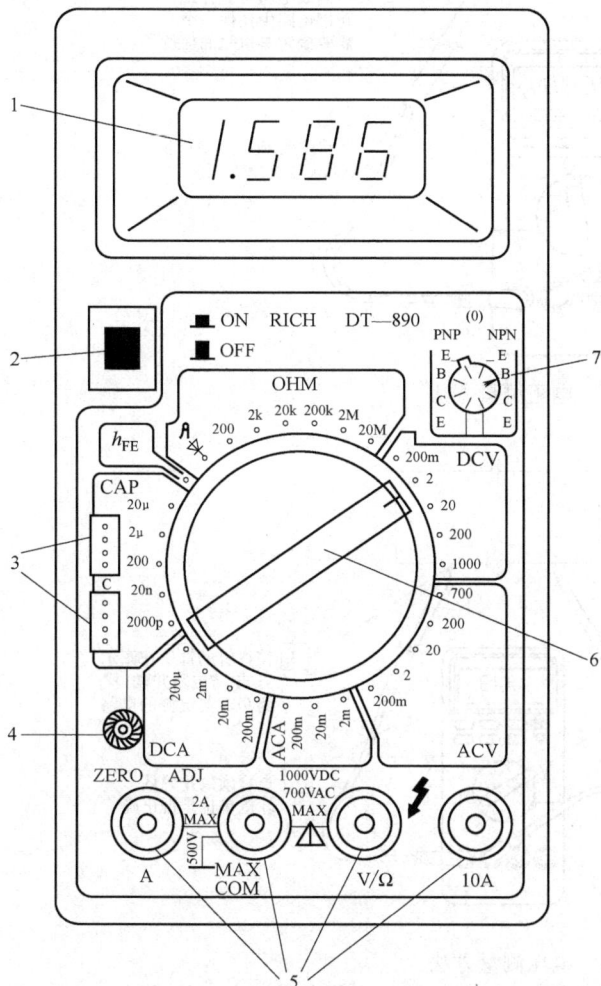

图 1-1 DT-890 型数字式万用表

1—液晶（LCD）显示器 2—电源开关 3—电容插孔
4—测电容零点调节旋钮 5—输入插孔
6—功能（量程）选择开关
7—h_{FE} 插孔

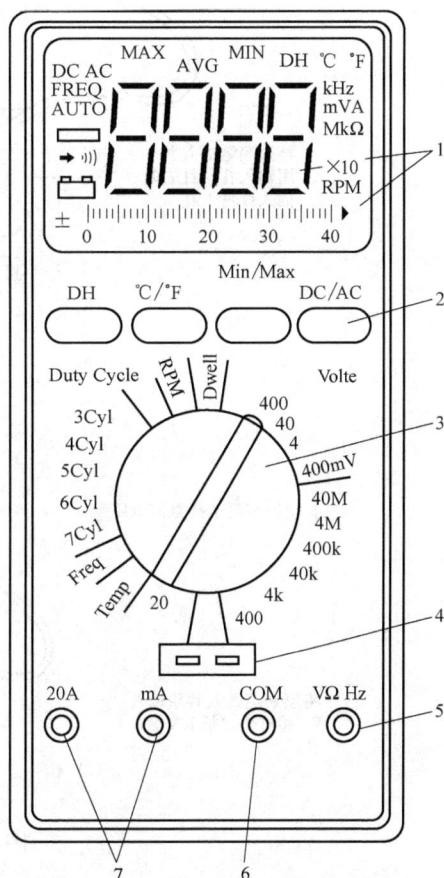

图 1-2 汽车专用数字式万用表

1—4 位数字及模拟量（棒形图）显示器
2—功能按钮 3—功能选择开关 4—测量
温度插座 5—测量电压、电阻、频率、
闭合角、频宽比（占空比）及转速公用插座
6—公共搭铁插座 7—测量电流插座

2. 电子元器件的测量

（1）电阻的测量 使用时，将黑表笔插入"COM"插孔，红表笔插入"V/Ω"插孔，按下 ON/OFF 开关，如液晶显示屏左上角无"LO BAT"字样，则意味着电池电压正常，可进行测试。测试电阻前，即表笔开路时，液晶屏显示"1"，测量方法如图 1-3 所示。

（2）电压的测量 使用时，将黑表笔插入"COM"插孔，红表笔插入"V/Ω"插孔，按下 ON/OFF 开关。测试直流电压及交流电压时，将量程开关转到相应测量范围，测量之前显示屏应显示"000"，测量方法如图 1-4 所示。

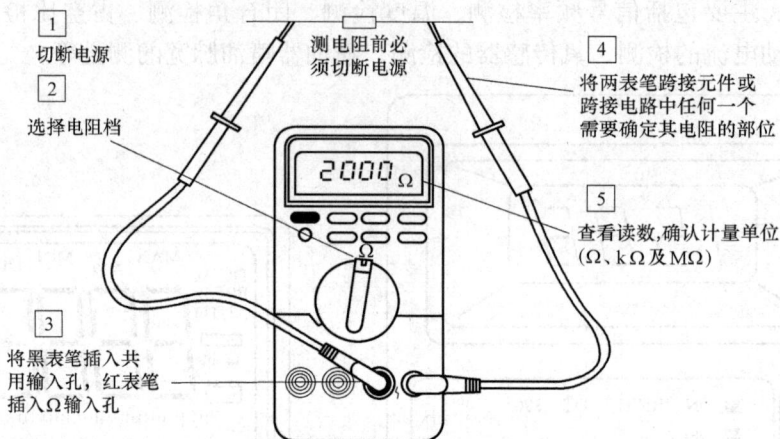

图 1-3　电阻测量方法

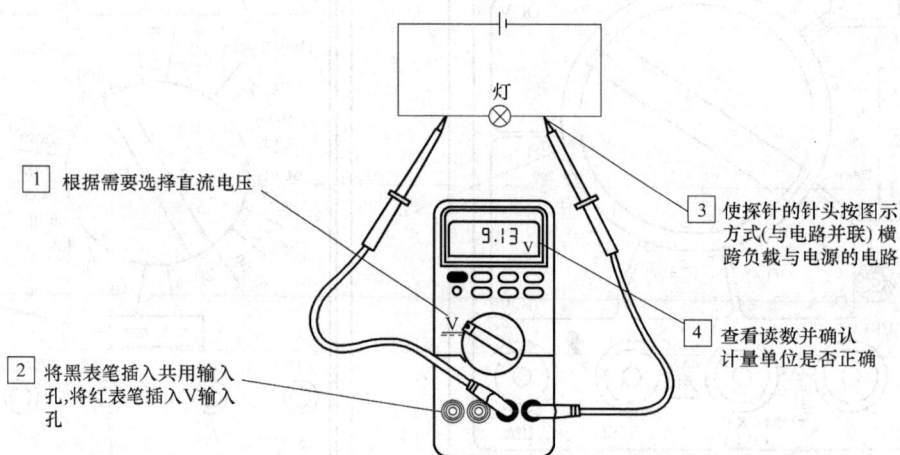

图 1-4　电压测量方法

（3）电流的测量　使用时，将黑表笔插入"COM"插孔，红表笔插入"A"或"10A"插孔，按下 ON/OFF 开关。电流的测量与其他参数不同，需要断开电路，把万用表串联在电路中，测量方法如图 1-5 所示。

（4）电容的测量

1）用数字式万用表检测电容。数字式万用表一般用于测量 $200\mu F$ 以下的电容器的电容量大小，对于 $200\mu F$ 以上的电容器可以通过测量电阻观察充放电情况，以判断电容器的好坏。

使用数字式万用表测量电容时，将量程开关置于 CAP 的相应档位，将电容器插入电容测量插孔。由于各电容档都存在失调电压，即没有电容时也会显示一个初始值，因而测量前必须调整"ZERO ADJ"（零点调节）旋钮，使初始值为"000"或"－000"，然后再上被测电容器进行测量。必须注意，每次更换电容器，都要重新调零，还应事先将被测电容器短路放电，以免造成仪表损坏或测量不准。

2）用指针式万用表检测电容器的充电过程漏电阻。对于电容量超过 $200\mu F$ 的电容器，

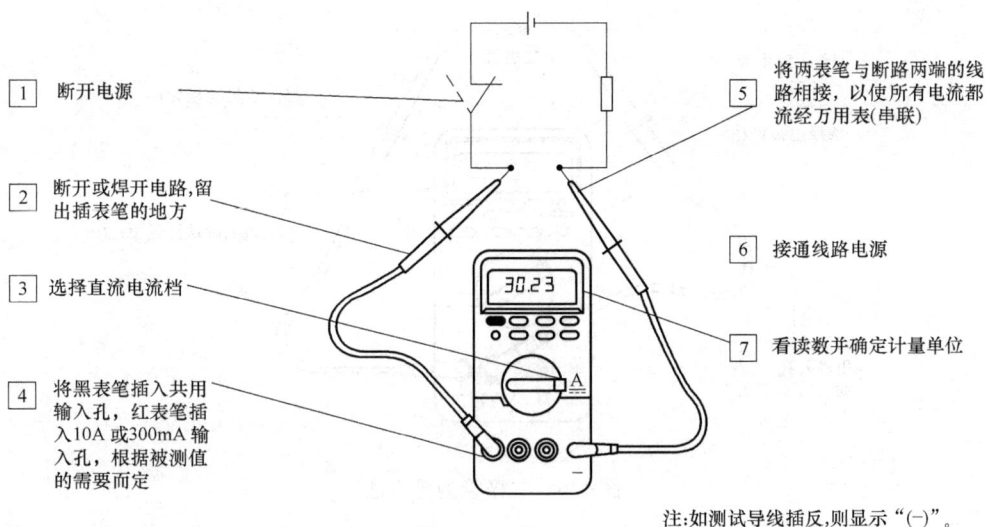

图 1-5　电流测量方法

不能用数字式万用表测出其大小，一般通过用指针式万用表检测电容器的充电过程和漏电阻，来判断电容器的好坏，方法如下：

将万用表置于 $R \times 100$ 或 $R \times 1k$ 档，并用表笔接触电容器的两引线。刚接触时，由于电容器充电电流大，表头指针偏转角度最大，随着充电电流减小，指针逐渐向 $R = \infty$ 方向返回，最后稳定时的指示值即漏电电阻值。一般电容器的漏电电阻为几百至几千兆欧，漏电电阻相对小的电容器质量不好。测量时，若表头指针停在（或接近）欧姆零点，表明电容器内部短路；若指针不动，始终指在 $R = \infty$ 处，则意味着电容器内部断路或已失效。对于电容量在 $0.1\mu F$ 以下的小电容器，由于漏电阻接近 ∞，而且充电电流很小难以分辨，故不能用此法测漏电阻或判定好坏。

电解电容器的极性检测：电解电容器的正、负极性不允许接错，当极性接反时，可能因电解液的反向极化，引起电解电容器的爆裂。当极性标志无法辨认时，可根据正向连接时漏电电阻大、反向连接时漏电电阻相对小的特点判断极性。交换表笔测量两次漏电电阻，阻值大的一次，黑表笔接触的是正极，因为黑表笔与万用表内电池正极相接。但用这种办法有时并不能明显地区分正、反向电阻，所以使用电解电容器时，要注意保护极性标志。

（5）二极管的测量

1）用数字式万用表测量二极管。使用数字式万用表可以测量二极管的正向压降，从而判断二极管的性能。

如图 1-6 所示，测二极管时，功能选择开关置于二极管档，红表笔插入"V/Ω"孔，接二极管正极，黑表笔插入"COM"孔，接二极管负极，则测出数值为其正向压降。据此压降值可确定二极管为硅二极管（0.50～0.75V）还是锗二极管（0.15～0.30V），并可以判断二极管的好坏和极性。

2）用指针式万用表测量二极管。使用指针式万用表可以测量二极管的正、反向阻值，从而判断二极管的性能。

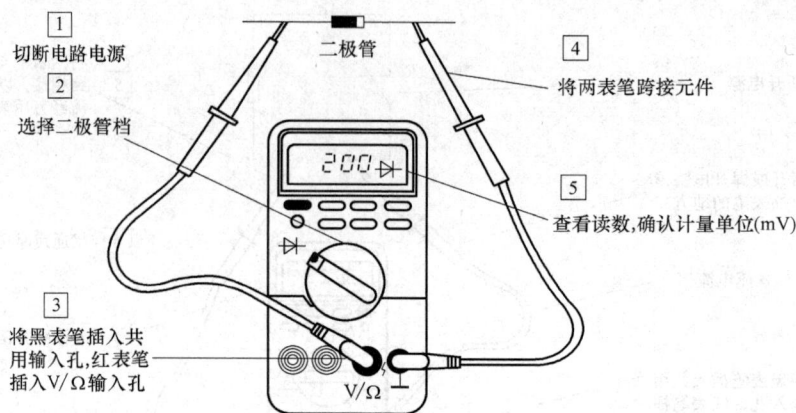

图1-6　二极管测量方法

①切断电路电源
②选择二极管档
③将黑表笔插入共用输入孔，红表笔插入V/Ω输入孔
④将两表笔跨接元件
⑤查看读数，确认计量单位(mV)

二极管

V/Ω

　　根据二极管所具有单向导电的特性，即正向电阻很小、反向电阻很大的特点，通过测电阻可判别二极管的极性。一般带有色环标志的一端为负极。用指针式万用表 $R \times 100$ 或者 $R \times 1k$ 档测量二极管正、反向电阻，阻值较小的一次，二极管导通，黑表笔接触的是二极管的正极，如图1-7所示。

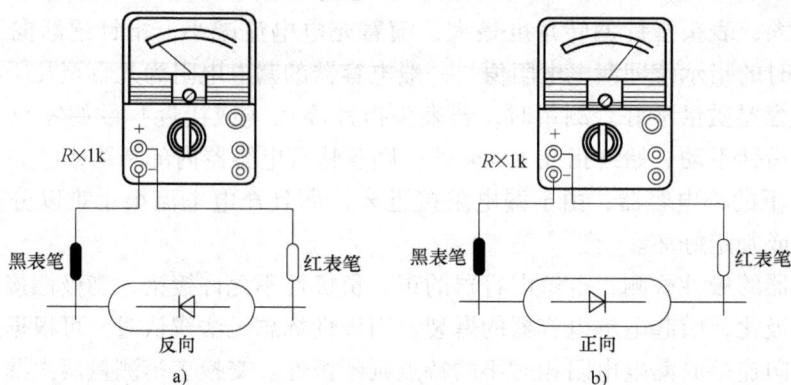

$R \times 1k$　　黑表笔　　红表笔　　反向　　a)

$R \times 1k$　　黑表笔　　红表笔　　正向　　b)

图1-7　二极管极性的检测

　　用指针式万用表检测二极管的性能：

　　通常二极管的正、反向电阻相差越大，说明它单向导电性能越好。因此，可以根据二极管的正、反电阻来判别二极管的单向导电性能好坏。

　　二极管是非线性器件，不同型号的万用表、使用不同档位测量结果都不同。用 $R \times 100$ 档测量时，通常小功率锗二极管的正向电阻在 $200 \sim 600\Omega$ 之间，硅二极管在 $900\Omega \sim 2k\Omega$ 之间。对于大功率二极管，应使用 $R \times 1$ 档测量，其值约为十几至几十欧。利用这一特性可区别出硅、锗两种二极管。锗二极管的反向电阻大于 $20k\Omega$ 即可符合一般要求，而硅二极管的反向电阻都要求在 $500k\Omega$ 以上，小于 $500k\Omega$ 都视为漏电较严重。测量正常硅二极管的反向电阻时，万用表指针都指向无穷大。

总的来说，二极管正、反向电阻相差越大越好，阻值相同或相近都视为已损坏。如果两次测得的阻值均为"0"，那么二极管已击穿；两次测得的阻值均为"∞"，那么二极管已断路。

注意：不同档位以及不同万用表测量的二极管正向阻值不同，这是由于二极管正向阻值是非线性的，测量电压不同，阻值不同。

【任务实施】

按照万用表的检测方法测量电子元器件和汽车常用电子元器件，并进行分析。

1. 电阻的测量

使用数字式万用表和指针式万用表测量电阻，将电阻的测量结果填入表1-7中，并进行分析。

表1-7 电阻的测量记录　　　　　　万用表型号：_____

电阻额定值	测量值	绝对误差	相对误差	测量档位	分析

2. 电容的测量

（1）用数字式万用表测量电容　使用数字式万用表测量电容，先选择好合适的档位，然后将电容器插入测量专用插孔，稳定数秒后，即可读数。将测量结果填入表1-8中，并进行分析。

表1-8 电容器的测量记录　　　　数字式万用表型号：_____

电容标称值	测量值	绝对误差	相对误差	测量档位	结论

（2）用指针式万用表测量电容　使用指针式万用表测量电容器的性能，将测量结果填入表1-9中。

表1-9 电容器的测量记录　　　　指针式万用表型号：_____

电容标称值	最小电阻	漏电阻	测量档位	结论

3. 二极管的测量

（1）用数字式万用表测量二极管 用数字式万用表测量二极管的正向压降，将结果填入表1-10，并进行分析。

表1-10 二极管的测量记录   数字式万用表型号：_____

二极管型号	正向压降	二极管类型（硅管或锗管）	结论

（2）用指针式万用表测量二极管 用指针式万用表测量二极管的正、反向阻值，将结果填入表1-11，并进行分析。

表1-11 二极管测量记录   指针式万用表型号：_____

二极管型号	正向电阻	反向电阻	测量档位	结论

4. 汽车常用电器元件的测量

认识并测量表中汽车常用电器元件的电阻，将测量结果填入表1-12中。

表1-12 汽车电器元件检测表

电器元件名称	测量值	万用表档位	结论
主高压线			
分高压线			
点火线圈—次线圈			
点火线圈—次线圈			
喇叭			
前照灯			
冷却液温度传感器			
进气温度传感器			
燃油位置传感器			

任务三　汽车电路检查

【任务组织】

1. 目的与要求

1）能够使用万用表检查汽车熔断器和继电器。

2）能够利用万用表判断汽车电路断路和短路。

3）核心技能：汽车电路的认识与检查方法。

2. 安全与环保教育

1）汽车上的熔断器、继电器和插头不可随意插拔，以防造成人为故障。

2）在进行实车电路检查时，应掌握动作要领，以防损坏插头和电路。

3. 设备及工具准备

1）实训用轿车和全车电路实验台。

2）数字式万用表等检查工具。

3）汽车熔断器、继电器以及中央配线盒等。

【任务知识准备】

汽车熔断器、继电器检查是汽车电器维修的最基本检查手段，汽车电路的通断判断是汽车电器故障诊断的基础。

1. 汽车熔断器的认识与测量

汽车熔断器在电路中起保护作用。当电路中流过超过规定值的电流时，熔断器的熔丝自身会发热熔断，切断电路，防止烧坏电路连接导线和用电设备，并把故障限制在最小范围内。熔断器的主要元件是熔丝（片），其材料是锌、锡、铅、铜等金属的合金，用不同的颜色来区别容量。常见的汽车熔断器如图 1-8 所示。

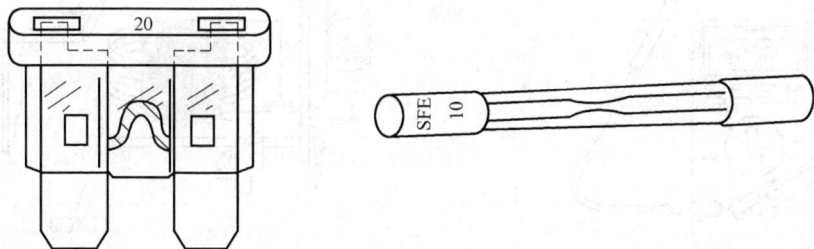

图 1-8　常见的汽车熔断器

一般情况下，环境温度在 18～32℃，流过熔断器的电流为额定电流的 1.1 倍时，熔丝不熔断；达到额定电流的 1.35 倍时，熔丝将在 60s 以内熔断；达到额定电流的 1.5 倍时，20A 以内的熔丝将在 15s 以内熔断，30A 的熔丝将在 30s 以内熔断。

熔断器在使用中应注意以下几点：

1）熔断器熔断后，必须找到故障的真正原因，彻底排除故障。

2）更换熔断器时，新熔断器的规格一定要与原熔断器的规格相同；汽车上增加用电设备时，不要随意改用容量大的熔断器，最好另外再安装熔断器。

3）行驶途中熔断器熔断后的应急处理：可用其他电路的相同或稍大容量的熔断器替代；如果其他电路也需要工作，可暂时采用细导线代替其他电路的熔断器。一旦到达目的地或有新熔断器时，应及时更换。

表 1-13 为汽车普通熔断器颜色与额定电流的关系，可帮助维修人员快速识别熔断器的规格。

表 1-13 汽车普通熔断器颜色与额定电流的关系

额定电流/A	颜 色
10	红
15	蓝
20	黄
25	本色
30	绿

汽车熔断器的外壳为透明塑料，检查时可以对光观察通断，也可以用万用表检查，如图 1-9 所示。

2. 汽车继电器的认识

汽车常用继电器是利用电磁原理实现自动接通或切断一对或多对触点，以完成用小电流控制大电流的装置。如图 1-10 所示，当线圈通电时产生磁场将极板吸下，使上面触点断开，下面触点闭合。

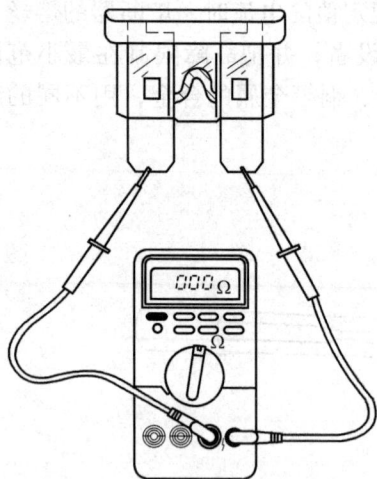

图 1-9 汽车熔断器的检查

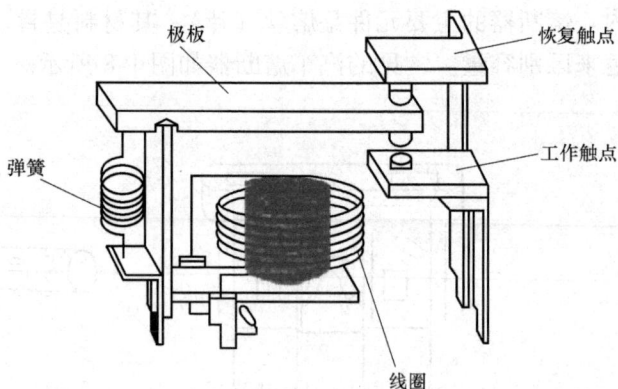

图 1-10 继电器的内部结构

图 1-11 为继电器的电路，分为开关回路和控制回路。在电路中设置继电器可以减小控制开关的电流负荷，减少烧蚀等现象的产生，保护电路中的控制开关。

汽车中大量使用各种继电器，如进气预热继电器、空调继电器、喇叭继电器、雾灯继电器、中间继电器、风窗刮水器/清洗器继电器、危险警告与转向闪光继电器等。继电器的每个插脚都有标号，与中央接线盒正面板的继电器插座的插孔标号相对应，如图 1-12 所示。

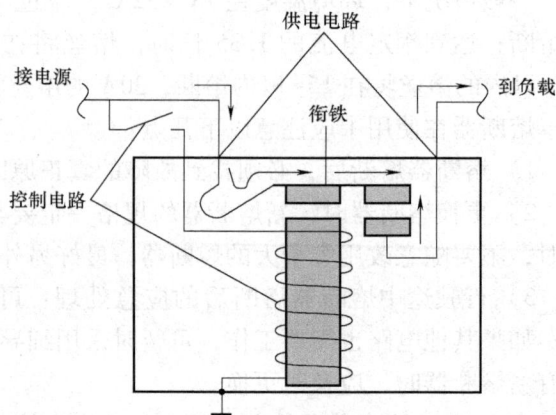

图 1-11 继电器的电路

汽车上的继电器有很多，常见的有常开继电器和常闭继电器。常开继电器平时触点是断开的，继电器动作（线圈通电）后触点才接通；常闭继电器平时触点是闭合的，继电器动作后触点断开。

3. 汽车继电器的检查

进行汽车继电器的检查，首先要了解的继电器的类型和电路符号以及插脚标志（一般继电器后部都有标注），然后进行检查。汽车继电器的检查一般分为线圈检查和触点通断检查。

（1）继电器线圈的检查 表1-14为继电器的检测方法。用万用表测量线圈的电阻，继电器的型号不一样，其线圈的电阻也不一样，通过检测线圈的电阻，可判断继电器是否正常。其方法是用万用表的电阻档，将两表笔分别接到线圈的两引脚，如测得的阻值与标称值基本相同，表明线圈良好，如电阻值为∞，表明线圈开路。如果线圈有局部短路，用此方法不易发现。

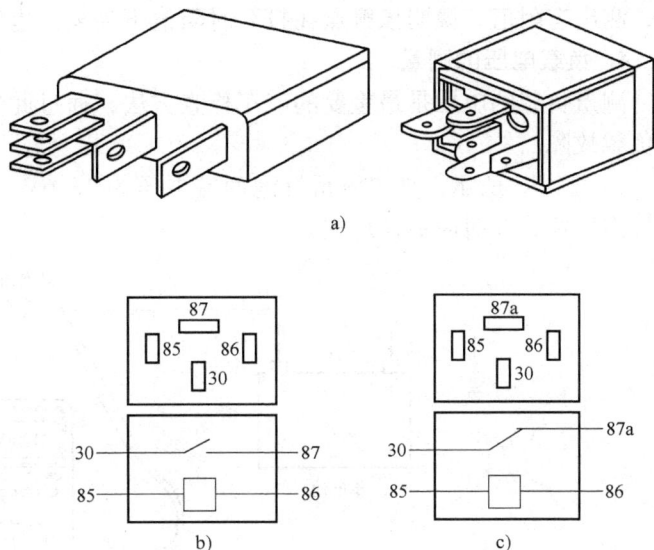

图1-12 继电器的插脚

a）继电器插脚的外形 b）触点常开的继电器 c）触点常闭的继电器

表1-14 继电器的检测方法

继电器结构	条件	测试端子	导通情况
	固定	1-2	导通，电阻为60~80Ω
	1-2 加电压	3-5	导通
	固定	3-5	导通，电阻为60~80Ω
		2-4	导通
	3-5 加电压	1-4	导通

（2）继电器触点通断状态的检查 表1-14中，将继电器线圈两端通12V电压（可用蓄电池提供），此时应能清晰地听到触点的动作声，为触点动作正常。

如用万用表检测继电器接触电阻，可更加准确、可靠地判断触点的通断情况。用万用表的 $R \times 1$ 档，表笔分别接常闭触点的两引脚，其阻值应为0Ω，然后将表笔再接常开触点的两引脚，阻值应为∞。然后给继电器通电，使衔铁动作，将常闭转为开路、常开转为闭合，再用上述方法进行检测，其阻值正好与上一次测量相反，表明触点良好。如果触点在闭合时，测出有阻值，说明该触点在打开时阻值不为∞，也说明触点有问题，需检测后再用。

4. 负载电压的测量

测量负载的电压是最重要的就车检查方法，通过此法可以判断该故障现象是电路故障还是负载故障。

如图 1-13 所示，如果测得灯泡两端电压为 12.6V，但是灯泡不亮，可以初步判断故障为灯泡损坏，此时应更换灯泡。

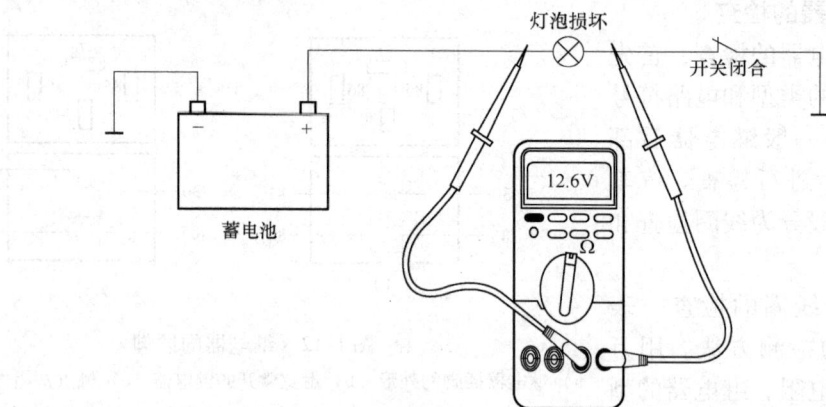

图 1-13 负载电压的测量（灯泡故障）

如图 1-14 所示，如果测得灯泡电压为 0，可以判断为电路故障，此时应检查电路。

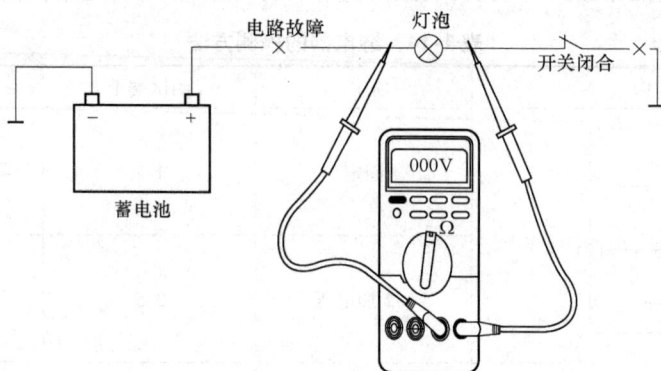

图 1-14 负载电压的测量（电路故障）

5. 汽车导线和线束的认识与测量

汽车用导线有高压导线和低压导线两种，二者均采用铜质多芯软线。

（1）低压导线

1）导线的截面积。导线的截面积主要根据其工作电流选择，但是对于一些工作电流较小的电器，为保证具有一定的机械强度，导线截面积不得小于 $0.5mm^2$。各种低压导线标称截面积所允许的负载电流见表 1-15。

表 1-15 各种低压导线标称截面积所允许的负载电流

低压导线标称截面积/mm²	1.0	1.5	2.5	3.0	4.0	6.0	10	13
允许电流值/A	11	14	20	22	25	35	50	

2）导线颜色。各国汽车厂商在电路图上多以字母（主要是英文字母）来表示导线外皮的颜色及其条纹的颜色。日本常用单个字母表示，个别用双字母，其中后一位是小写字母；我国的标准大体上与日本的相同；美国常用2、3个字母表示一种颜色，如果导线上有条纹，则要书写较多字母；德国汽车导线的颜色代号，各厂商甚至各牌号不尽一致。对于双色线的标注，第一色为主色，第二色为辅助色。导线的颜色是查找电路的重要标志。

（2）高压导线　汽车点火线圈至火花塞之间的电路使用高压点火线，简称高压线。它分为普通铜芯高压线及高压阻尼点火线。高压阻尼点火线可抑制和衰减点火系产生的高频电磁波，降低对无线电设备及电控装置的干扰。

（3）线束　汽车用低压导线除蓄电池导线外，都用绝缘材料如薄聚氯乙烯带缠绕包扎成束，避免水、油的侵蚀及磨损。在线束布线过程中不许拉得太紧，线束穿过洞口或绕过锐角处都应有套管保护。线束位置确定后，应用卡簧或绊钉固定，以免松动损坏。

（4）电路通断的测量

1）电压测量法判断电路的通断：利用"开路时电压等于电源电压（蓄电池电压或发电机电压），短路时电压等于0"，这一电路的基本性质判断电路的通断。

如图1-15所示，如果测量电路电压为蓄电池电压，而测量电路外还有其他负载，可以判断该电路为断路，如果电路有开关则为开关断开。

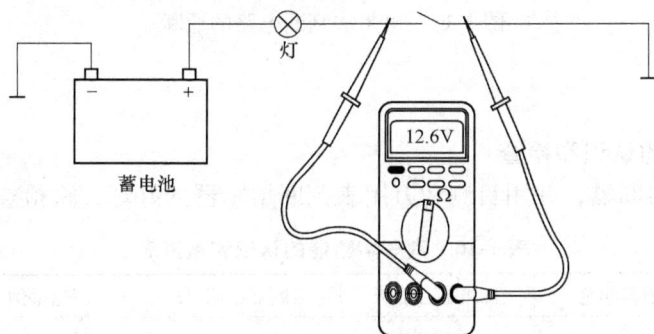

图1-15　电路断路的判断

如图1-16所示，测量的电路电压为0，该段电路为短路，如果有开关则开关闭合。

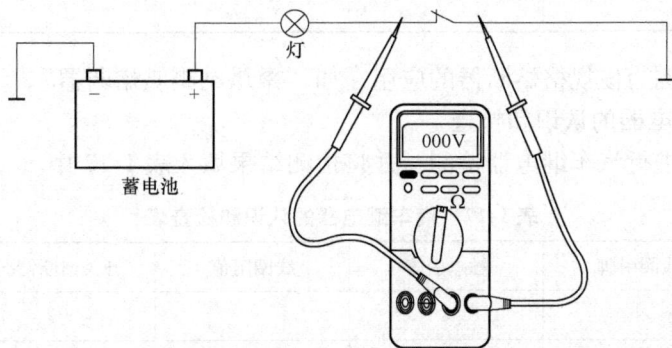

图1-16　电路短路的判断

2）电阻法判断电路的通断：电路通断检测时，红表笔插入"V/Ω"孔，黑表笔插入"COM"孔，档位置于最小电阻量程（通断判断档），若被测两点间电阻小于30Ω，则声、光同时指示，提示"导通"。

如图1-17所示，如果电路短路则电阻为0（或小于1Ω），如果电路断路则电阻为∞（数字式万用表显示为1）。

注意：在汽车电路测量电阻时一定要断开测量电路的正极或负极，可以通过断开熔断器、插头或者负载的方式实现。因为很多负载共用一个电源形成并联电路，如不断开，测量的是整个并联电路的电阻，会影响对电路通断的判断。

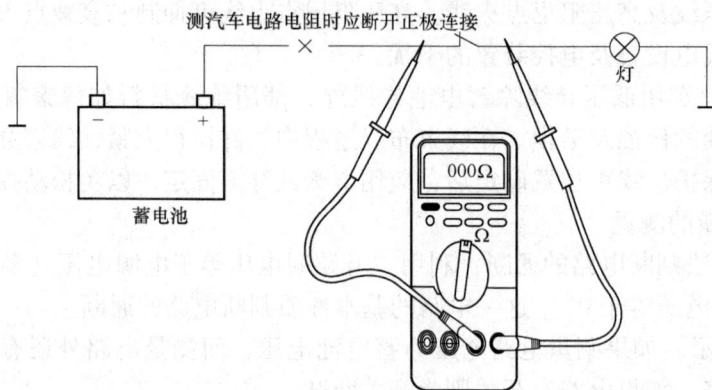

图1-17　电阻法判断电路的通断

【任务实施】

1. 汽车熔断器的认识和检查

认识轿车常用熔断器，并用目测和万用表判断熔断器的好坏，将检查结果填入表1-16。

表1-16　汽车熔断器的认识和检查表

熔断器规格/A	熔断器颜色	目测是否熔断	熔断器电阻/Ω	用途举例	结论

提示：用途举例为该规格熔断器的应用，如"桑塔纳喇叭熔断器"。

2. 汽车常用继电器的认识和检查

按照工艺要求进行汽车继电器检测，并将检测结果填入表1-17中。

表1-17　汽车继电器的认识和检查表

继电器标志号	线圈引脚	触点引脚	线圈阻值	开关通断情况	结论

3. 桑塔纳全车电路实验台电路测量

（1）中央配线盒检查点的认识 图1-18为桑塔纳喇叭电路，电路图上部为中央配线盒，在实验台上认识桑塔纳中央配线盒，找到电路中检查的位置，并将观察结果填入表1-18中。

表1-18 中央配线盒检查点认识

检查点	检查点位置	导线颜色	导线截面积
G5		无	无
L1			
C13			

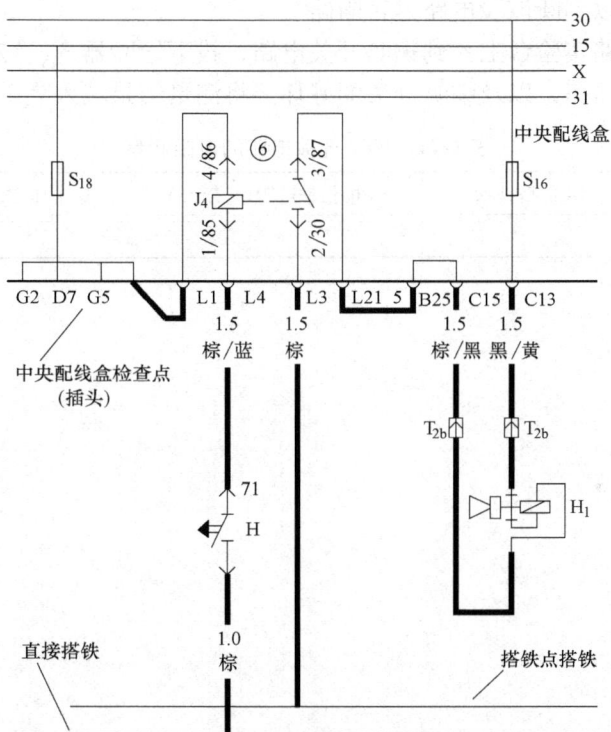

图1-18 桑塔纳喇叭电路

（2）喇叭电路的认识及喇叭工作电压的测量 在桑塔纳全车电路实验台上找到喇叭电路，打开点火开关，按下喇叭开关，测量插头T_{2b}两端的电压，将测量结果填入表1-19中。

表1-19 喇叭电路的电压测量

喇叭电源线颜色	喇叭搭铁线颜色	T_{2b}电压（H闭合）	T_{2b}电压（H断开）	结论

注意：就车测量一般是指工作状态下的电路性质测量，一般可不拔下插头，测量时用数字式万用表测量插头后部，或用大头针扎破导线进行测量。测量过程中切忌表笔搭铁或表笔短路，以防产生火花，损坏电路中的电控元件。

（3）用电压法进行喇叭继电器电路通断的判断　通过对中央配线盒插头相关检查点的测量，可以判断电路的通断。

在桑塔纳全车电路实验台上找到喇叭继电器电路，对中央配线盒检查点搭铁电压进行测量，判断搭铁是短路还是断路。搭铁短路时电压为0，搭铁断路时电压为12V。将测量结果填入表1-20中。

表1-20　喇叭继电器电路的认识及电位（搭铁电压）测量

L4 电压（H 闭合）	L4 的搭铁状态	L4 电压（H 断开）	L4 的搭铁状态

（4）用电阻法进行喇叭开关电路通断的判断　电路电阻测量是指在非工作状态下测量电路某段的阻值，用以判断该段电路是否断路。

在桑塔纳全车电路实验台上找到喇叭开关电路，拔下熔断器 S_{18}，对电路电阻进行测量，判断搭铁是短路还是断路，以及喇叭开关的好坏。将测量结果填入表1-21中。

表1-21　喇叭开关电路的电阻测量

L4 的搭铁电阻（H 闭合）	L4 的搭铁状态	L4 的搭铁电阻（H 断开）	L4 的搭铁状态	喇叭开关情况

项目二

电源系统故障检修

任务一　汽车蓄电池的检修

【任务组织】

1. 实训目的与要求

1）掌握蓄电池的应用和维护方法。

2）掌握检测蓄电池的检查方法。

3）核心技能：蓄电池放电程度的判别、蓄电池的维护与更换。

2. 安全与环保教育

1）实习轿车使用前的安全教育，特别是防止人身事故。

2）注意蓄电池电解液（稀硫酸）对人体的危害。

3）废旧蓄电池必须回收，以防污染环境。

3. 实训设备及工具

1）实训用轿车和汽车起动用铅酸蓄电池。

2）密度计、吸液器、万用表、温度计、汽车电工工具。

3）充电机、汽车蓄电池放电计。

【任务知识准备】

1. 蓄电池的检测

（1）蓄电池的外观检查与清洁

1）检查蓄电池封胶有无开裂和损坏，柱桩有无破损，壳体有无泄漏，否则应修理或者更换。然后用清水冲洗蓄电池外部的灰尘和污垢，再用碱水清洗。

2）疏通加液盖通气孔。

3）用钢丝刷或刮刀清洁柱桩和接线卡头的氧化物，并涂抹一层薄凡士林或润滑脂。

（2）检测蓄电池液面高度

1）用玻璃管测量法，如图 2-1a 所示。

用一空心玻璃管插入蓄电池电解液内极片的上平面处。玻璃管内的电解液与电池液面同高，用大拇指按紧玻璃管上端，使管口密封。提起玻璃管，测量玻璃管内的液面高度，即为蓄电池电解液液面高度。标准值为 10 ~ 15mm，过低应加入蒸馏水使之符合标准。

2）观察液面高度指示线法，如图 2-1b 所示。

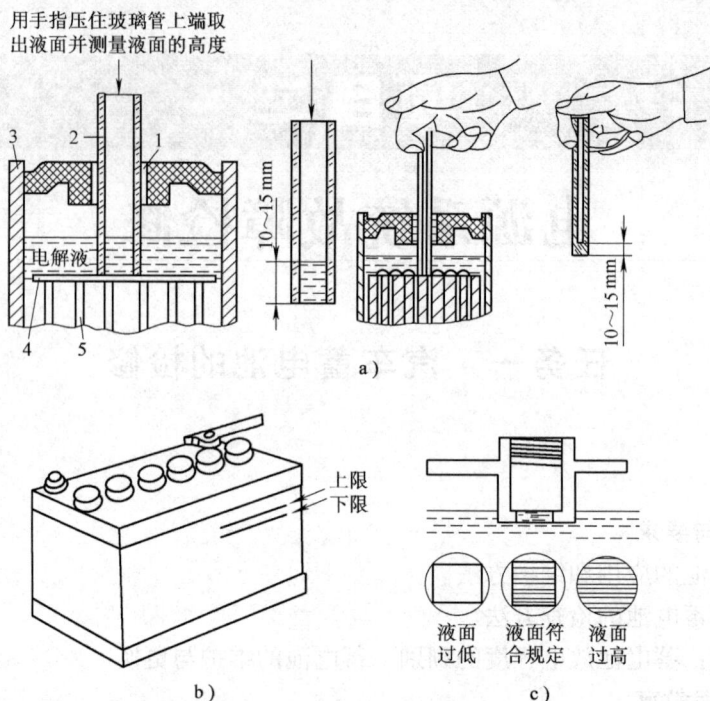

图 2-1 电解液液面高度的检查

a) 用玻璃管测量法 b) 观察液面高度指示线法 c) 从加液孔观察判断法

1—加液孔 2—玻璃管 3—外壳 4—防护板 5—极板组

使用透明塑料容器的蓄电池，检查液面高度时，在容器壁上刻有两条高度指示线。正常液面高度应介于两线之间的中线上，低于中线则为液面过低，应加入蒸馏水补充。

3）从加液孔观察判断法，如图 2-1c 所示。

有些汽车的蓄电池在电解液加液孔内侧的标准液面位置处开有方孔，可检视液面高度，观察液面在方孔下面为液面过低；正好与方孔平行时为标准；液面满过方孔而充满加液孔底部以上为过多。

（3）检测蓄电池电解液密度

电解液的密度大小，是判断蓄电池容量的重要标志。用密度计测量电解液密度的步骤如下：

1）打开蓄电池的加液盖。

2）把密度计下端的橡胶管插入单格电池的加液孔内，如图 2-2 所示。

3）用手将橡胶球捏瘪，再慢慢放开，电解液就会被吸到玻璃管中。

4）注意控制吸入时电解液不要过多或过少，以能使密度计中的浮子浮起而不会被顶住为宜。

5）使管内的浮子浮在玻璃管中央（不要相互接触），读密度计的读数。要求读数时使密度计刻度线与眼睛平齐，测量的密度值应用标准温度（25℃）予以校正（同时测量电解液温度）。不同温度条件下电解液密度的修正值见表 2-1。

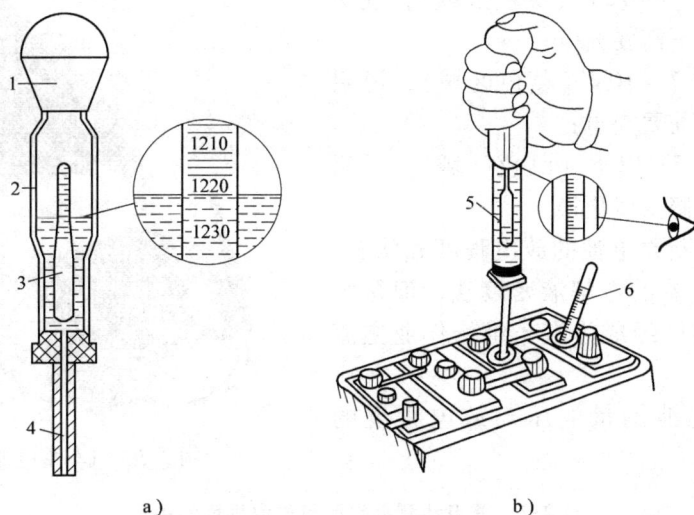

图 2-2　密度计及测量密度的方法

a) 密度计的构造　　b) 测量电解液密度的方法

1—橡胶球　2—吸液玻璃管　3、5—密度计　4—吸管　6—温度计

表 2-1　不同温度条件下电解液密度的修正值

电解液温度 /℃	密度修正值 /(g/cm³)	电解液温度 /℃	密度修正值 /(g/cm³)	电解液温度 /℃	密度修正值 /(g/cm³)
40	0.0113	10	−0.0113	−20	−0.0337
35	0.0075	5	−0.00150	−25	−0.0375
30	0.0037	0	−0.00188	−30	−0.0412
25	0	−5	−0.0255	−35	−0.0450
20	−0.0037	−10	−0.0263	−40	−0.0488
15	−0.0075	−15	−0.0300	−45	−0.0525

6）放电程度的判断方法。用电解液密度确定蓄电池的放电程度是最准确的判断方法。电解液密度与放电程度的关系是：密度每下降 $0.01g/cm^3$ 相当于蓄电池放电 6%。当判定蓄电池在夏季放电超过 50%，冬季放电超过 25% 时不宜再使用，应及时进行充电，否则会使蓄电池过早损坏。

（4）蓄电池开路电压的测量　用万用表测量蓄电池开路电压，只能作为容量测量的参考因素。通常静置时，测量端电压不小于 12.6V，并且电解液密度不小于 $1.22g/cm^3$，或者放电电压高于 9V 才可以基本判定蓄电池具有合格的电量储备。

（5）蓄电池放电电压检测　对于汽车蓄电池来说，国际电池协会（BCI）规定，在常温下以 1/2 的额定冷起动电流值放电 15s，如果电池电压为 9.6V 以上，这个电池就通过了放电试验，是个"健康"的电池。在汽车维修企业的蓄电池检测中，一般采用更为简便的方法，即使用汽车蓄电池放电计（见图 2-3）检测蓄电池的放电电压。

使用蓄电池放电计时，用红色的夹子夹住蓄电池的正极，黑色的夹子夹住蓄电池的负极，扳动中间放电开关 1~5s（此时放电电流在 100A 以上），读取放电计数值：

若放电电压在 10～12V（绿色区域），说明蓄电池存电充足，不需要充电；

若放电电压在 7～10V（黄色区域），说明蓄电池存电不足，需要充电；

若放电电压在 7V 以下（红色区域），说明蓄电池损坏，需要修复或更换。

用放电电压判断蓄电池的放电程度和状态，虽然准确度不如传统的电解液密度法，但是由于效率极高，目前已经成为汽车维修作业主流的检测手段。

表2-2 为蓄电池测量电压与放电程度的关系。

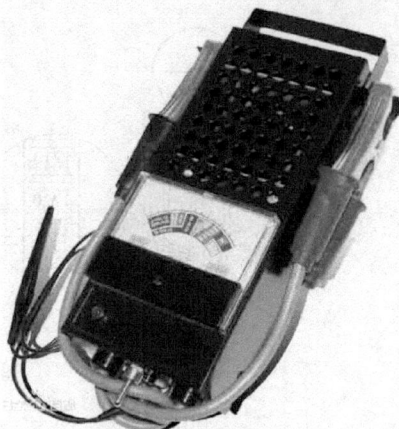

图2-3 汽车蓄电池放电计

表 2-2　蓄电池测量电压与放电程度的关系

蓄电池开路端电压/V	≥12.6	12.4	12.2	12.0	≤11.7
放电计检测值/V	10～12	9～10			≤9
放电计检测单格值/V	1.7～1.8	1.6～1.7	1.5～1.6	1.4～1.5	1.3～1.4
放电程度（%）	0	25	50	75	100

2. 蓄电池的维护与更换

（1）蓄电池的加液、补液和密度调整维护作业

1）电解液的加注作业。初次使用的蓄电池，应该按照使用地区温度条件加注适当密度的电解液。不同的温度条件下电解液的密度标准见表2-3。干荷蓄电池加注电解液后需要静置 30min 后才能使用。目前蓄电池的电解液加注一般在生产和销售环节进行。

表 2-3　电解液的密度标准

地区气候条件	完全充足电的蓄电池在温度为25℃时电解液的密度/（g/cm³）	
	冬　季	夏　季
冬季温度低于 -40℃的地区	1.30	1.26
冬季温度高于 -40℃的地区	1.28	1.25
冬季温度高于 -30℃的地区	1.27	1.24
冬季温度高于 -20℃的地区	1.26	1.23
冬季温度高于 0℃的地区	1.24	1.23

2）蓄电池的补液维护作业。蓄电池的补液维护作业是在清洁和检测作业后进行的。其方法是：直接将专用蓄电池补液（蒸馏水）加入到蓄电池内部，满足液面高度要求即可。

禁止使用不符合要求的水作为补液加注，通常也不可以用电解液替代蒸馏水进行加注。

3）蓄电池电解液密度的调整。对于经常使用的蓄电池，在维护作业时，如果单格电解液密度有明显不同时，应该进行密度调整，以防止放电内阻的变化影响其正常工作。具体方法是：在完成补充充电作业后，重复检查电解液密度，对于不符合标定值的单格，用吸液器抽出部分电解液，然后根据具体情况补充蒸馏水或者高密度电解液至符合规定值，然后对其进行放电作业，待其放电终止后，按照规范补充充电至充电终止。

（2）蓄电池的充电作业　为蓄电池充电的方法通常有：恒压充电、恒流充电和脉冲快速充电3种。

恒压充电一般只在汽车运行时进行，由汽车发电机给蓄电池充电，又称为使用充电。

在修理厂，从减轻蓄电池硫化、延长蓄电池使用寿命的角度出发，多采用恒流充电或脉冲充电方式，称为生产和维护充电。蓄电池生产和维护充电分为初充电和补充充电两个工艺过程。表2-4为蓄电池恒流充电的充电规范。

表2-4　蓄电池恒流充电的充电规范

蓄电池型　号	额定容量C_{25}/(A·h)	额定电压/V	初 充 电				补 充 电			
			第一阶段		第二阶段		第一阶段		第二阶段	
			充电电流/A	时间/h	充电电流/A	时间/h	充电电流/A	时间/h	充电电流/A	时间/h
3-Q-75	75	6	5.25	30～40	2.25	25～30	7.5	10～12	3.75	3～5
3-Q-90	90	6	6.3	30～40	2.7	25～30	9	10～12	4.5	3～5
3-Q-120	120	6	8.4	30～40	3.6	25～30	12	10～12	6	3～5
6-Q-60	60	12	4.2	30～40	1.8	25～30	6	10～12	3	3～5
6-Q-90	90	12	6.3	30～40	2.7	25～30	9	10～12	4.5	3～5
6-Q-105	105	12	7.35	30～40	3.15	25～30	10.5	10～12	5.25	3～5
6-Q-120	120	12	8.4	30～40	3.6	25～30	12	10～12	6	3～5
6-QA-36	36	12	2.5	30～40	1	25～30	3.6	10～12	1.8	3～5
6-QA-40	40	12	2.8	30～40	1.2	25～30	4	10～12	2	3～5
6-QA-60	60	12	4.2	30～40	1.8	25～30	6	10～12	3	3～5
6-QA-75	75	12	5.25	30～40	2.25	25～30	7.5	10～12	3.75	3～5
6-QA-100	100	12	7	30～40	3	25～30	10	10～12	5	3～5

为提高充电效率，汽车维修企业一般采用如图2-4所示的汽车蓄电池全自动快速充电器进行快速脉冲充电。

全自动快速充电器由专用的智能微电脑芯片全程控制，采用宽频脉冲技术、电池检测电路，对电池进行全自动的四段式充电（预充—恒流—恒压—涓流）。预充是指充电时，先小电流充电，以防突然大电流充电对极板活性物质造成冲击，保护蓄电池。恒流指整个充电过程中电流不超过设定的值，有保护电池和充电器的作用；恒压指在输入电压在一定范围内变化时输出电压稳定在某值内（此时仍受恒流控制）；涓流是指充电完成后，处于涓流浮充状态，可提高电池受电率并降低电池失水率，

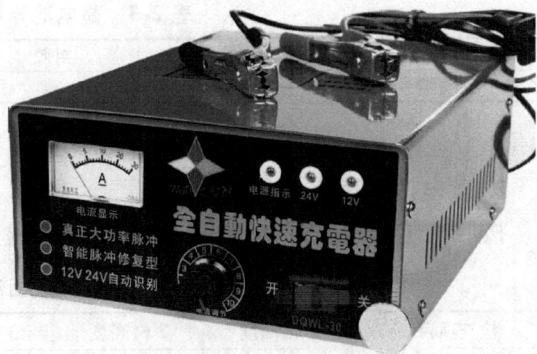

图2-4　汽车蓄电池全自动快速充电器

完全防止电池充热、充鼓。

利用全自动快速充电器，可以对充电电压进行温度补偿，保持冬季充足，夏季不过充。由于充电时电池处于脉冲充电状态，因此对电池有一定的修复作用。

12V蓄电池的充电电流一般在25A左右，如果时间充足可以降低充电电流，延长充电时间，充电效果更好。参考充电时间：蓄电池容量为20A·h时，12V蓄电池的充电时间为1~1.5h；蓄电池容量为60A·h时，12V蓄电池的充电时间为6~8h；蓄电池容量为105A·h时，12V蓄电池的充电时间为8~12h；蓄电池容量为150A·h时，12V蓄电池的充电时间为10~15h。

（3）蓄电池的故障诊断

1）蓄电池就车检查。对于发动机冷起动困难，同时放电电压低于7V，或使用时间超过2年的蓄电池，可以初步判断为蓄电池故障，对于使用时间超过2年的故障蓄电池一般应予以更换，使用时间较短的蓄电池可以进行维修。

2）极板严重硫化的判断。蓄电池严重硫化后，内阻会显著增大，放电电压下降明显，一般低于10V。恒流充电时，充电电压高于16.8V，电解液温度上升很快，并有大量气泡产生。

3）活性物质脱落的判断。活性物质脱落后，充电时间过短，会造成蓄电池的容量减小，放电电压下降，影响发动机的冷起动，严重的会造成极间短路，使蓄电池完全失去功能。

（4）蓄电池的更换 观察实习用汽车，认识并分析蓄电池及总熔断器的结构，拆下旧蓄电池，更换新蓄电池。

断开蓄电池负极（-）电缆之前，对于中、高档汽车应先对ECU等电器元件内保存的信息进行记录，如DTC（故障码）、选择的收音机频道、座椅位置（带有记忆系统）、转向盘位置（带有记忆系统）等。

安装蓄电池时，应注意必须拧紧蓄电池卡子，否则会造成发动机不能起动等故障。

【任务实施】

1. 蓄电池外观的检查

按照工艺要求对蓄电池的外观进行检查，并将检查和处理结果填入表2-5中。

表2-5 蓄电池外观检查和处理结果

检查项目	外壳	封胶	接线柱	加液盖通气孔	接线卡头
处理结果					

注意：处理结果可以是正常、修复或无法使用等。

2. 蓄电池液面高度的测量

按照工艺要求对蓄电池的液面高度进行检查，并将检查和处理结果填入表2-6中。

表2-6 蓄电池液面高度检查和处理结果

检查项目	1格高度	2格高度	3格高度	4格高度	5格高度	6格高度
处理结果						

处理结果举例：电解液泄漏应补充电解液；使用中电解液减少，应补充蒸馏水。

3. 蓄电池密度的测量

按照工艺要求，进行蓄电池密度测量，将所测量的密度值、温度值与修正后的电解液密度值，以及根据密度下降的程度计算出的蓄电池剩余电量填入表2-7。

表 2-7　蓄电池密度测量记录　（测量温度：_____℃）

参数 ＼ 单格	1	2	3	4	5	6
测量值/(g/cm³)						
修正值/(g/cm³)						
剩余电量(%)						

注意：此项测量应该避免在蓄电池刚加入蒸馏水或者大电流放电过后进行，否则会因为蓄电池内部电解液不平衡使测量结果产生较大误差。

4. 蓄电池电压的测量

按照工艺要求，对蓄电池的端电压、放电电压和单格电压进行测量，将测量结果填入表2-8。

表 2-8　蓄电池电压测量记录

用万用表测量所得端电压值/V			用放电计测量所得电压值/V		
单格电压值/V					
根据测试结果估算容量(%)					

5. 蓄电池补充充电

按照工艺要求，用充电机对蓄电池进行补充充电，并检查充电过程和充电状态，将测量数据填入表2-9中。

表 2-9　蓄电池充电记录　（环境温度：_____℃）

蓄电池规格型号					充电机规格型号			
充电前蓄电池状态	密度：____；端电压：____；放电计测量电压值：____；剩余电量：____。							
第一阶段	时间/h							
	密度/(g/cm³)							
	端电压/V							
	内部温度/℃							
第二阶段	时间/h							
	密度/(g/cm³)							
	端电压/V							
	内部温度/℃							
充电后蓄电池状态	密度：____；端电压：____；放电计测量电压值：____；储存电量：____。							

6. 蓄电池的故障诊断与更换

（1）蓄电池的就车检查　使用万用表和放电计按照工艺要求测量蓄电池开路电压和放

电电压，并分析判断蓄电池是否应该报废，将测量结果填入表2-10。

表2-10　蓄电池就车检查记录

检查项目	开路电压	放电电压（放电计）	放电电压（万用表）	结论
检查结果				

注意：万用表实车测量起动时蓄电池的电压为蓄电池的放电电压。

（2）蓄电池的更换　按照工艺要求更换实训轿车的蓄电池，并将更换记录填入表2-11。

表2-11　蓄电池更换记录

操作项目	原蓄电池型号	断开蓄电池接线端子	新蓄电池型号	紧固蓄电池接线端子	起动情况
检查结果					

任务二　汽车发电机的检修

【任务组织】

1. 实训目的与要求

1）进行发电机拆解前检查，初步判断发电机的故障情况。

2）掌握发电机拆解、检修及装配作业的基本方法和技能。

3）能够进行发电机的实验，了解发电机的性能指标。

4）核心技能：修复汽车发电机的能力。

2. 安全与环保教育

1）按照规范操作拆装工具，以防人身伤害。

2）按照规范操作汽车电器万能实验台。实验台必须卡紧，防止高速旋转时发电机脱落。

3. 实训设备及工具

1）检修用发电机若干。

2）TDQ-2型汽车电气万能实验台。

3）万用表、汽车电工工具和发电机专业拆解工具。

【任务知识准备】

1. 发电机拆解前的检测

使用万用表对发电机外接线柱进行测量，可以初步判定发电机的状态。检测时可以参照发电机电路原理图，如图2-5、图2-6和图2-7分别是六管交流发电机（BJ2020）、八管交流发电机（夏利）和十一管交流发电机（桑塔纳）的电路原理。

（1）用指针式万用表测量　常用发电机各接线柱间电阻值见表2-12。

F-E间的电阻超过规定值，可能是电刷与集电环接触不良；若小于规定值，可能是励磁绕组有匝间短路或搭铁故障；若电阻为零，可能是两个集电环之间有短路或者F接线柱有搭铁故障。

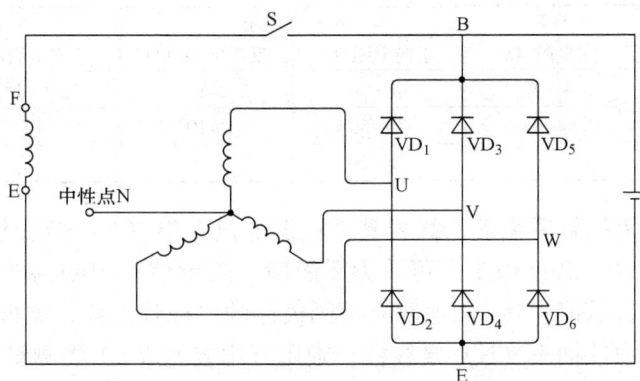

图 2-5　六管交流发电机（BJ2020）电路原理

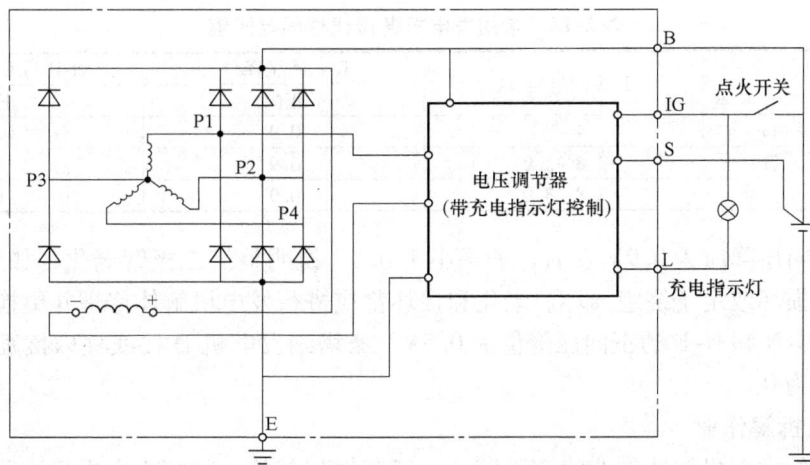

图 2-6　八管交流发电机（夏利）电路原理

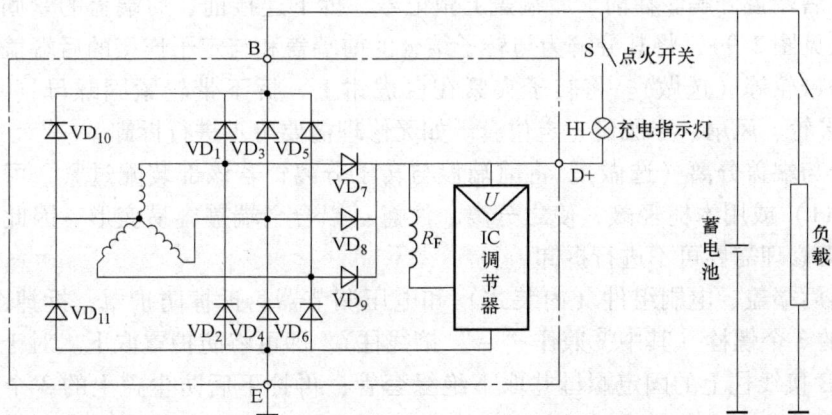

图 2-7　十一管交流发电机（桑塔纳）电路原理

表 2-12 常用发电机各接线柱间电阻值

发电机型号	F-E 间电阻/Ω	B-E 间电阻		N-E 或 N-B 间电阻	
		正向电阻/Ω	反向电阻/kΩ	正向电阻/Ω	反向电阻/kΩ
BJ2020（JF1 系列）	4～7	40～50	≥10	10～15	≥10
夏利 JFZ1542（八管）		40～50	≥10		
桑塔纳 JFZ1913（十一管）		65～80	≥10		

用万用表的黑表笔接触后端盖，红表笔接触发电机电枢（B）接线柱，并以 $R \times 1$ 档测量电阻值。若示值在 40～50Ω 以上，可认为无故障；若示值在 10Ω 左右，说明有失效的整流二极管，需拆检；若示值为 0，则说明有不同极性的二极管击穿，需拆检。

若交流发电机有中性抽头（N）接线柱，则用万用表的 $R \times 1$ 档测量 N-E 以及 N-B 间的正、反向电阻值，可进一步判断故障在正极管还是在负极管。

（2）用数字式万用表测量 用数字式万用表进行发电机定子绕组的测量效果更好。常用发电机各接线柱间电阻值和压降值见表 2-13。

表 2-13 常用发电机各接线柱间电阻值

发电机型号	F-E 间电阻/Ω	B-E 间压降/V	N-D 与 E 间压降/V
		正向	正向
BJ2020（JF1 系列）	4～7	0.9	0.5
夏利 JFZ1542（八管）	2.8～3.0	0.9	无
桑塔纳 JFZ1913（十一管）	2.8～3.0	0.9	0

B-E 间正向压降应为 0.9V 左右，如果小于 0.8V 说明整流二极管老化，如果小于 0.6V 说明有二极管损坏或定子绕组损坏。老化和损坏都应进行发电机解体修理并更换整流板。JF（BJ2020）的 B-N 和 N-E 的正向压降值为 0.5V。桑塔纳发电机 D 接线柱内接励磁绕组，测量的正向压降为 0。

2. 发电机拆解作业

不同车型的发电机解体作业略有不同，一般解体到部件，教师应先进行演示，以防拆卸时损坏绕组、连线等。

1）拆下电刷及电刷架（外装式）紧固螺栓，取下电刷架总成，如图 2-8 所示。

2）前、后端盖分解。在前、后端盖上做记号，拆下连接前、后端盖的紧固螺栓，一般为 3、4 根（见图 2-9），将其分解为与转子结合的前端盖和与定子连接的后端盖两大部分。

3）拆卸带轮等（选做）。将转子夹紧在台虎钳上，拆下带轮紧固螺母（见图 2-10），再依次取下带轮、风扇、半圆键、定位套。如无修理需要可不进行拆卸。

4）转子与端盖分离（选做）。将前端盖与转子分离，若该部装配过紧，可用拉拔器拉开（见图 2-11）或用木槌轻敲，使之分离。注意：铝合金端盖容易变形，因此拆卸时应均匀用力。如无修理需要可不进行拆卸。

5）分离后端盖、电刷组件（内装式）和电压调节器。拆掉防护罩，拆掉图 2-12 所示的后端盖上的 3 个螺栓（其中③兼作"﹣"接线柱），即可将防护罩取下。对于整体式发电机，先拧下 B 接线柱上的固定螺母并取下绝缘套管；再拧下后防尘盖上的 3 个带垫片的固定螺母，取下后防尘盖；然后拆下电刷组件的两个固定螺钉和调节器的 3 个固定螺钉，取下电刷组件和 IC 调节器总成；最后拧下整流器二极管与定子绕组的引线端子的连接螺钉，取下整体式整流器总成。

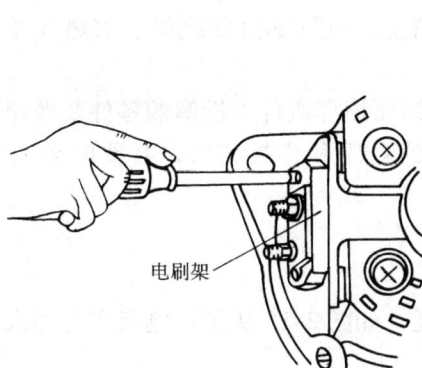

图 2-8 电刷架的拆解

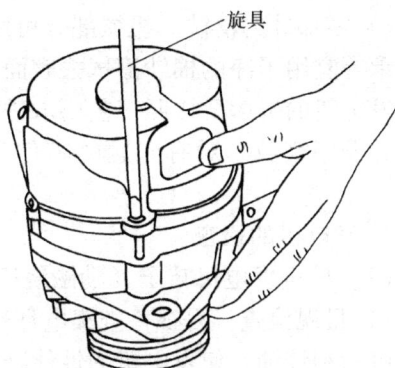

图 2-9 前、后端盖的分解

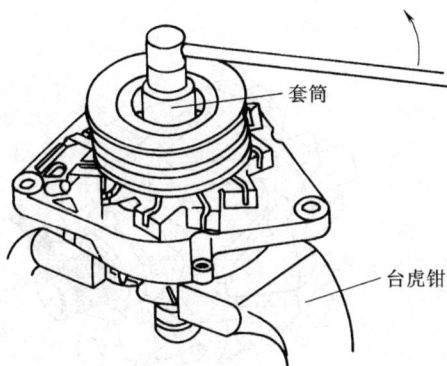

图 2-10 带轮的分解

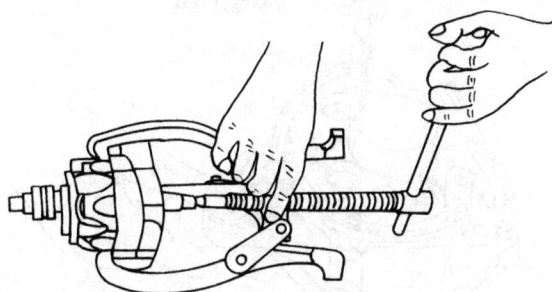

图 2-11 带轮的分解图

6）定子线圈与整流板分离（选做）。拆下定子上的 4 个接线柱（三相绕组首端及中性点）在散热板上的连接螺母，如图 2-13 中的①～④所示，使定子与后端盖分离。

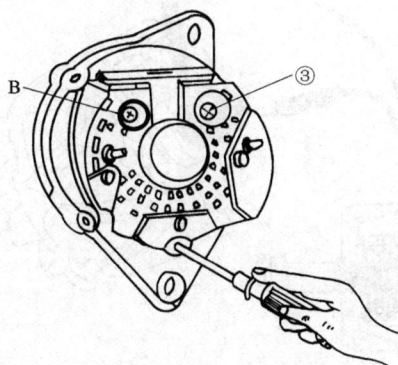

图 2-12 后端盖的分解

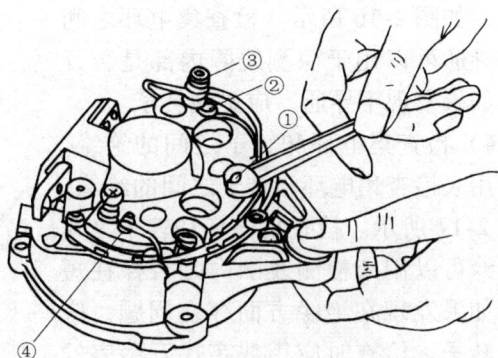

图 2-13 定子线圈与整流板的分解

拆下后端盖上紧固整流器总成的螺钉，取下整流器总成（见图2-14）。

注：若经检查所有二极管均良好，该步骤可不进行。

7）零部件的清洗。机械部分可用煤油或清洗液清洗，电气部分如绕组、散热板及全封闭轴承等宜用干净的棉纱擦拭去表面尘土、脏污。

发电机的拆解要按照工艺要求进行，禁止生敲硬卸而损坏机件。拆解的零件要按照规范清洗并顺序摆放。对有问题的零件和拆解复杂部位的顺序和连接方法，必要时要有详细记录。

3. 发电机的检查

（1）检查发电机转子（励磁绕组）总成

1）目视检查。目视检查集电环变脏或烧蚀的程度，如图2-15所示。电流产生的火花会产生脏污和烧蚀，使发电机的性能降低。

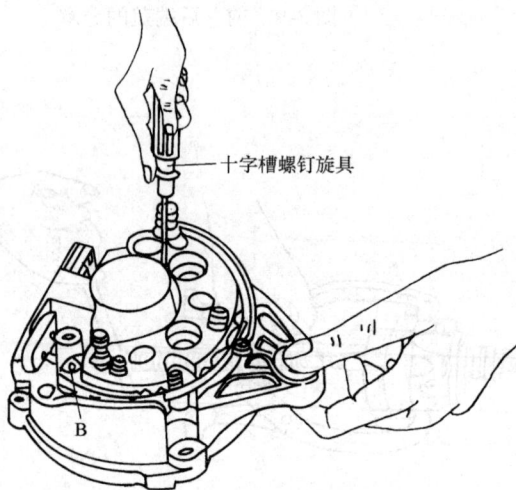

图2-14　整流板的分解

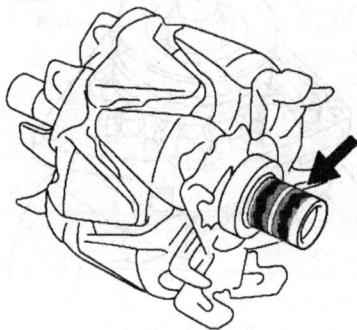

图2-15　目视检查集电环

2）清洁。用布料和毛刷清洁集电环和转子。如果脏污和烧蚀明显，应更换转子总成。

3）检查集电环之间是否导通。使用万用表的电阻档检查集电环之间是否导通，如图2-16所示。检查集电环之间是否导通可以用于探测线圈内部是否开路。如果发现不导通，应更换转子。

4）检查集电环和转子之间的绝缘。用万用表检查集电环和转子之间的绝缘，如图2-17所示。检查集电环和转子之间的绝缘可以用来检测线圈内是否存在短路。如果发现在绝缘方面存在问题，应更换转子。检查时应用数字式万用表的最大量程，即 $R \times 20M$ 档，数值为 ∞，

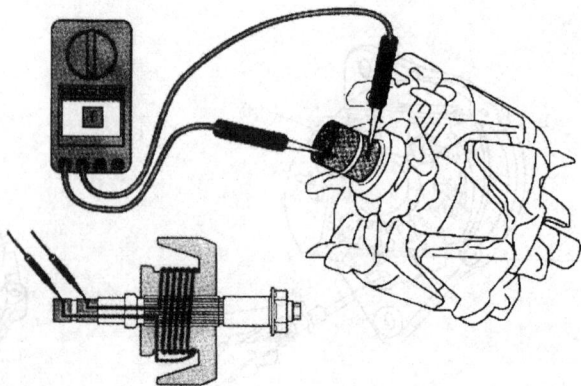

图2-16　检查集电环之间是否导通

否则为绝缘不良，应予以更换。

5）测量集电环。用游标卡尺测量集电环的外径，如图 2-18 所示。如果测量值超过规定的磨损极限，应更换转子。

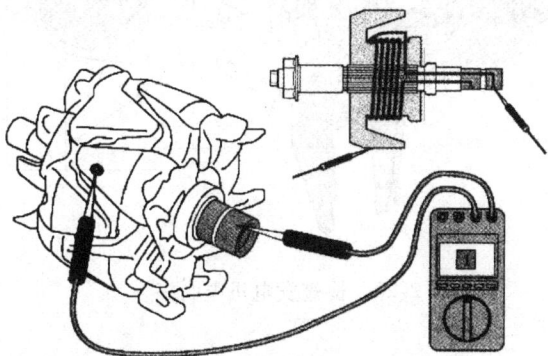

图 2-17 检查集电环和转子之间的绝缘

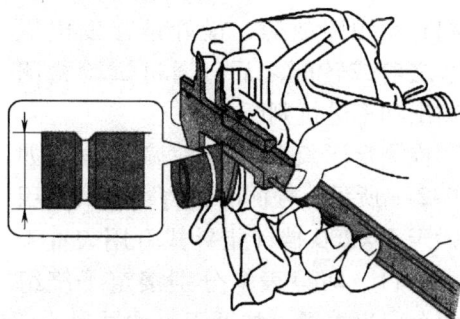

图 2-18 测量集电环

（2）检查整流器 检查整流器的二极管，如图 2-19 所示。使用数字式万用表的二极管测试模式，在整流器的接线柱 B 和接线柱 P1～P4 之间测量，测量单个二极管的正向导通电压，一般为 0.5V，若为 0 或小于 0.45V 则二极管损坏或老化，应予更换。也可使用指针式万用表检查二极管的单向导通，检查是否只能单向导通。

发电机装配好后，可以检查 B-E 间的正向压降和单向导通电压，测量过程同上，B-E 间正向压降一般为 0.9V 左右，如果 B-E 间正向压降在 0.5V 左右，说明有二极管损坏或电路连接故障（短路或断路）。测量时可参照电源系统电路。

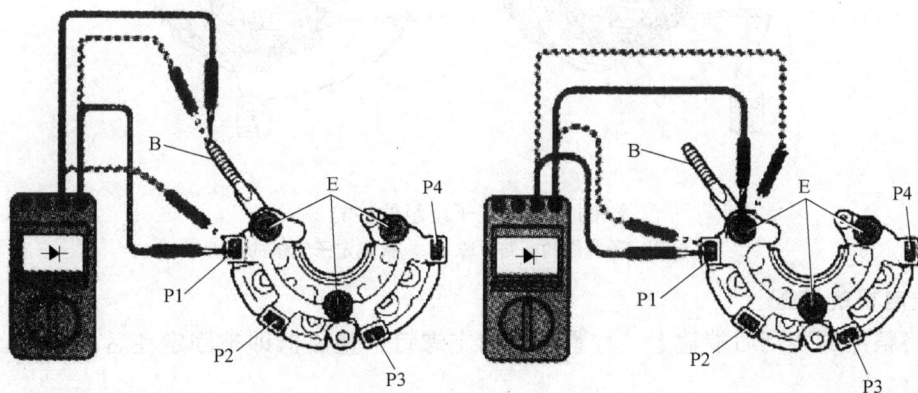

图 2-19 检查整流器的二极管

（3）检查发电机电刷座 图 2-20 为检查发电机电刷座，用游标卡尺在电刷的中部测量电刷的长度，因为这个地方磨损最严重。如果测量值小于标准值，应将电刷和电刷座一起更换。

（4）电枢（定子）绕组的检修

定子绕组的故障有短路、断路和搭铁3种。因为定子绕组的电阻很小，一般仅为200~800mΩ，所以测量电阻难以检测有无短路故障，最好是在发电机分解之前或转配之后，通过试验检测其输出功率进行判断。

检测定子绕组断路故障的方法如图2-21a所示。检测时，将数字式万用表置于$R \times 200$档（指针式万用表置于$R \times 1$档），两只表笔分别接定子绕组

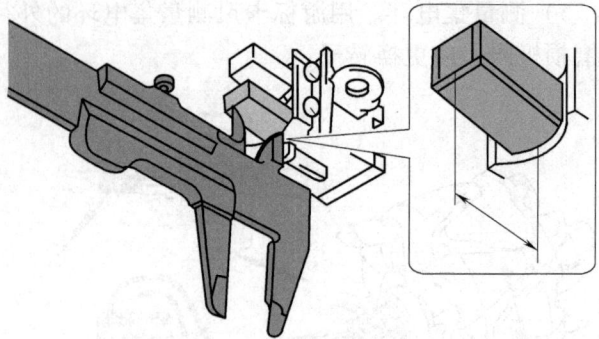

图2-20 检查发电机电刷座

的两个引出端子。如万用表均导通说明定子绕组良好，如不导通（即阻值为无穷大）说明定子绕组断路，应予修理或更换。

用万用表检查定子绕组的绝缘，如图2-21b所示。检查定子绕组的绝缘可以用来检测线圈内是否存在短路。如果发现在绝缘方面存在问题，应更换定子。检查时应用指针式万用表最大量程或数字式万用表的最大量程档（即$R \times 20M$档），测得数值应均为∞，否则为绝缘不良，应予以更换。

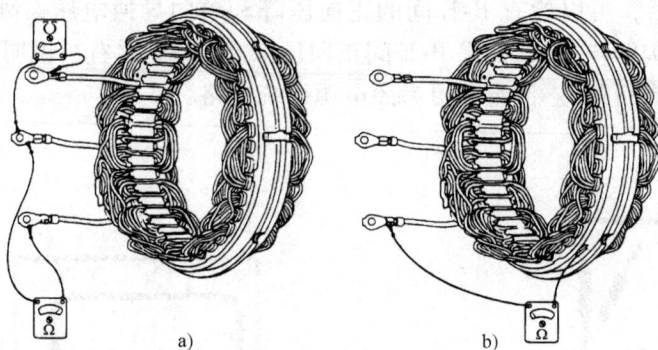

a)   b)

图2-21 定子绕组的检测

a）检测定子绕组的断路故障 b）检测定子绕组的绝缘

4. 发电机的装配

1）将整流器装到后端盖上 拧紧3颗固定螺钉，整流器即被固定在后端盖上（可参考图2-12）。

应注意各绝缘垫片不能漏装。装复后用万用表电阻档测量B接线柱与端盖间的电阻应为∞。测量两散热板之间及绝缘散热板与端盖之间的电阻，均应为∞。若上述电阻较小或者为零，表明漏装了绝缘垫片或套管，应拆开重装。

2）将定子总成与后端结合 装在定子绕组上的4个接线柱从后端盖孔中穿出，将接线柱分别连接在整流器的接线螺钉上（可参考图2-13）。

3）将前端盖装到转子轴上 先将前端盖上的轴承、轴承盖安装并紧固好，再将该部分

套到转子轴上，若过盈量较大，可用木槌轻轻敲入。

4）将后端盖、定子装到转子轴上　应注意使前、后端盖上发电机安装挂脚位置恰当（符合拆解标志）。上述两大部分结合后，装上前、后端盖紧固螺栓并分几次拧紧。注意各螺栓的拧紧切不可一次完成，而应轮流进行，并且不断转动转子，若转子运转受阻或者内部有摩擦，应调整拧紧力矩。

5）装配风扇、带轮　在转子轴上套上定位套，安装半圆键、风扇叶片、带轮、弹簧垫圈，拧紧带轮紧固螺母（可参考图2-10）。

6）装复后端盖上的防护罩。

7）安装电刷架总成（可参考图2-8）。

8）检验装配质量　使用万用表检测各接线柱和与外壳间的电阻值，应该符合参数要求。否则应该拆解重装。

5. 发电机的空载实验

进行发电机空载实验前，应该查阅该型号发电机的相关参数，作为检测依据。

空载实验步骤如下：

（1）装夹发电机

1）选好连接套筒，准备好联轴器，如图2-22所示。

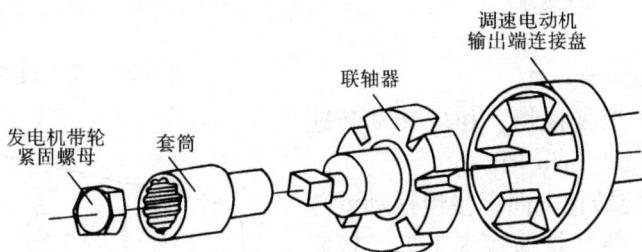

图2-22　联轴器安装图

2）将被试发电机置于升降龙门夹具的V形铁上，如图2-23所示。

3）用套筒、联轴器连接发电机与实验台上的调速电动机。

4）转动升降龙门夹具上方的手轮，将发电机夹紧。应注意使各接线柱放在便于接线的位置上。夹紧时的夹紧力不能过大，否则会使发电机因变形而"扫膛"。

5）调整龙门夹具的高度，用手转动发电机转子，观察发电机是否与调速电动机同心，保证同心后，将图2-23所示下部右侧的手轮锁紧。

（2）电路连接　实验原理电路如图2-24所示，按以下方法连接实验电路：

1）用附件F4连接插座39、发电机F2接线柱和"＋"接线柱。

2）用附件F5连接插座40、41（使实验台负极搭铁，与发电机搭铁极性一致）。

3）用附件F5连接插座35、37（使实验台为发电机提供12V励磁电源，为发电机他励，若发电机为24V，则应连接插座36、37）。

4）用附件F8连接发电机F1接线柱与"－"（使发电机磁场绕组一端搭铁，对内搭铁发电机无此项操作）。

（3）试验操作　发电机空载实验电路的连接如图2-25所示。

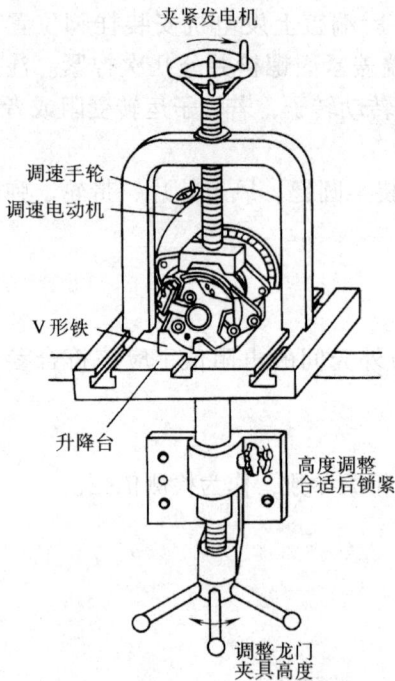

图 2-23 装夹发电机

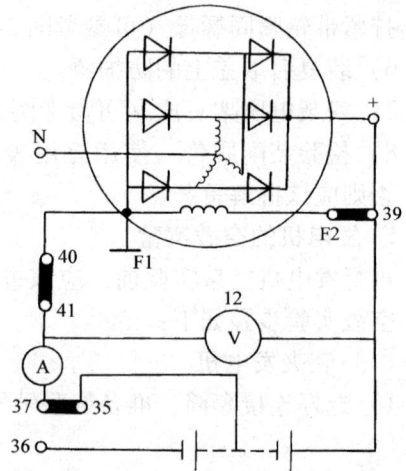

图 2-24 发电机空载实验原理电路

1）旋转开关 27 至低速档，相应转动转速量程开关 65 至 0 ~ 1000r/min 档。

2）根据电动机旋转正方向，慢慢摇动调速电动机的调速手轮，使其转速逐渐上升，观察直流电压表 12（显示蓄电池或发电机电压）、励磁电流表 11（此时电流表指针左偏转，显示他励值）和转速表 13（显示调速电动机及被试发电机转速）。

3）当电压表读数大于 12V，励磁电流表指针越过 "0" 位右偏转时，拔出连接插座 35、37 的附件 F5（使发电机自励）。

4）继续升高并调整电动机转速，使电压表读数稳定在其规定值 14V 上，观察并记录此时的转速，该转速应不大于发电机的空载转速（由查阅参数决定）。

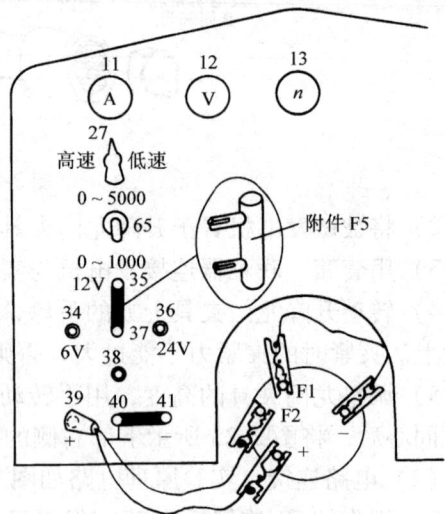

图 2-25 发电机空载实验电路的连接

在试验过程中，还应注意听发电机内有无异响，看有无明显抖动，若有上述异常现象发生，应停止实验，查明原因，排除故障后再进行。

（4）停止实验　反方向摇动调速电动机手轮，使电动机停止转动，将开关 27 旋至断开位置（零位），电动机即停止运转。

6. 发电机的负载实验（选做）

负载实验在空载实验合格的基础上进行。发电机在实验台上的固定与空载实验相同。

（1）电路连接 实验原理电路如图 2-26 所示。实验电路连接方法如下：

1）用附件 F5 连接插座 40、41（使试验台负极搭铁）。

2）用附件 F4 连接插座 39 与发电机"＋"、调节器"＋"接线柱。

3）用附件 F8 连接发电机 F2 接线柱与调节器"F"接线柱。

4）用附件 F8 连接发电机 F1 接线柱与"－"接线柱（内搭铁发电机无此项操作）。

5）用附件 F5 连接插座 35、37（使试验台提供 12V 电源为发电机他励）。

连接后的电路如图 2-27 所示。

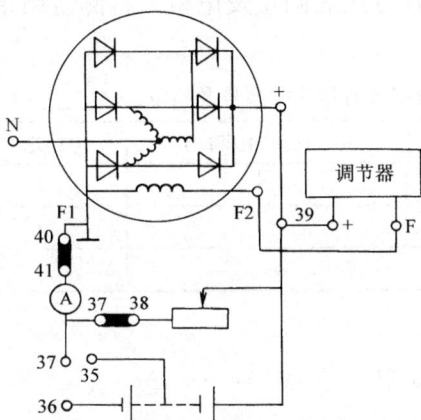

图 2-26 发电机负载实验原理电路

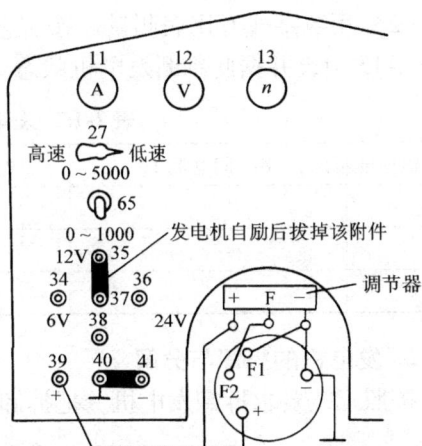

图 2-27 发电机负载实验电路的连接

（2）加载前的操作

1）摇动可变电阻调节手轮，将可变电阻调至最大。

2）旋转开关 27 至低速档，转速量程开关 65 相应扳至 0～1000r/min 档。

3）根据发电机旋转方向，摇动调速手轮，使转速逐渐升高，并观察电压表 12，使其读数稳定在约 13V 上（此时励磁电流表 11 指针偏转至右侧）。

4）拔掉连接插座 35、37 的附件 F5。

（3）加载实验

1）用附件 F5 连接插座 37、38（使发电机能对外输出电流）。

2）将开关 27 转换至高速，相应变换量程开关 65 至 0～5000r/min 档。

3）继续转动电动机调速手轮，并调整可变电阻调节手轮，观察励磁电流表 11（发电机对外供电电流的大小）和电压表 12（发电机电压的高低）。

4）当输出电流为发电机额定值（由查阅参数决定），输出电压达到规定值（14V）时，记录转速表 13 的读数（该转速为满载转速），若发电机转速在规定范围内则发电机良好。

（4）停止实验 反向摇动调速手轮和可变电阻调节手轮，降低发电机转速至最低，将开关 27 转至断开位置（零位）。

【任务实施】

1. 发电机不解体检查

（1）用指针式万用表测量　按照工艺要求，用指针式万用表将测量发电机，将测量数据填入表2-14中，并据此判断发电机状态。

表2-14　发电机测量结果 （指针式万用表的型号及档位：_____）

发电机型号	F-E 间电阻/Ω	B-E 间电阻/Ω		N-B 或 E-B 间电阻/Ω		结论
		正向	反向	正向	反向	

（2）用数字式万用表测量　按工艺要求，用数字式万用表测量发电机，将测量结果填入表2-15中，并据此判断发电机状态。

表2-15　发电机测量结果 （数字式万用表的型号及档位：_____）

发电机型号	F-E 间电阻/Ω	B-E 间正向压降/V	B-N 间正向压降/V	结论

2. 发电机的拆卸与分解

按照工艺要求拆卸发电机，把拆卸记录填入表2-16中。

表2-16　拆卸步骤记录表

序号	作业内容	拆卸工具	初步检查	结论
1	拆下电刷及电刷架			
2	前、后端盖组成分离			
3	带轮的分解			
4	前端盖的分解			
5	后端盖的分解			
6	定子线圈与整流板的分解			
7	整流板的分解			
8	清洗并将零部件依次排列			

3. 发电机零部件的测量

按照工艺要求，检查发电机各零部件，并将检查结果填入表2-17。

4. 发电机的装配

按照工艺要求装配发电机，并将装配记录填入表2-18中。

5. 发电机实验（选做）

按照工艺要求，对发电机进行空载实验，将实验数据填入表2-19，画出其空载特性曲线，对发电机做出综合评价。

表 2-17　发电机测量记录　　　　　　　　（万用表型号：＿＿＿＿）

转子阻值/Ω			转子绝缘电阻			定子阻值/Ω			定子绝缘电阻		
二极管测量	二极管编号	1	2	3	4	5	6	7	8	9	
	正向测量值/Ω										
	数字式万用表测量值/mV										
	反向测量值/kΩ										
	集电环检测记录										
	转子轴检测记录										
	电刷检测记录										
	轴承、端盖检测记录										

表 2-18　发电机装配步骤记录表

序号	作业内容	组装工具	装配检查	装配结果
1	将零部件依次排列			
2	组装整流器与后端盖			
3	组装定子与后端盖			
4	装配转子与前端盖			
5	组装后端盖、定子与转子			
6	装配风扇和带轮			
7	装配后端盖防护罩			
8	装配电刷架（对正后安装）			
9	转动带轮检查			
10	发电机不解体检查			

表 2-19　发电机空载实验数据

转速/(r/min)	0								
输出电压/V									14
励磁电流/A			0						

按照工艺要求，对发电机进行负载实验并将实验数据填入表 2-20，画出其负载特性曲线，对发电机做出综合评价。

表 2-20　发电机负载实验数据

转速/(r/min)	0								
输出电压/V									14
输出电流/A									
励磁电流/A			0						

任务三　汽车电源系的故障诊断与维修

【任务组织】

1. 目的与要求

1）能够分析桑塔纳 2000GSi 电源系电路。

2）能够检查轿车电源系的工作情况。

3）能够排除桑塔纳轿车电源系故障。

4）核心能力：电源系电路识图与分析。

2. 安全与环保教育

1）使用实习轿车时，应有安全员专门监控轿车的档位和制动，防止人身事故。

2）应按照工艺规范检查实习车辆，以防教学设备的损坏。

3. 设备及工具准备

1）实训任务用轿车。

2）全车电路实验台。

3）万用表、汽车电工工具。

【任务知识准备】

1. 桑塔纳2000GSi 电源系电路识读

（1）点火开关　图2-28为桑塔纳2000GSi型轿车点火开关电路，点火开关各触点连接情况是：

点火开关处于 OFF 位置，且钥匙未插入，点火开关30与P相通。

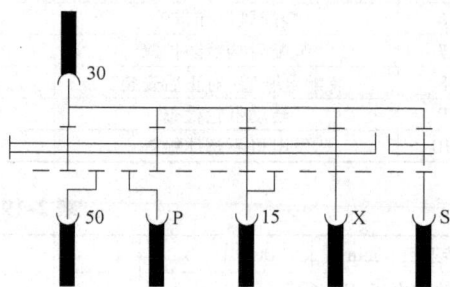

处于 OFF 位置，钥匙插入后，30 与 P、S 相通。

处于 ON 位置时，30 与 15、X、S 相通。

处于 ST 位置时，30 与 50、15、S 相通。

（2）中央配线盒电源分析　桑塔纳2000GSi电源系电路如图2-29所示，图中元器件及电路符号示例见附录 A。

图2-28　桑塔纳2000GSi 型
轿车点火开关电路

1）30 号线的形成。30 号线称为常带电，无论点火开关处于何种位置（发动机是否运行）均有电。

如图2-29所示，发电机的 B + 和蓄电池的正极连在一起（连线识别号 8 和 3），经过 P6 至中央配线盒形成 30 号线。

2）15 号线的形成。15 号线称为运行起动带电，即当点火开关钥匙处于 ON 和 ST 位置时带电。

30 号线经点火开关后形成 15 号线，经 A8 送中央配线盒供全车各种运行起动带电设备使用。

3）X 号线的形成。X 线（75 号线）称为大电流（或大负载）运行带电。当点火开关位置为 ON 时，X 有电经 B10 送中央配线盒，控制卸荷继电器 J59 工作，当 J59 卸荷继电器开关闭合时，30 号线与 X 号线相连，X 号线带电供全车大电流设备使用。

4）50 号线的形成。50 号线称为起动带电，当点火开关置于 ST 位置时 50 号线带电。50 号线最主要的作用是控制起动机工作。

5）P 线的形成。P 线称为驻车带电，点火开关 OFF 位置时，无论钥匙是否插入均有电。

6）S 线形成。点火开关钥匙插入时，30 号线与 S 线相通（桑塔纳2000GSi 无 S 号线）。

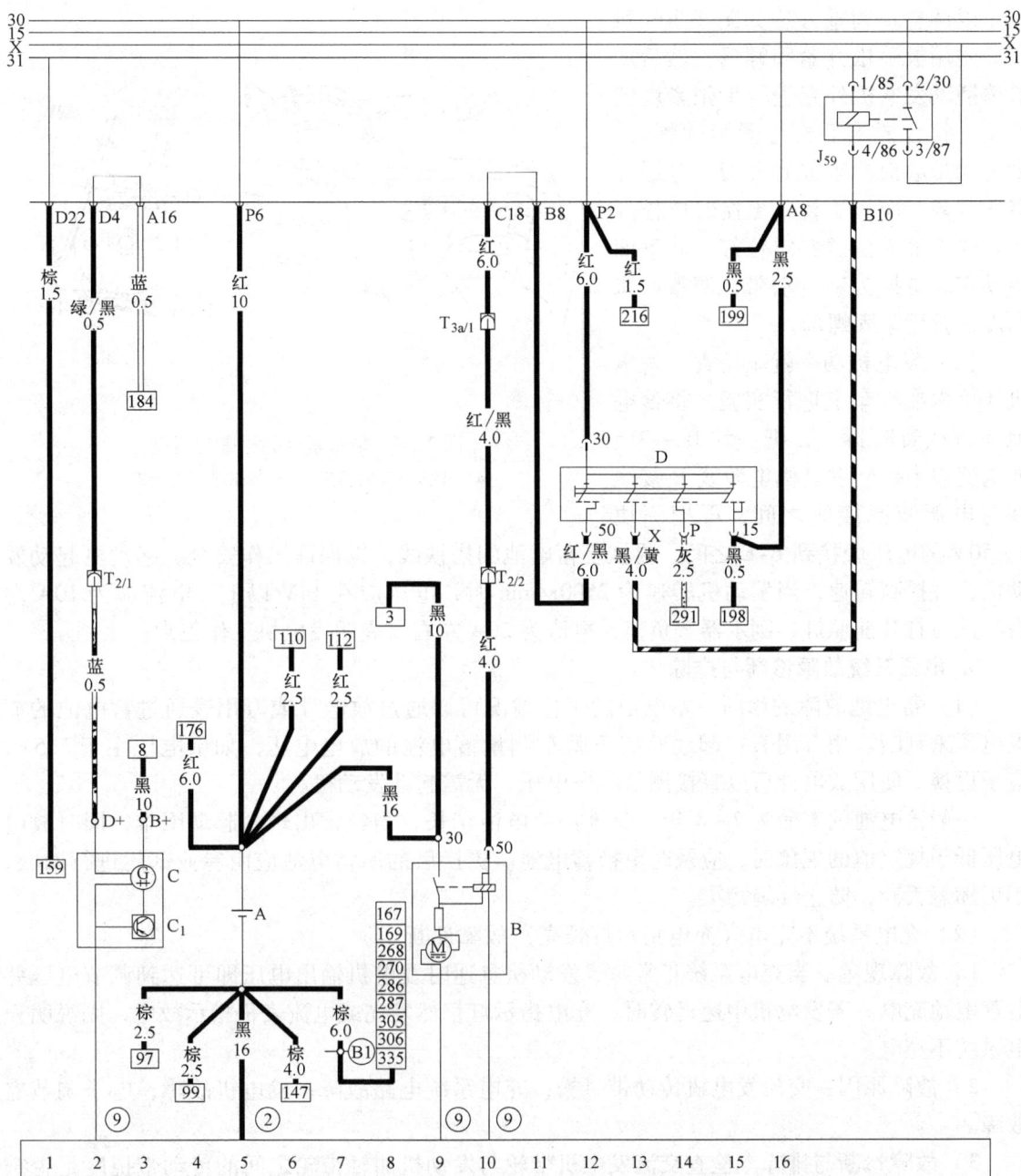

图 2-29 桑塔纳 2000GSi 电源系电路

A—蓄电池 B—起动机 C—交流发电机 C₁—电压调节器 D—点火开关 J₅₉—卸荷继电器

T_2—发动机线束与发电机线束插头 T_{3a}—发动机线束与前照灯线束插头

②—搭铁点（在蓄电池支架上） ⑨—直接搭铁

2. 发电机就车检查

（1）发电机传动带检查　保持发电机具有合适的带张紧度。带张紧度的检查如图 2-30a

所示。用大拇指下压（压力为 30～40N）风扇带，其挠度应为 10～15mm，若不符合规定，应予以调整。调整方法如图 2-30b 所示。先用扳手松开紧固螺母，然后用撬棒撬动发电机外壳进行带张紧度的调整，符合要求后再拧紧紧固螺母。如传动带磨损严重或有开裂、分层等老化现象，应予更换。更换时应松开张紧轮至最松位置并定位好，卸下旧传动带，更换为新传动带，调整好张紧度，拧紧紧固螺母。

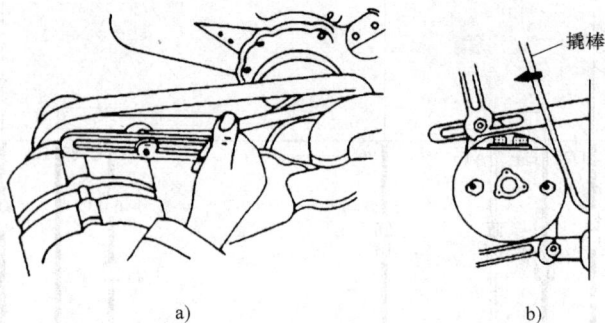

图 2-30　带张紧度的检查与调整
a）带张紧度的检查　b）带张紧度的调整

（2）发电机功率就车检查　发电机还可以在汽车上进行实验。将蓄电池搭铁线暂时拆下，把一块 0～40A 的电流表串接到发电机电源线 B 接线柱与电源线原接线之间，再把一块 0～50V 的电压表接到 B-E 之间，再恢复蓄电池的搭铁线，以保证操作安全。起动机起动发动机，并提高转速，当发动机转速为 2500r/min 时，电压应在 14V 以上，电流应为 10A 左右。此时打开前照灯、刮水器等负荷，电流为 20A 左右，表明发电机工作正常。

3. 电源系统故障诊断与排除

（1）蓄电池故障的诊断　蓄电池的工作情况可以通过放电计或万用表通过蓄电池的放电电压来判断。用万用表在起动状态下就车测量蓄电池的放电电压，如果电压小于 7.5V，应予更换。使用放电计可以直接测量放电电压，无需起动发动机。

一般蓄电池的寿命为 2～4 年，免维护蓄电池稍长，当经常出现冷起动困难，同时放电电压低于规定值的现象时，应及时更换蓄电池。更换后的旧蓄电池应由专业部门进行回收，不可随意丢弃，防止环境污染。

（2）充电系统不充电（充电指示灯长亮）故障诊断

1）故障现象。当充电系统正常时，发动机怠速时发电机输出电压即可达到调节电压并对蓄电池充电。若发电机中速运转时，充电指示灯仍然发亮或电流表仍指示放电，则说明充电系统不充电。

2）故障原因：交流发电机传动带过松；充电系统电路故障；发电机故障；电子调节器故障。

3）故障诊断与排除。检查交流发电机带轮与发动机曲轴带轮之间的传动带挠度是否符合规定。判断标准是在传动带上施加 100N 的力时，新传动带的挠度应为 5～7mm，旧传动带的挠度应为 10～14mm。如挠度过大应进行调整或更换传动带。

检查交流发电机，进行不解体检查。

检查电压调节器及电路。

（3）充电电流过小的诊断与排除　汽车行驶过程中，发电机向蓄电池充电属于恒压充电，充电电流大小随充电时间延长而减小，如果充电电流过小会影响下一次起动，如果蓄电池经常充电不足，会影响蓄电池的寿命。

1）主要故障原因有：发电机传动带挠度过大而出现打滑现象；充电电路或磁场电路接线端子松动而接触不良；发电机故障；调节器调节电压过低。

2）故障排除。充电电流过小故障的排除方法如下：

检查交流发电机驱动带挠度是否符合规定；检查充电电路和磁场电路连接是否牢靠；利用直流电压表（量程不小于30V）和直流电流表（量程不小于30A）就车检测发电机输出功率是否达到额定输出功率。

（4）充电电流过大的诊断与排除

1）故障现象：汽车行驶时，充电电流始终保持在10A以上且不减小；蓄电池耗水量增大（即液面降低快）；灯泡经常烧坏。

2）故障原因：充电电压过高对汽车电器危害较大，主要原因是调节器调节电压过高。

【任务实施】

1. 发电机传动带检查与更换

按照工艺要求对实训车辆的发电机进行检查和更换，将检查结果和操作过程填入表2-21中。

表2-21 发电机传动带的检查和更换

序号	作业内容	检查结果	分析	结论
1	张紧度(传动带挠度)检查			
2	传动带外观检查			
3	松开张紧轮			
4	调整传动带张紧度			
5	更换传动带			
6	调整张紧轮			
7	拧紧紧固螺母			

2. 桑塔纳电源检查

在桑塔纳全车电路实验台或实车的中央配线盒上，测量30号线、15号线、X号线和50号线电压，将测量结果填入表2-22中。

表2-22 桑塔纳中央配线盒电源测量表

点火开关位置	30线电压(P2点)	15线电压(A8点)	X线电压(B10点)	50线电压(B8点)
OFF				
ON				
ST				
结论				

3. 发电机功率就车检查

按照工艺要求，就车检查发电机功率，将检查结果填入表2-23中。

表 2-23　发电机功率就车操作检查表

序号	作业内容	检查数据	分析	结论
1	断开蓄电池搭铁线			
2	接入电流表(30A 以上)			
3	起动发动机			
4	发动机转速			
5	电流表读数			
6	蓄电池电压			
7	计算功率			

4. 充电电压过高故障诊断

1）起动轿车，检查发电机电压，确定故障现象，分析电源系电路。

2）制订充电电压过高检修计划。

3）记录检修数据并分析，将检修记录填入表 2-24 中。

表 2-24　充电电压过高故障诊断记录

序号	作业内容	测量数据	分析测量结果	结论
1	检查发电机电压			
2	检查发电机磁场			
3	检查 B-E 间正向压降			
4	检查电压调节器			
5	更换电压调节器			

5. 充电指示灯长亮故障诊断

1）观察充电指示灯，确定故障现象，分析电源系电路。

2）制订充电指示灯长亮检修计划。

3）记录检修数据和结果并分析，将检修记录填入表 2-25 中。

表 2-25　充电指示灯长亮故障诊断记录

序号	作业内容	测量数据	分析测量结果	结论
1	起动发动机			
2	检查发电机电压			
3	发电机传动带检查			
4	更换传动带			
5	更换电压调节器			
6	更换发电机			

项目三

起动系统故障检修

任务一　起动机的检修

【任务组织】

1. 实训目的与要求

1）能够进行起动机的拆卸，能够进行起动机的检查与修理。

2）能够进行起动机的装配，能够进行起动机的实验和检查。

3）核心技能：汽车起动机的修复。

2. 安全与环保教育

1）正确使用拆装工具，不要用力过猛，以免造成人身伤害。

2）按照规范进行起动机实验，实验时防止起动机掉落伤人。

3. 实训设备及工具

1）实训用起动机若干台。

2）万用表、汽车电工工具和起动机检修专用工具。

3）蓄电池、蓄电池线。

【任务知识准备】

起动机结构不同，拆装顺序也不相同，本任务拆解的是轿车起动机。拆解时，只需将其分解成电磁开关、电枢绕组、磁场绕组与电动机壳体总成、单向离合器、端盖等总成即可，拆卸后效果如图 3-1 所示。分解之后，必须注意电枢绕组、磁场绕组、离合器与电刷等部件不能用汽油清洗，只能用棉纱沾少量汽油擦拭，其余部件可用汽油清洗。

1. 起动机的解体

（1）拆卸电磁起动机开关总成

1）如图 3-2 所示，拆卸定位螺母并断开引线。

2）拆卸电磁起动机开关总成。拆卸两颗螺母并将电磁起动机开关拉到后侧，向上拉电磁起动机开关的顶端，从驱动杆中取出柱塞钩，拆卸电磁开关。

（2）拆卸起动机磁轭总成（见图 3-3）

1）拆卸两个螺栓。

2）拆卸换向器端盖。

3）从起动机外壳分开起动机磁轭。

4）拆卸驱动杆。

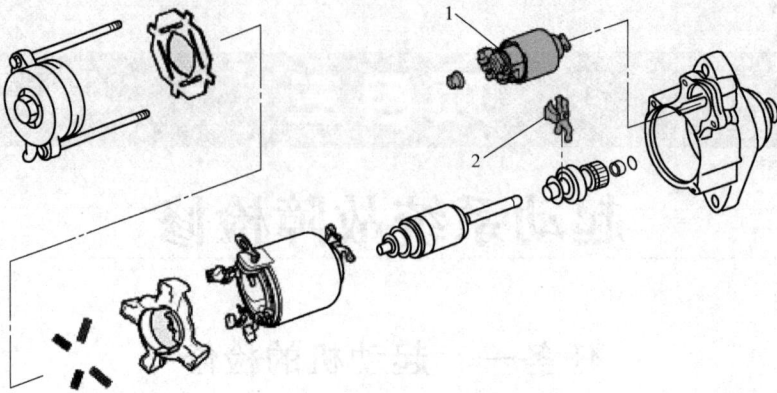

图 3-1　拆卸电磁起动机开关总成
1—电磁起动机开关　2—驱动杆

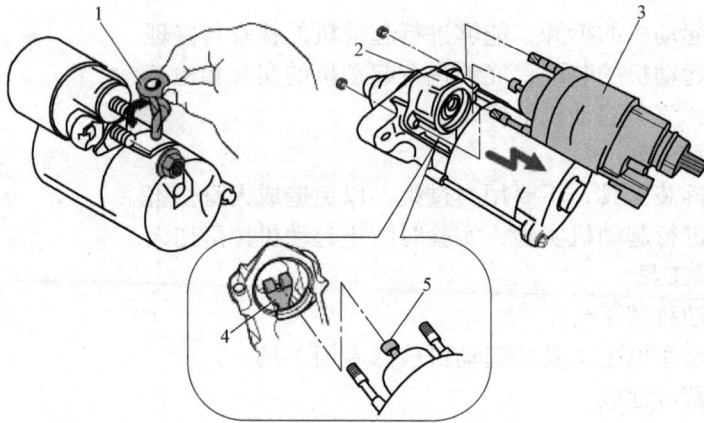

图 3-2　拆卸电磁起动机开关总成
1—引线　2—起动机外壳　3—电磁开关　4—驱动杆　5—柱塞钩

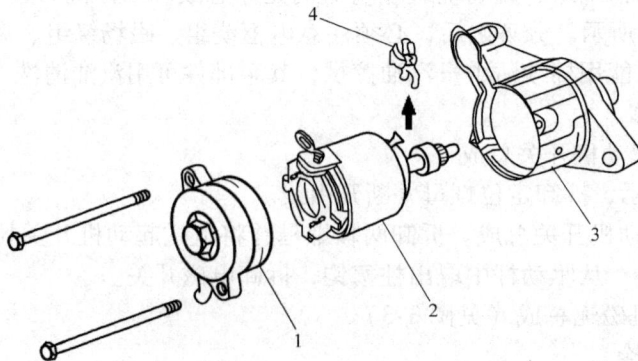

图 3-3　拆卸起动机磁轭总成
1—端盖　2—起动机磁轭　3—起动机外壳　4—驱动杆

（3）拆卸起动机电刷弹簧

1）用台虎钳将电枢轴固定在两块铝板或布之间，如图3-4所示。

2）用手指向上扳卡销，然后拆下挡板，如图3-5所示。

注意：应缓慢拆下挡板，否则电刷弹簧可能会弹出。

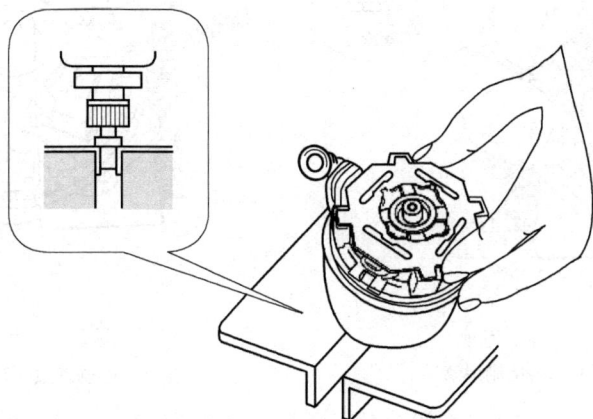

图3-4 固定电枢轴

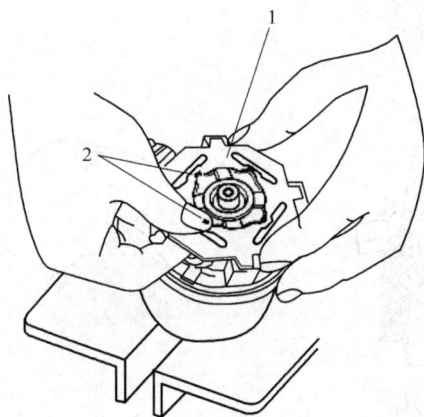

图3-5 拆下挡板

1—挡板 2—卡销

3）用一字槽螺钉旋具（或其他工具）压住弹簧，然后拆下电刷，如图3-6所示。

注意：操作时应用胶带缠住螺钉旋具。为防止弹簧弹出，必须用一块布盖在电刷座上。

4）从电刷座绝缘体上拆下电刷弹簧，如图3-7所示。

5）拆卸电刷座绝缘体，如图3-8所示。

（4）拆卸起动机离合器（选做）

1）从起动机磁轭拆下起动机电枢总成，然后用台虎钳将电枢固定在两块铝板或布之间，如图3-9所示。

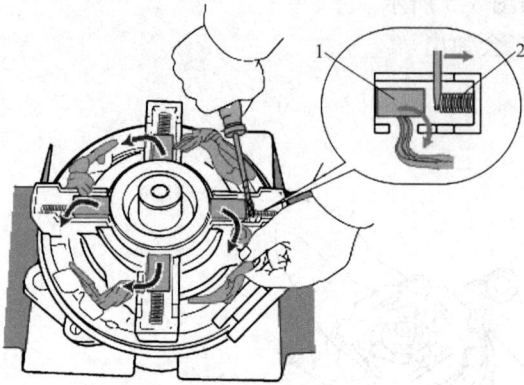

图3-6　拆下电刷
1—电刷　2—电刷弹簧

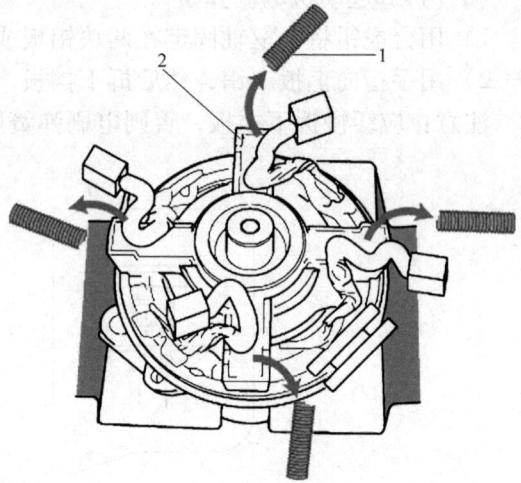

图3-7　拆下电刷弹簧
1—电刷弹簧　2—电刷座绝缘体

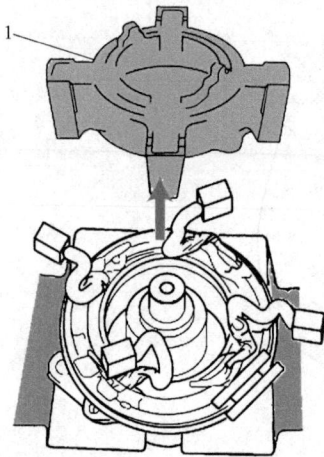

图3-8　拆卸电刷座绝缘体
1—电刷座绝缘体

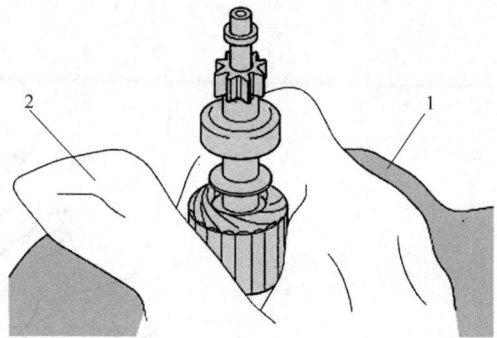

图3-9　固定电枢
1—台虎钳　2—布

2）用一字槽螺钉旋具轻敲止动环，使其向下滑动，如图3-10所示。

3）用一字槽螺钉旋具打开卡环的开口，拆卸卡环，如图3-11所示。

4）从电枢轴上拆下止动环和起动机离合器，如图3-12所示。

2. 起动机的检查

（1）检查起动机电枢总成

1）目测检查。检查电枢线圈和换向器变脏的程度或是否烧坏。起动机的换向器很容易变脏和烧坏。换向器变脏和烧坏之后会干扰电流并妨碍起动机的正常运转。

2）清洁。用抹布或者刷子清洁电枢总成。

3）起动机电枢绝缘和导通的检查。用万用表检查换向器和电枢铁心之间的绝缘情况，如图 3-13 所示。电枢铁心和电枢线圈之间的状态为绝缘，换向器与电枢线圈相连。如果零部件正常，换向器和电枢铁心之间的状态为绝缘。

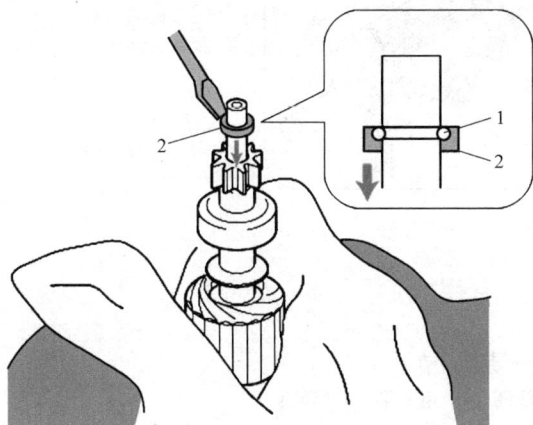

图 3-10 敲开止动环

1—卡环 2—止动环

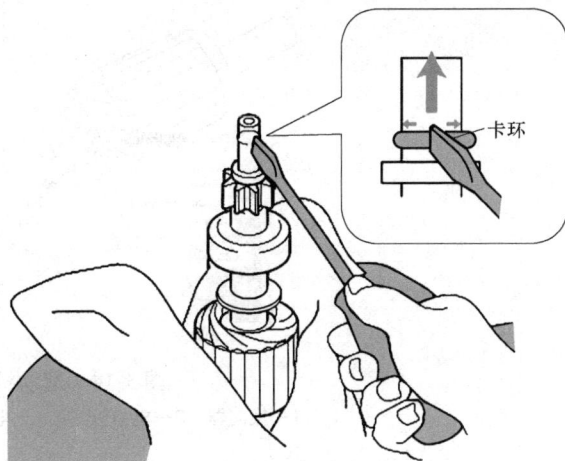

图 3-11 打开卡环开口

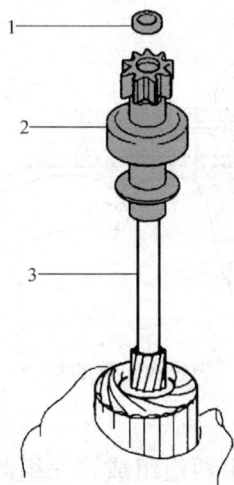

图 3-12 拆下止动环和

起动机离合器

1—止动环 2—起动机离合器

3—电枢轴

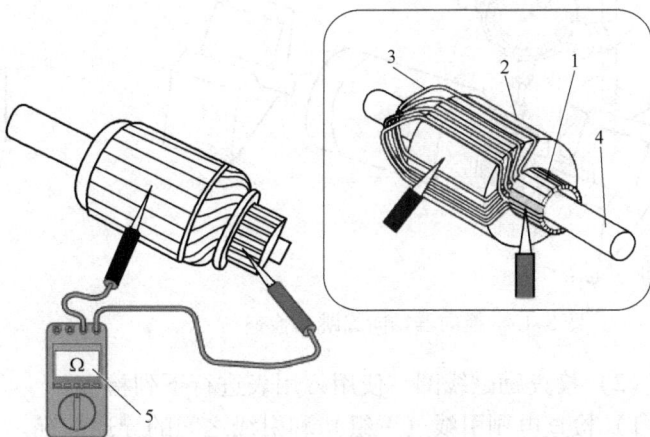

图 3-13 起动机电枢绝缘检查

1—换向器 2—电枢铁心 3—电枢线圈

4—电枢轴 5—不导通

用万用表检查换向器片之间的导通情况，如图 3-14 所示。每个换向器片通过电枢线圈连接。如果零部件正常，换向器片之间的状态为导通。

4）换向器径向圆跳动的检查。用千分表检查换向器的跳动水平，如图 3-15 所示。由于换向器的跳动量变大，换向器与电刷的接触不良，可能会出现起动机无法运转故障。

5）用游标卡尺测量换向器的外径，如图 3-16 所示。由于换向器在转动时要与电刷接触，因此会受到磨损。如果测量值超出规定的磨损范围，与电刷的接触将变差，这可能会导致起动机无法转动和其他故障。

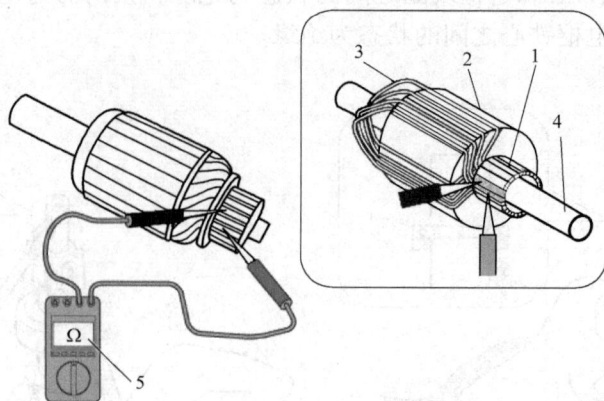

图 3-14　起动机电枢导通检查
1—换向器　2—电枢铁心　3—电枢线圈　4—电枢轴　5—导通

6）检查凹槽深度。用游标卡尺的深度杆测量换向器片之间的深度，如图 3-17 所示。

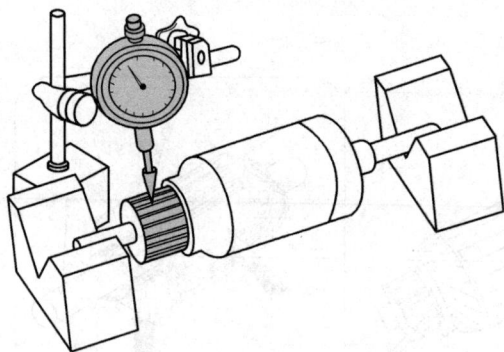

图 3-15　换向器径向圆跳动检查

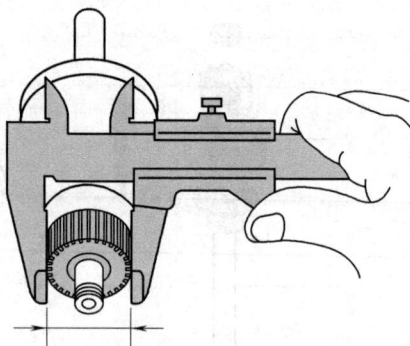

图 3-16　测量换向器的外径

（2）检查励磁线圈　使用万用表进行下列检查：

1）检查电刷引线（A 组）和引线之间的导通情况。电刷引线由两组组成：一组与引线相连（A 组），另一组与起动机磁轭相连（B 组）。检查引线和所有电刷引线之间的导通情况，如图 3-18 所示。与 A 组相连的两根电刷引线导通，与 B 组相连的两根电刷引线不导通。

检查电刷引线和引线之间的导通情况有助于确定励磁线圈中是否发生开路；检查电刷引线和起动机磁轭之间的绝缘情况有助于确定励磁线圈中是否发生短路。

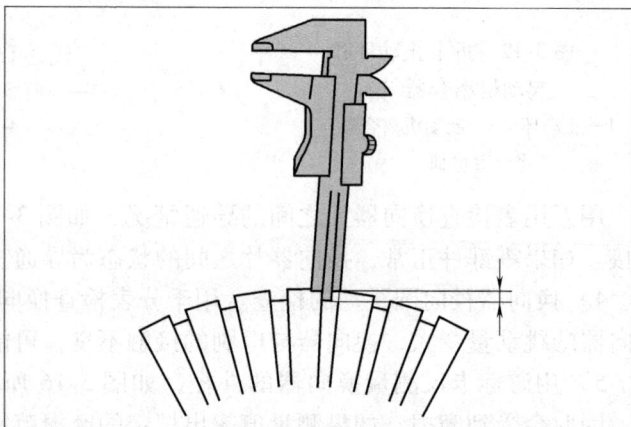

图 3-17　检查凹槽深度

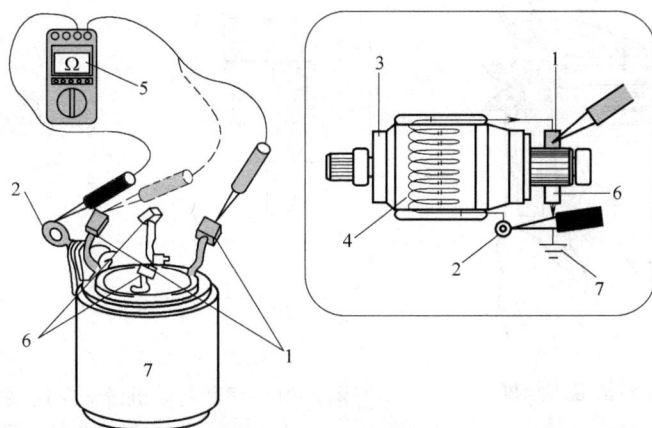

图 3-18 电刷引线（A 组）和引线之间的导通情况检查

1—电刷引线（A 组） 2—引线 3—电枢 4—励磁线圈
5—导通 6—电刷引线（B 组）7—起动机磁轭

2）检查电刷引线（A 组）和起动机磁轭之间的绝缘情况，如图 3-19 所示。检查电刷引线和起动机磁轭之间的绝缘情况有助于确定励磁线圈中是否发生短路。

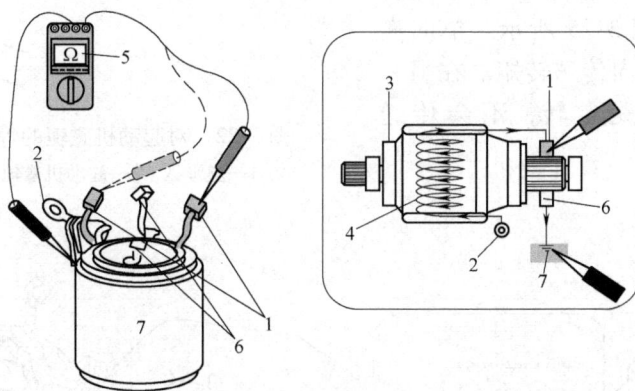

图 3-19 电刷引线（A 组）和起动机磁轭之间的绝缘情况检查

1—电刷引线（A 组） 2—引线 3—电枢 4—励磁线圈
5—不导通 6—电刷引线（B 组） 7—起动机磁轭

（3）检查电刷 电刷被弹簧压在换向器上。如果电刷磨损程度超过规定限度，弹簧的夹持力将降低，与换向器的接触将变差。这可能会使起动机无法转动。

1）清洁电刷并用游标卡尺测量电刷长度，如图 3-20 所示。测量电刷中部的电刷长度，因为此部分磨损最严重。用游标卡尺的顶端测量电刷长度，因为磨损部位呈圆形。如果上述测量值低于规定值，应更换电刷。

2）更换电刷。切断起动机磁轭侧连接位置的电刷引线，如图 3-21 所示。用锉或者砂纸对起动机磁轭的焊接面进行整形，如图 3-22 所示。

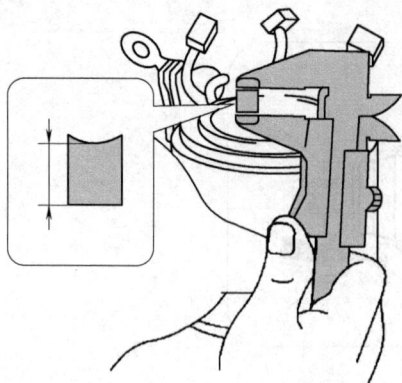

图 3-20　用游标卡尺测量电刷长度

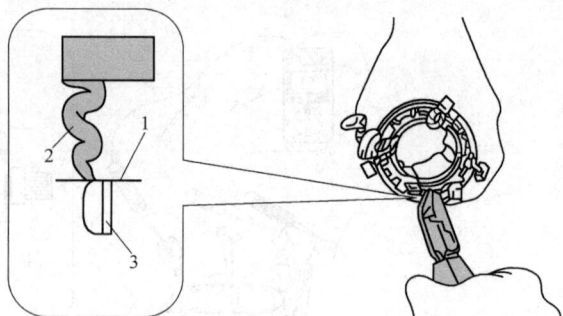

图 3-21　切断起动机磁轭侧连接位置的电刷引线
1—切断　2—电刷引线　3—起动机磁轭侧

将带板的新电刷安装到起动机磁轭上，稍稍用力压一下，使其互相连接，如图 3-23 所示。将新电刷焊接在连接部位，如图 3-24 所示。

（4）检查起动机离合器分总成　用手转动起动机离合器，检查单向离合器是否处于闭锁状态，如图 3-25 所示。单向离合器仅向一个旋转方向传送转矩。在另一个方向，离合器只是空转，不会传送转矩。

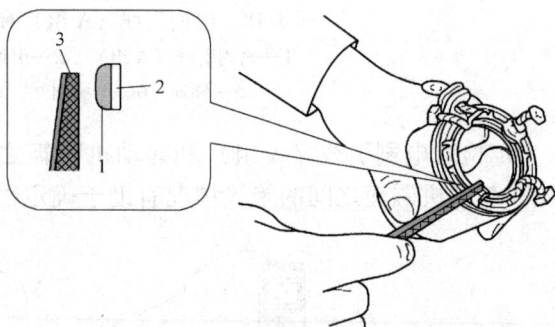

图 3-22　对起动机磁轭的焊接面进行整形
1—整形区　2—起动机磁轭侧　3—木锉

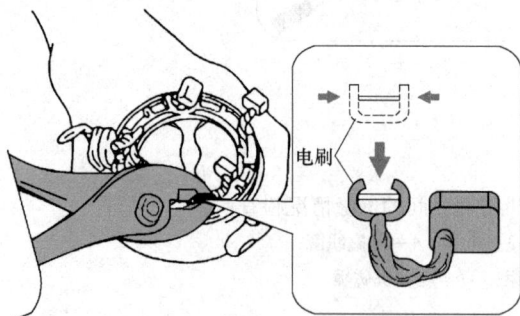

图 3-23　新电刷的安装

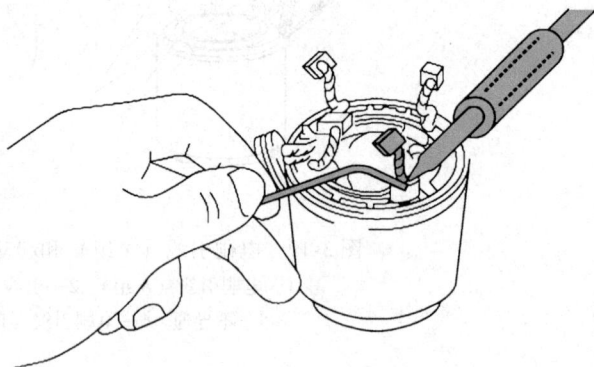

图 3-24　将新电刷焊接在连接部位

（5）检查电磁起动机开关总成

1）用手指按住柱塞，松开手指之后，检查柱塞是否很顺畅地返回其原来位置，如图 3-26 所示。由于开关在柱塞中，如果柱塞无法顺畅地返回其原始位置，开关的接触将变差，导致无法打开/关闭起动机。如果柱塞的运行不正常，应更换电磁起动机开关总成。

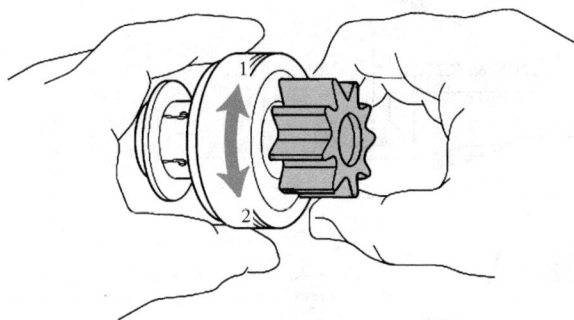

图 3-25　检查起动机离合器
1—自由　2—闭锁

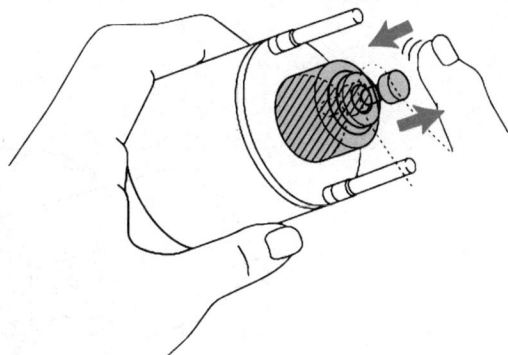

图 3-26　检查柱塞

2）检查电磁起动机开关的导通情况，如图 3-27 所示。用万用表测量端子 50 和端子 C 之间的导通情况（吸引线圈的导通检查）。如果吸引线圈正常，则两个端子之间为导通；如果吸引线圈断开，则柱塞无法被吸动。

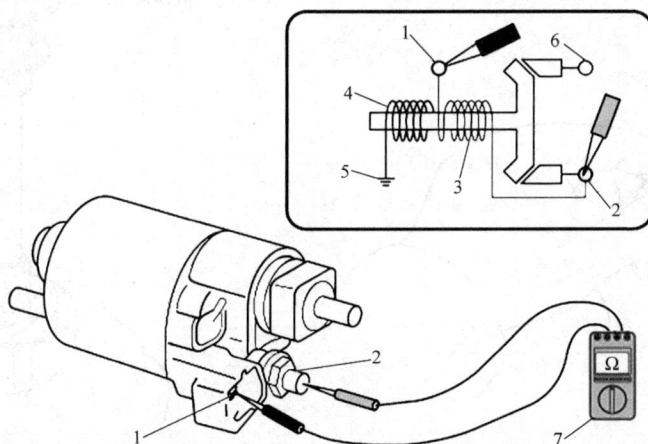

图 3-27　检查电磁起动机开关的导通情况
1—端子 50　2—端子 C　3—吸引线圈　4—保持线圈
5—壳体　6—端子 30　7—导通

3）检查端子 50 和开关壳体之间的导通情况（保持线圈中的导通检查），如图 3-28 所示。如果保持线圈正常，则端子 50 和开关壳体之间为导通；如果保持线圈断开，可牵引柱塞，但无法保持，因此小齿轮反复伸出和返回。

3. 起动机的组装

（1）安装起动机离合器分总成

1）在起动机离合器花键上涂一些润滑脂，如图 3-29 所示。

2）将起动机离合器安装到电枢轴上，如图 3-30 所示。

3）将止动环安装到轴上，较小的内径应指向下方，如图 3-31 所示。

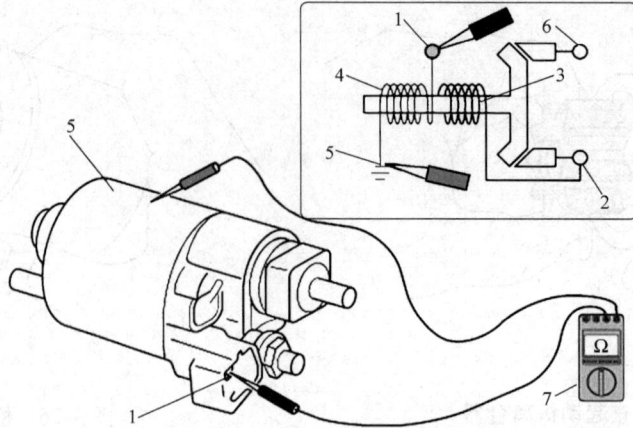

图 3-28　检查保持线圈中的导通情况

1—端子50　2—端子C　3—吸引线圈　4—保持线圈　5—壳体　6—端子30　7—导通

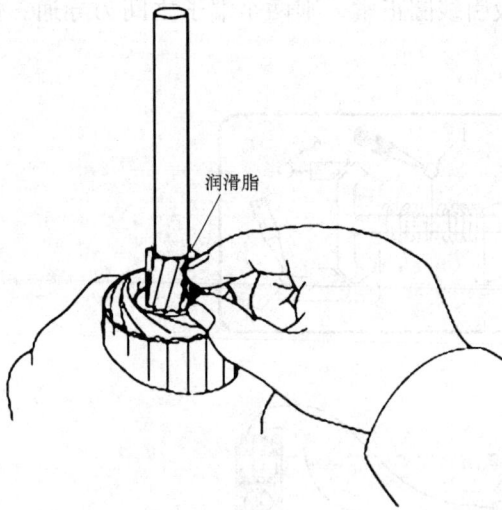

图 3-29　在离合器花键上涂润滑脂

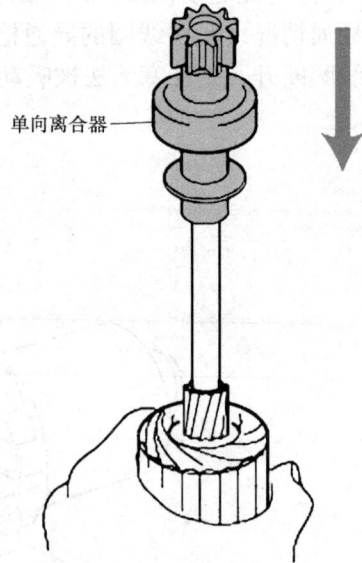

图 3-30　将起动机离合器安装到电枢轴上

4）将卡环对齐轴上的凹槽，用台虎钳拧紧，将其固定在轴上，如图 3-32 所示。

5）抬起起动机离合器，将其保持在该位置，然后用塑料槌敲打轴，将卡环装入止动环中，如图 3-33 所示。

（2）安装起动机电刷弹簧

1）将起动机电枢总成安装在起动机磁轭上，用台虎钳固定住夹在两块铝板或布之间的电枢轴，如图 3-34 所示。

2）安装电刷座绝缘体，如图 3-35 所示。

3）将弹簧安装在电刷座绝缘体上，如图 3-36 所示。

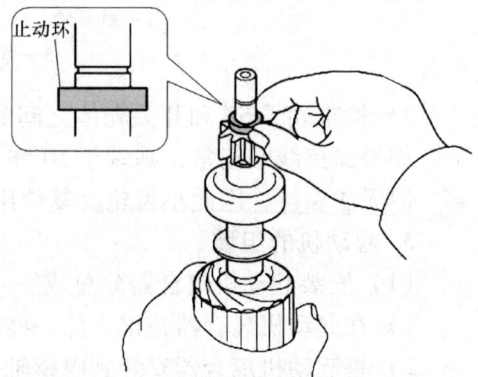

图 3-31　将止动环安装到轴上

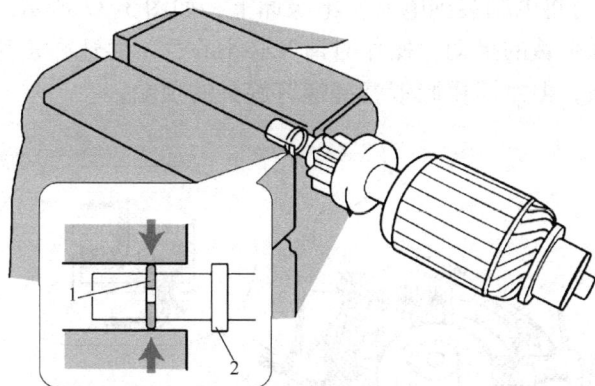

图 3-32 将卡环固定在轴上
1—卡环 2—止动环

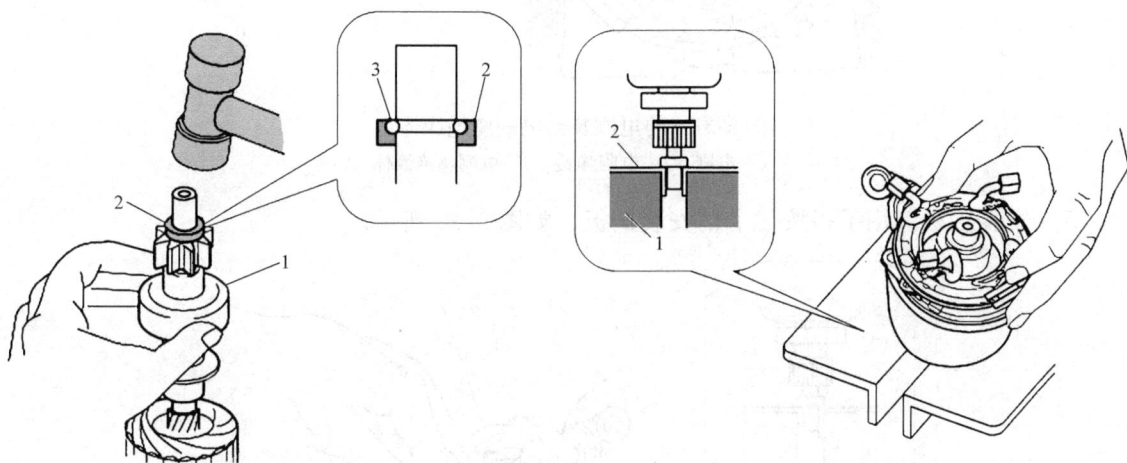

图 3-33 将卡环装入止动环中
1—起动机离合器 2—止动环 3—卡环

图 3-34 固定电枢轴
1—台虎钳 2—铝板

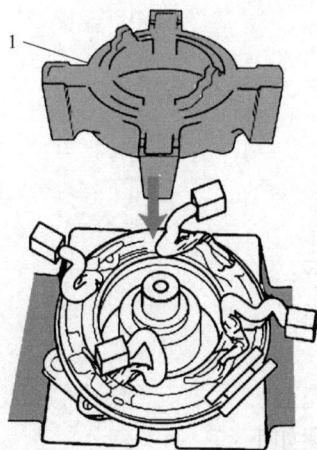

图 3-35 安装电刷座绝缘体
1—电刷座绝缘体

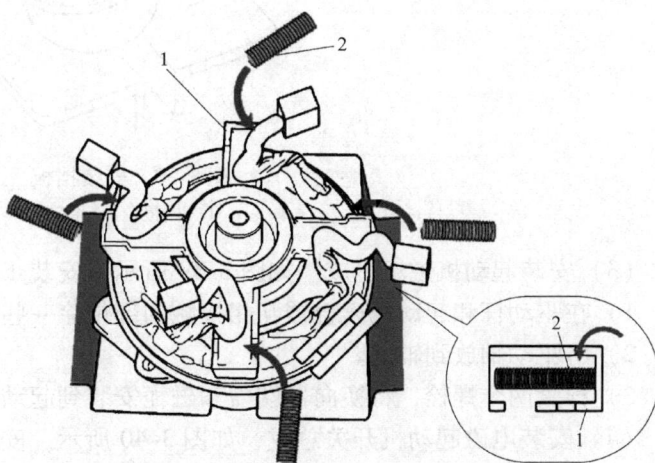

图 3-36 将弹簧安装在电刷座绝缘体上
1—电刷座绝缘体 2—电刷弹簧

4）压住弹簧，同时将电刷装到电刷座绝缘体上，如图3-37所示。

注意：由于电刷受弹簧的推动，操作时请务必小心，不要让弹簧弹出来。用螺钉旋具可以比较方便地压住弹簧，但是需用胶带缠绕螺钉旋具的顶端。

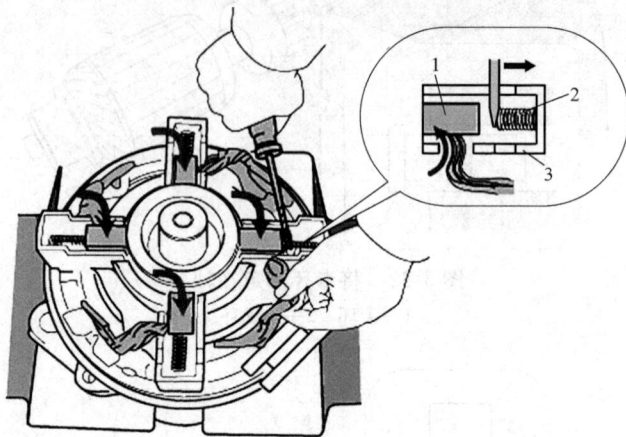

图3-37　将电刷装到电刷座绝缘体上
1—电刷　2—电刷弹簧　3—电刷座绝缘体

5）安装挡板。用手指按住卡销安装挡板，如图3-38所示。

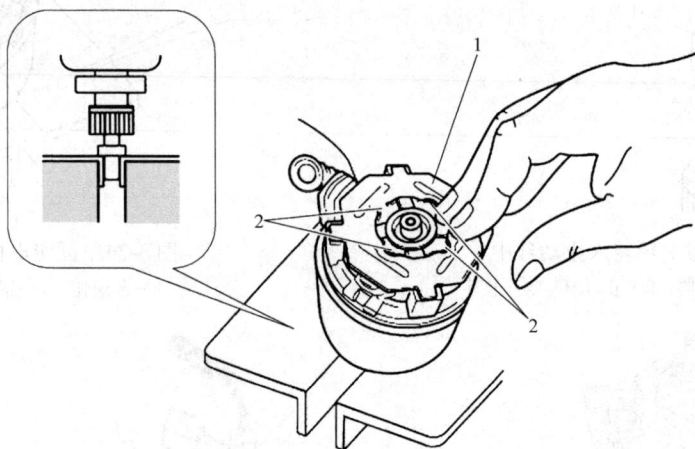

图3-38　安装挡板
1—挡板　2—卡销

（3）安装起动机磁轭总成　如图3-39所示，安装步骤如下：

1）在驱动杆和起动机离合器互相接触的部位涂一些润滑脂。

2）将驱动轴放到轴上。

3）拧紧两个螺栓，将换向器端盖和磁轭安装到起动机外壳上。

（4）安装电磁起动机开关总成　如图3-40所示，安装步骤如下：

1）将柱塞钩勾到驱动杆上，然后用两个螺栓将电磁起动机开关安装到起动机外壳上。

2）连接引线。

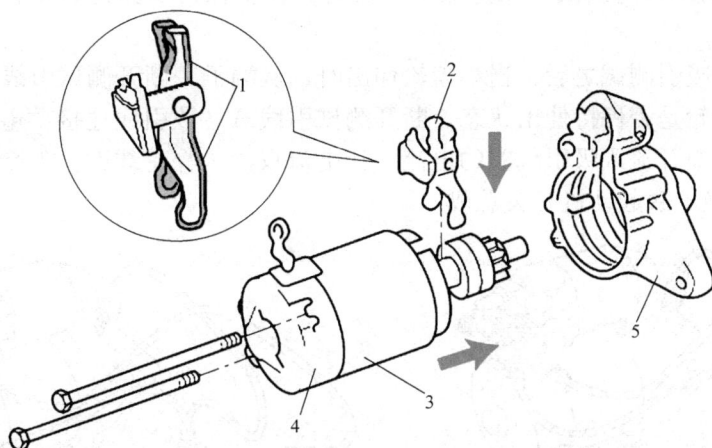

图 3-39 安装起动机磁轭总成

1—润滑脂 2—驱动杆 3—起动机磁轭 4—端盖 5—起动机外壳

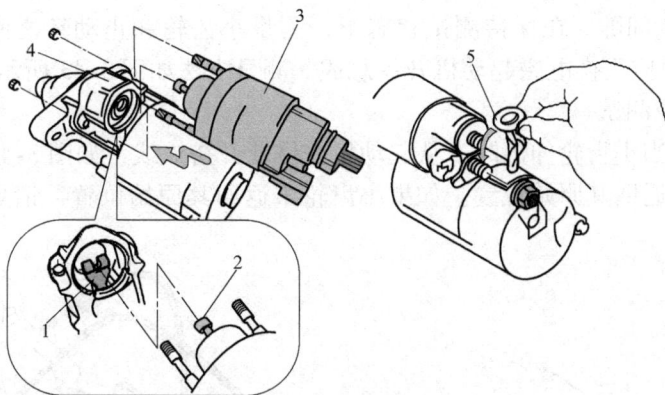

图 3-40 安装电磁起动机开关总成

1—驱动杆 2—柱塞钩 3—电磁起动机开关 4—起动机外壳 5—引线

4. 起动机的测试

检查起动机操作时可直接用蓄电池供电，然后检查起动机的各项功能。

注意：用蓄电池给起动机长时间供电会烧坏线圈，因此每次检查的时间应限定为 3 ~ 5s。

（1）电磁开关吸引测试 电磁开关吸引测试用于检查电磁起动机开关吸引线圈是否正常。测试方法如图 3-41 所示。

1）为防止起动机转动，从端子 C 断开励磁线圈引线。

2）将蓄电池正极（+）端子连接到端子 50 上。

3）将蓄电池负极（-）端子连接到起动机体和端子 C（测试引线 A）上，检查小齿轮是否伸出。如果小齿轮没有伸出，应更换电磁起动机开关总成。

（2）电磁开关的保持测试　保持测试的目的是检查保持线圈是否正常。测试方法如图3-42所示。

1）电磁开关吸引测试之后，当小齿轮伸出时，从端子C断开测试引线A。

2）检查小齿轮是否保持伸出状态。断开测试引线A（该引线连接蓄电池负极端子和端子C），从端子C断开流入吸引线圈的电流，让电流仅流入保持线圈。如果小齿轮无法保持伸出状态，请更换电磁起动机开关总成。

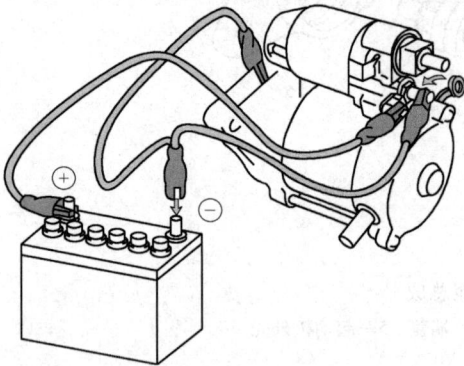

图3-41　电磁开关吸引测试

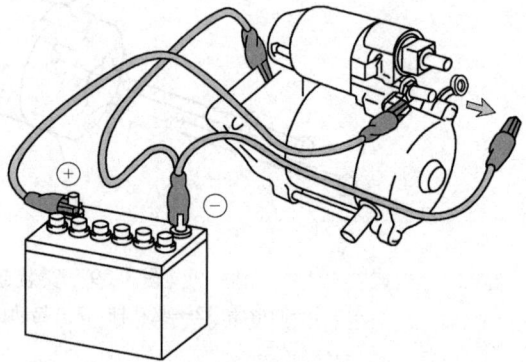

图3-42　保持测试

（3）检查小齿轮间隙　在保持测试状态下，测量小齿轮和止动环之间的间隙。如果间隙超出规定值范围，应更换电磁起动机开关总成。测量方法如图3-43所示。

（4）小齿轮回位测试

1）保持测试后当小齿轮伸出时，从起动机壳体断开搭铁线，如图3-44所示。

2）确认小齿轮返回其原始位置。如果小齿轮未返回其原始位置，请更换电磁起动机开关总成。

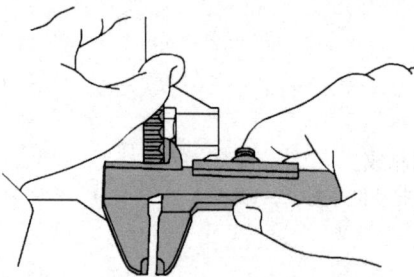

图3-43　检查小齿轮间隙

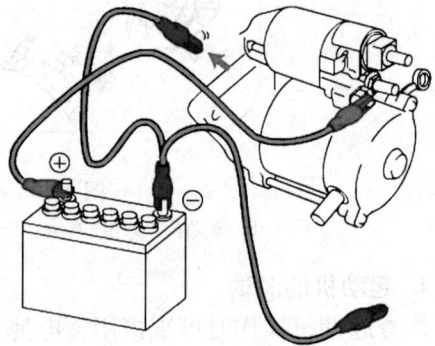

图3-44　小齿轮回位测试

（5）起动机空载起动实验　起动机空载起动实验用于检查起动机电磁开关的接触点以及换向器和电刷之间的接触状况。测试方法如图3-45所示。

1）用台虎钳固定住夹在铝板或者布之间的起动机。

2）将拆下的励磁线圈引线连接到端子C（复原）。

3）将蓄电池正极（＋）端子连接到端子30和端子50上。

4）将电流表连接在蓄电池正极（＋）端子和端子 30 之间，电流表也可不接，该项选做。

5）将蓄电池负极（－）端子连接到起动机壳体上，然后转动起动机。

测量流入起动机的电流。规定电流：一般低于 50A，但电流值会随起动机的不同而不同，有时甚至会用到 200～300A 的电流。可预先查阅维修手册，务必使用容量足够大的电流表和引线。

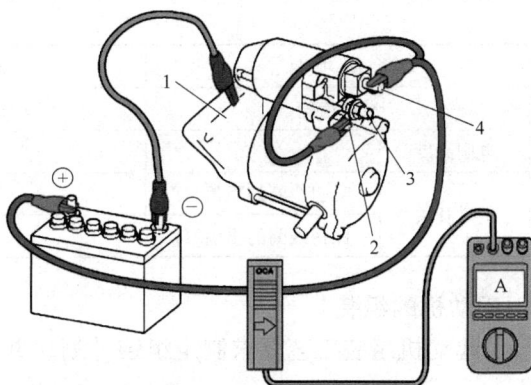

图 3-45　起动机空载起动实验
1—搭铁　2—端子 50　3—端子 C
（直流电动机＋极）　4—端子 30

【任务实施】

1. 起动机的拆卸

按照工艺要求，进行起动机的拆卸，将操作记录填入表 3-1 中。

表 3-1　起动机拆卸记录

序号	作业内容	操作工具	拆卸检查	结论
1	拆下起动机电磁开关总成			
2	拆卸起动机磁轭总成			
3	拆卸起动机电刷弹簧			
4	拆卸起动机离合器			
5	将起动机零部件顺序摆放			

2. 起动机零部件检测

按照工艺要求对起动机零部件进行检测，并将检测结果填入表 3-2 中。

表 3-2　起动机检测数据记录表

序号	检测项目		标准情况	检测情况	结论
1	磁场绕组	磁场绕组断路的检查	通（0Ω）		
		磁场绕组搭铁的检查	不通（∞）		
		磁场绕组短路的检查	每个磁极对螺钉旋具的吸引力相同		
2	电枢绕组	断路检验　试验台	电流表读数均应不变		
		断路检验　万用表	$R = 0\Omega$		
		搭铁检验　试验台	搭铁灯不亮		
		搭铁检验　万用表	$R = \infty$		
		短路检验　试验台	钢片不振动		
		短路检验　万用表	$R = \infty$		
3	电枢轴弯曲度		≤0.15mm		
4	单向离合器		单向转动		

（续）

序号	检测项目		标准情况	检测情况	结论
5	减速齿轮		表面无损伤		
6	电刷高度		7~10mm		
7	电磁开关	吸引线圈的阻值/Ω	<0.6Ω		
		保持线圈的阻值/Ω	1Ω		

3. 起动机的组装

按照起动机组装工艺要求制定组装计划，并进行组装，将组装记录填入表3-3中。

表3-3　起动机组装操作记录

作业内容	操作工具	操作检查	结论
安装起动机离合器分总成			
安装起动机电枢总成			
安装起动机电刷弹簧			
安装起动机磁轭总成			
安装电磁起动机开关总成			

4. 起动机的测试

按照工艺要求，直接用蓄电池供电检查起动机的各项功能，将测试结果填入表3-4中。

表3-4　起动机测试操作记录

作业内容	测试数据	分析	结论
电磁开关吸引线圈测试			
保持线圈测试			
小齿轮间隙检查			
小齿轮回位测试			
空载起动实验			

任务二　汽车起动故障诊断与维修

【任务组织】

1. 实训目的与要求

1）能够进行起动机的就车检查。

2）能够排除桑塔纳轿车不起动故障。

3）核心技能：汽车起动故障诊断能力。

2. 安全与环保教育

1）尽可能在举升机上进行轿车起动操作，防止人身事故。

2）按照规范操作实习车辆，以防人身伤害和教学设备的损坏。

3. 实训设备及工具

1）实训用轿车。

2）桑塔纳轿车全车电路实验台。

3）万用表、汽车电工工具。

【任务知识准备】

诊断汽车起动故障时，首先应判明是起动系统故障还是发动机故障，本任务只涉及起动系统故障。各型汽车起动系统的常见故障有接通起动开关起动机不转、起动机空转、起动机运转无力和驱动齿轮与飞轮齿圈不能啮合而发出撞击声。

1. 接通起动开关起动机不转故障诊断

（1）故障原因　将点火钥匙转到 ST 档时，起动机不转的原因有：

1）蓄电池严重亏电。

2）蓄电池正、负极柱上的电缆插头松动或接触不良。

3）电动机开关触点严重烧蚀或两触点高度调整不当而导致触点表面不在同一平面内，使触盘不能将两个触点接通。

4）换向器严重烧蚀而导致电刷与换向器接触不良。

5）电刷弹簧压力过小或电刷在电刷架中卡死。

6）电刷引线断路或绝缘电刷（即正电刷）搭铁。

7）励磁绕组或电枢绕组有断路、短路或搭铁故障。

8）电枢轴的铜衬套磨损过多，使电枢轴偏心而导致电枢铁心"扫膛"（即电枢铁心与磁极发生摩擦或碰撞）。

（2）故障诊断与排除方法　各型汽车起动系统故障的诊断与排除方法基本相同，仅具体电路有所不同。出现起动机不转故障时，首先应检查蓄电池状态，然后检查导线特别是蓄电池搭铁电缆和电源线电缆的连接情况，再检查起动机和开关。故障诊断与排除程序如图3-46 所示，检查与判断方法如下：

1）用万用表或放电计检查蓄电池放电电压或接通汽车前照灯和喇叭，若放电电压正常（起动时高于 10V），灯发亮或喇叭响亮，说明蓄电池存电较足，故障不在蓄电池；若放电电压低，灯不亮或喇叭不响，说明蓄电池或电源电路有故障，应检查蓄电池搭铁电缆和电源线电缆的连接有无松动以及蓄电池存电是否充足。

2）如图 3-47 所示，若灯亮或喇叭响，说明故障发生在起动机、开关或控制电路。可用螺钉旋具将起动机的 30 与 C 接线柱接通，使起动机空转。若起动机不转，则电动机有故障；若起动机空转正常，说明电磁开关或控制电路有故障。

3）诊断电动机故障时，可据螺钉旋具搭接 30 与 C 接线柱时产生火花的强弱来辨别。若搭接时无火花，说明励磁绕组、电枢绕组或电刷引线等有断路故障；若搭接时有强烈火花而起动机不转，说明起动机内部有短路或搭铁故障，需拆下起动机进一步检修。

4）诊断是电磁开关还是控制电路故障时，可用导线将蓄电池正极与电磁开关 50 接线柱接通（时间为 3~5s），如接通时起动机不转，说明电磁开关故障，应拆下检修或更换电磁开关；如接通时起动机转动，说明 50 接线柱至蓄电池正极之间电路或点火开关故障。

5）排除电磁开关 50 接线柱至蓄电池正极之间电路或点火开关故障时，可用万用表或

接通起动机开关，起动机不转

检查放电电压（或按喇叭开关，听喇叭声音）是否正常

否 ← → 是

放电电压低

电动机、电磁开关或线路故障

1.蓄电池搭铁线搭铁不良
2.蓄电池极柱与电缆端子接触不良
3.蓄电池存电不足

用螺丝刀短接30与C接线柱，起动机是否转动

否 ← → 是

电动机故障

电磁开关或控制电路有故障

短接时有无火花

将蓄电池正极与电磁开关50端子接通时，起动机是否转动

无 ← → 有

否 ← → 是

1.磁场绕组或电枢绕组断路
2.电刷引线断路
3.电刷搭铁不良

电动机内部短路或搭铁

1.电磁开关线圈断路
2.开关触盘与触点接触不良
3.电磁开关机械故障

1.蓄电池至起动机50端子间线断路
2.点火开关故障

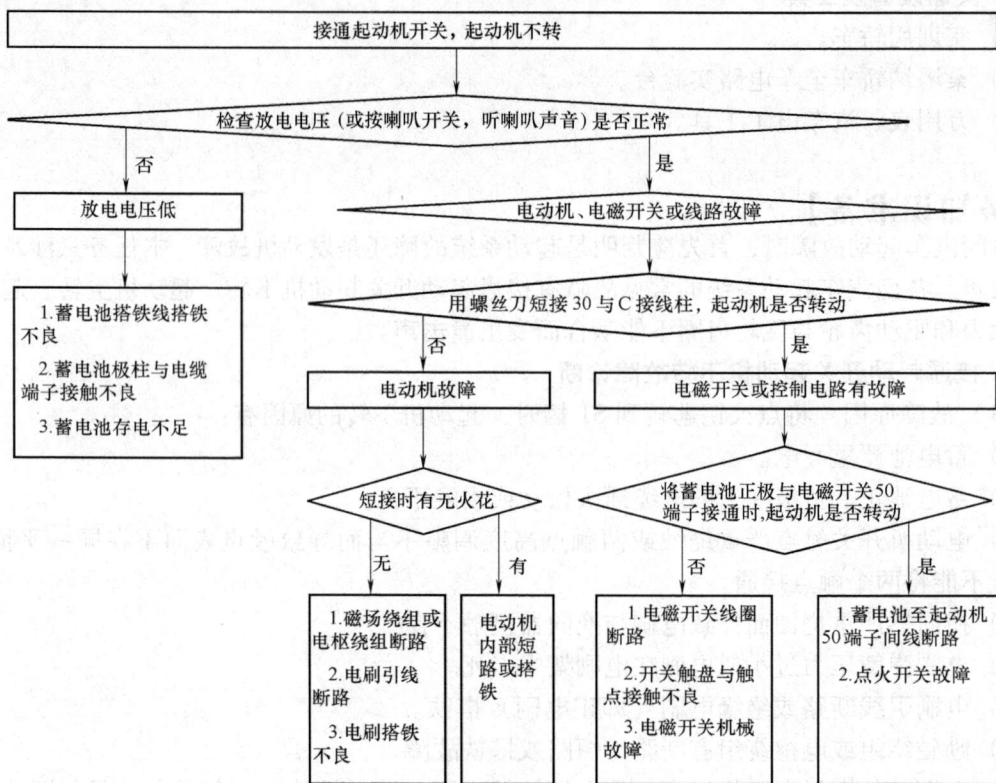

图 3-46　起动机不转故障的诊断

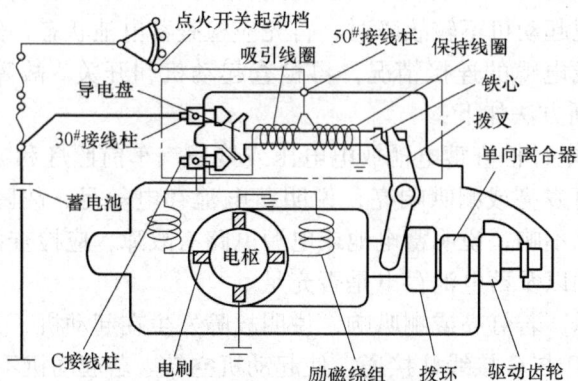

图 3-47　起动机电磁控制电路

12V/2W 试灯逐段进行诊断排除。将试灯的一个引线电极搭铁，另一个引线电极接点火开关30接线柱，如试灯不亮，说明蓄电池正极至点火开关间的电路断路；如试灯发亮，说明该段电路良好，继续下述检查。

6）将试灯引线电极接点火开关50接线柱，点火钥匙转到起动位置，如试灯不亮，说明点火开关故障，应予更换；如试灯发亮，说明点火开关良好，故障发生在点火开关50接线柱至起动机50接线柱之间的电路，逐段检查即可排除。

2. 起动机运转无力故障诊断

接通起动开关，若起动机能运转，则说明控制电路工作正常，起动机运转无力，说明带负载能力降低，实际输出功率减小。其原因有以下几个方面：

1）蓄电池存电不足或有短路故障使其供电能力降低。

2）电动机主电路接触电阻增大使起动机工作电流减小。接触电阻增大的原因包括：蓄电池搭铁电缆搭铁不实；电池正、负极柱上的电缆端头固定不牢；电动机开关触点与触盘烧蚀；电刷与换向器接触不良；换向器烧蚀等。

3）励磁绕组或电枢绕组局部短路使起动机输出功率降低。

4）发动机装配过紧或环境温度很低而导致起动阻力矩过大时，也可能出现起动机运转无力的现象。

3. 起动机空转或不能啮合故障诊断

（1）接通起动开关起动机空转　原因是单向离合器打滑，不能传递驱动转矩，更换离合器故障即可排除。

（2）驱动齿轮与飞轮齿圈不能啮合而发出撞击声　起动发动机时，起动机驱动齿轮与发动机飞轮齿圈发生打齿现象的原因有：

1）驱动齿轮轮齿或飞轮齿圈轮齿磨损过甚或损坏。

2）驱动齿轮端面与端盖凸缘间的距离过小。当驱动齿轮与飞轮齿圈尚未啮合或刚刚啮合时，电动机主电路就已接通，由于驱动齿轮在高速旋转过程中与静止的飞轮齿圈撞击，因此会发出强烈地打齿声。

4. 起动机异响故障诊断

当接通起动开关时，起动机的活动铁心连续不断地往复运动而发出"哒哒"声的现象，称为"打机枪"现象。

（1）故障原因　导致起动机产生"打机枪"现象的原因有：

1）蓄电池严重亏电或内部短路。

2）电磁开关保持线圈断路或搭铁不良。

3）起动继电器触点断开电压过高。

起动继电器断开电压过高而导致产生"打机枪"现象的原因是：

当断开电压过高时，由于接通起动开关起动继电器触点闭合，吸引线圈和保持线圈电流接通，其电磁吸力使活动铁心前移将电动机主电路接通，因此，蓄电池大量放电，其电压急剧下降。当蓄电池电压降到断开电压时，继电器触点断开，使吸引线圈和保持线圈电流切断，活动铁心复位，电动机主电路切断，蓄电池停止大电流放电，其电压迅速回升。与此同时，继电器线圈两端的电压迅速升高，其触点重又闭合，活动铁心重又前移，电动机主电路重又接通，蓄电池重又大量放电，电压重又急剧下降。由于继电器断开电压高，因此在起动机尚未转动时，蓄电池作用在继电器线圈两端的电压就迅速降到断开电压，触点重又断开，铁心重又复位。如此重复上述过程，驱动齿轮便周期性地敲击飞轮齿圈而发出"哒、哒"声。

（2）故障排除　排除"打机枪"故障时，可先用万用表检测蓄电池电压。接通起动机时，其电压不得低于 9.6 V。如电压过低，说明蓄电池严重亏电或内部短路，应予更换新品。如蓄电池技术状况良好，则说明电磁开关保持线圈搭铁不良而断路或起动继电器断开电压过高，分别检修或更换电磁开关、起动继电器即可排除。

【任务实施】

1. 起动机不转故障检修

起动汽车，观察故障现象，按照故障诊断表分析故障原因，制订检修计划，进行故障检修，将检修记录填入表3-5中。

表3-5　起动机不转故障诊断记录

序号	作业内容	检查数据	故障分析	结论
1	检验故障车辆			
2	检验蓄电池放电电压			
3	检查电磁开关电压			
4	短接起动机30-C			
5	短接30-50（是否电路故障）			
6	是否起动机故障			
7	故障排除			
8	重新检验故障车辆			

2. 起动机运转无力

起动汽车，观察故障现象，参照故障诊断表分析故障原因，制订检修计划，进行故障检修，将检修记录填入表3-6中。

表3-6　起动机运转无力故障诊断记录表

序号	作业内容	检查数据	故障分析	结论
1	检验故障车辆			
2	检验蓄电池放电电压			
3	检查电磁开关电压			
4	起动机空载试验			
5	拆解起动机			
6	起动机故障诊断			
7	起动机故障排除			
8	重新检验故障车辆			

3. 起动机声音异常

起动汽车，观察故障现象，参照故障诊断表分析故障原因，制订检修计划，进行故障检修，将检修记录填入表3-7中。

表3-7　起动机声音异常故障诊断记录

作业内容	检查数据	故障分析	结论
检验故障车辆			
检验蓄电池放电电压			
检查电磁开关电压			
检查起动机驱动小齿轮			

（续）

作业内容	检查数据	故障分析	结论
检查起动电磁开关			
检查起动机的安装			
检查起动机的传动机构			
起动机故障排除			
重新检验故障车辆			

任务三 起动机的更换

【任务组织】

1. 实训目的与要求

1）能够判断起动机是否需要更换。

2）能够从实车拆卸和安装起动机。

3）核心技能：轿车起动机的更换能力。

2. 安全与环保教育

1）进行举升机操作安全教育，正确操作举升机。

2）进行实习轿车使用前的安全教育，特别是防止人身事故。

3. 实训设备及工具

1）实训用轿车，实训用举升机。

2）新起动机一台。

3）蓄电池线、蓄电池及检修工具。

【任务知识准备】

汽车起动时如果出现起动机异响、转动不均匀、起动无力等现象，经诊断为起动机故障，通常应更换新起动机。图 3-48 为起动机在车上的位置及拆卸效果图。

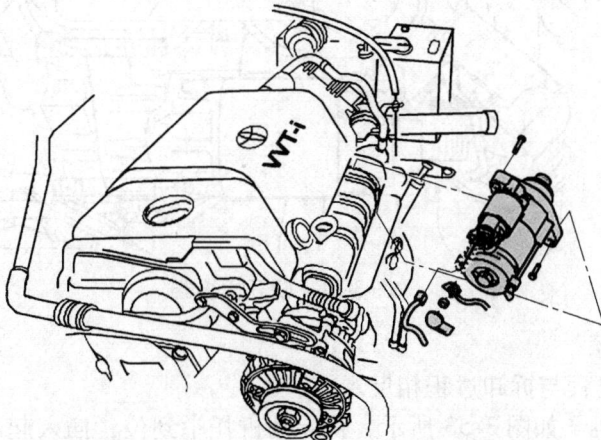

图 3-48 起动机在车上的位置及拆卸效果图

1. 从发动机上拆下起动机

（1）断开蓄电池的负极电缆　操作如图3-49所示。在断开蓄电池的负极电缆之前，如果是中、高档汽车，应对存储在ECU等器件内的信息做好记录，如诊断故障码、收音机频道选择、座椅位置（带有记忆系统）、转向盘位置等。

（2）拆卸起动机

1）用举升机将轿车举起，拆卸起动机电缆，如图3-50所示。首先拆卸防短路盖，然后拆卸起动机电缆定位螺母，最后拆下起动机30接线柱的起动机电缆。

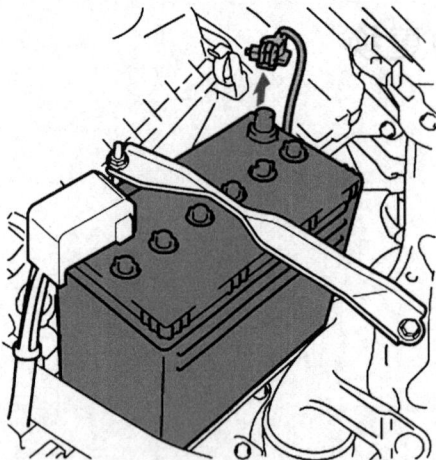

图3-49　断开蓄电池的负极电缆

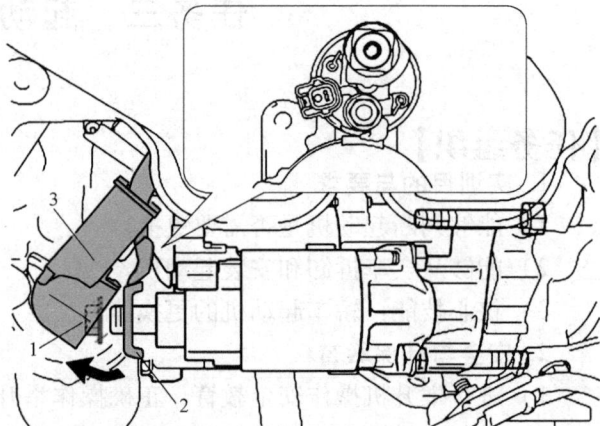

图3-50　拆卸起动机电缆

1—电缆定位螺母　2—30接线柱的起动机电缆　3—防短路盖

2）按压插接器的卡销，然后握住插接器机身，断开插接器，如图3-51所示。

3）拆下起动机安装螺栓，然后滑动起动机，将其拆下，如图3-52所示。

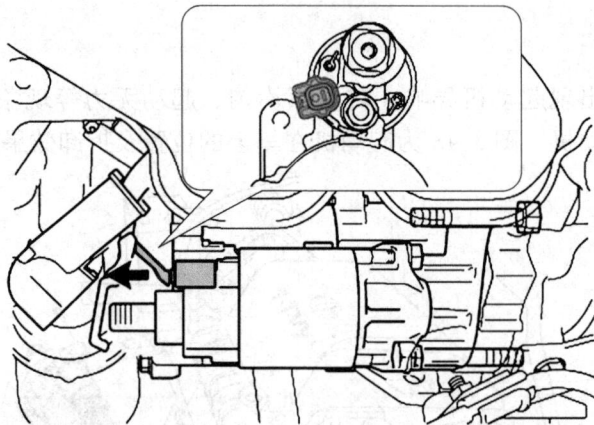

图3-51　断开插接器

2. 起动机的安装

起动机的安装过程与拆卸过程相反。

（1）安装起动机　如图3-53所示，将起动机托举到位，插入起动机，用起动机安装螺栓安装和固定起动机。

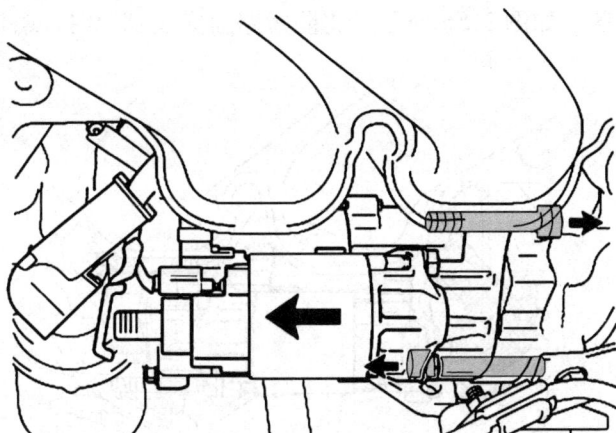

图 3-52　拆下起动机

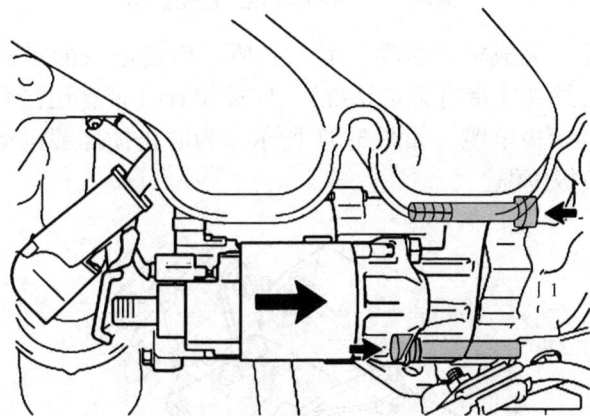

图 3-53　起动机安装到位

（2）连接起动机 50 线电缆插接器　如图 3-54 所示，连接起动机 50 线电缆插接器，连接后检查，确保插接器连接牢固。

（3）连接起动机 30 线电缆　如图 3-55 所示，将起动机电缆连接到起动机的 30 接线柱上，用起动机电缆定位螺母将其固定住。为防止损坏端子，必须正确选择安装工具和操作方法。

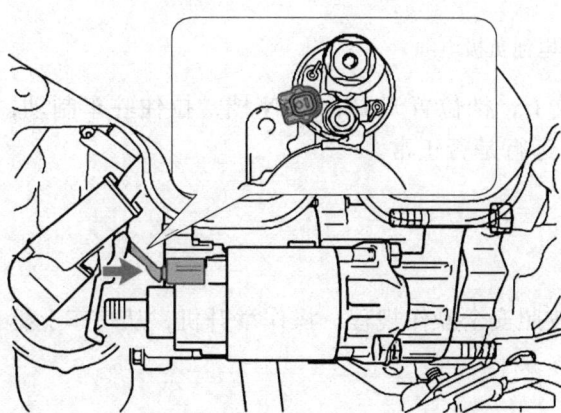

图 3-54　连接起动机 50 线电缆插接器

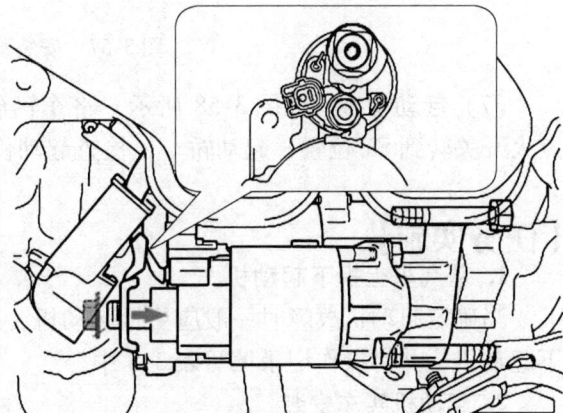

图 3-55　连接起动机 30 线电缆

（4）安装防短路盖　如图3-56所示，将防短路盖安装到30接线柱上。

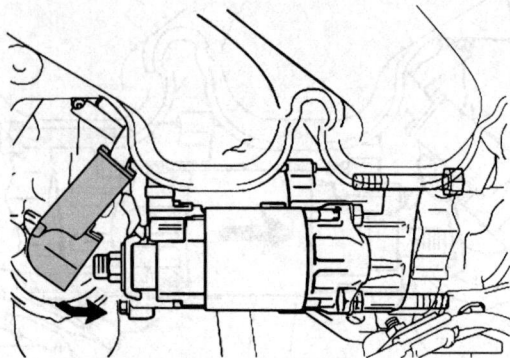

图3-56　安装起动机短路防护盖

（5）复原车辆信息　完成检查步骤之后，复原工作前记录的车辆信息：收音机频道选择、时钟设置、转向盘位置（带有记忆系统）、座椅位置（带有记忆系统）等。

（6）连接蓄电池的负极电缆　如图3-57所示，为防止损坏蓄电池端子，选择合适的工具，正确连接蓄电池负极电缆。

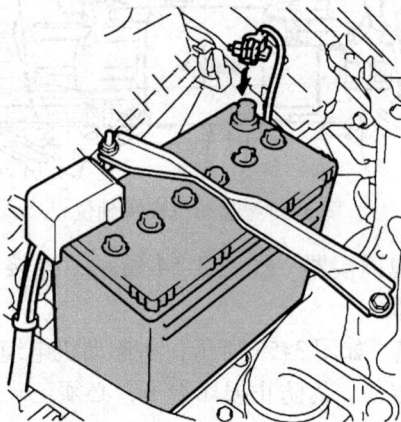

图3-57　安装蓄电池负极电缆

（7）起动检查　如图3-58所示，将车辆放下，档位置于P档或N档，拉住驻车制动，点火开关转到ST位置，起动轿车，检查起动机运行是否正常。

【任务实施】

1. 从汽车上拆下起动机

当确定起动机故障时一般应更换起动机，按照安全操作规程，操作举升机，从轿车上拆下起动机，并将操作记录填写表3-8中。

2. 起动机实车安装

按照工艺要求，将起动机安装在轿车上，并将操作记录填入表3-9中。

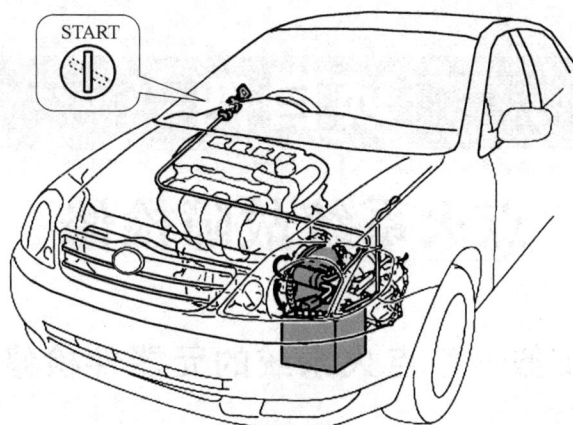

图 3-58　起动机实车起动检查

表 3-8　起动机拆下记录

作业内容	操作工具及信息	操作检查	结论
记录 ECU、收音机和座椅位置等信息			
断开蓄电池负极电缆			
操作举升机			
拆卸护板等			
拆卸起动机电缆,断开接插器			
拆下起动机安装螺栓			
取下起动机			

表 3-9　起动机安装记录

作业内容	操作工具及信息	操作检查	结论
操作举升机举起实训轿车			
起动机安装到位			
拧紧起动机安装螺栓			
插上插接器			
连接起动机电缆			
连接蓄电池负极电缆			
放下举升机,起动轿车			

项目四

点火系统故障检修

任务一　点火系统的元器件检修

【任务组织】

1. 目的与要求

1）掌握电子点火系统主要元器件的检测方法。

2）掌握信号发生器和点火控制器的就车检查方法。

3）核心技能：点火系统易损件的检查和更换，霍尔传感器、点火控制器的检查方法。

2. 安全与环保教育

1）维修作业前应先检查设备、工具和场地，熟悉操作规程。

2）就车检查点火器和信号发生器时应严格按照操作规程，以防损坏点火器和传感器。

3. 设备及工具准备

1）训练用轿车一辆。

2）电工工具、数字式万用表等检查工具。

3）电子点火电路及相应部件。

【任务知识准备】

1. 火花塞的检查与安装

火花塞可分为白金火花塞和普通火花塞两大类，白金火花塞一般在达到 8~10 万 km 里程后更换，而普通火花塞的寿命则要短很多，通常在达到 2~3 万 km 里程后即需更换。如果火花塞未到更换里程就出现电极烧损与磨损，可能是点火正时提前，火花塞松旷、热值过高或冷却不充分等原因造成。

（1）火花塞的外观检查　检查火花塞电极脏污、磨损与烧蚀情况以及陶瓷绝缘柱上是否有裂纹，如图 4-1 所示。如图 4-2 所示，如果中心电极已磨圆，则应更换火花塞。

（2）检查火花塞电极间隙　如图 4-3 所示，用塞尺检查火花塞电极间隙，其值应为 0.7~0.8mm（桑塔纳）。如不符合要求，可扳动侧电极进行调整，或予以更换。

（3）安装火花塞　将少量密封胶涂抹在火花塞的螺纹部分，并用手将其拧入火花塞孔，然后将其以 18N·m 的拧紧力矩拧紧。

2. 高压线的检查与安装

（1）检查分高压线　拉下橡胶套，小心地拆下分高压线。注意：切勿弯曲分高压线，

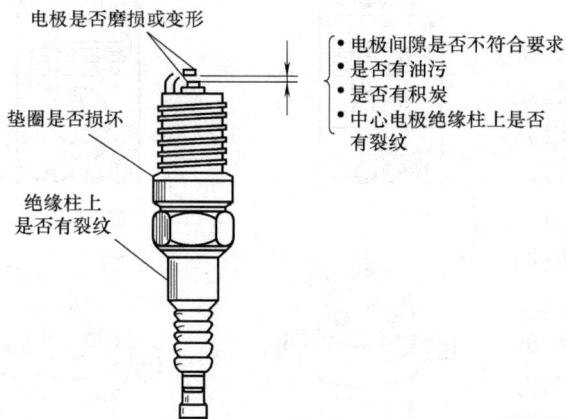

图 4-1　火花塞外观检查　　　　图 4-2　火花塞中心电极

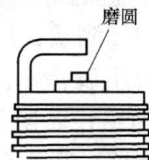

否则可能会将导线内部折断。检查分高压线的外观有无锈蚀、弯曲（两端头）和破裂现象，并视情况予以更换。如图 4-4 所示，用万用表电阻档检测各分高压线的电阻值，应不大于 7.4kΩ，否则应予以更换。

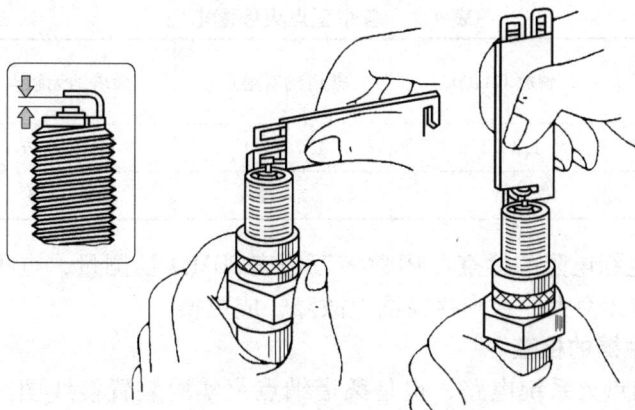

图 4-3　火花塞间隙检查

（2）主高压线检查　检查方法同分高压线检查，如图 4-5 所示，用万用表电阻档检测主高压线的电阻值。电阻值应不大于 2.8Ω，否则应予以更换。

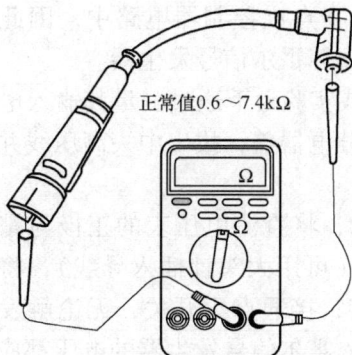

图 4-4　检测分高压线的电阻值　　　　图 4-5　检测主高压线的电阻值

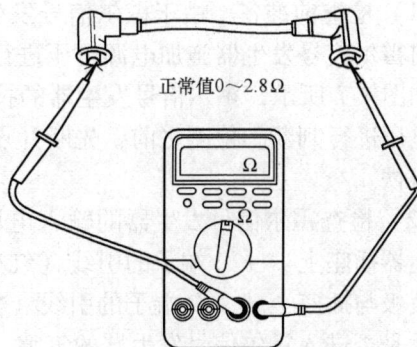

3. 点火线圈的检查

（1）一次线圈电阻值的检查　一次线圈的短路、断路、搭铁和过热都会引起点火系统不能正常工作。一次线圈电阻用万用表电阻档测量，检查方法如图4-6a所示。

若万用表指示阻值无穷大，则说明一次线圈断路；若阻值小于标准值，则说明匝间有短路；阻值在 $1.2 \sim 1.7\Omega$ 内为正常。

（2）二次线圈电阻值检查　如图4-6b所示，用电阻档万用表测量二次线圈，若万用表指示阻值无穷大，则说明一次线圈断路；若阻值小于标准值或为0时，则说明匝间有短路。二次线圈的正常阻值为 $8 \sim 16k\Omega$（有触点式点火线圈）或 $2.4 \sim 3.5k\Omega$。

各车型点火线圈的电阻见表4-1。

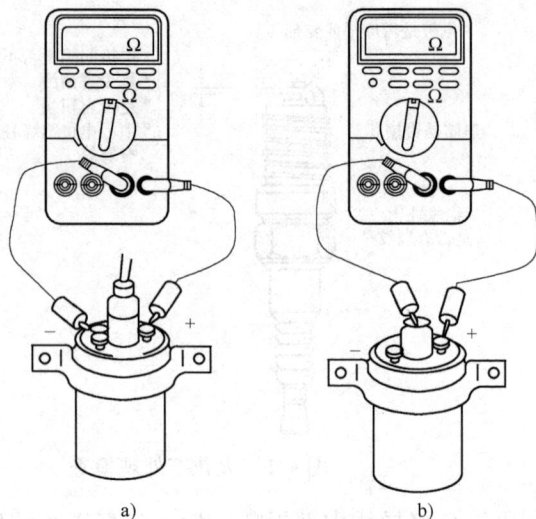

图 4-6　点火线圈的测量

a）检查一次线圈　b）检查二次线圈

表4-1　各车型点火线圈电阻

电阻 \\ 车型	解放 CA1090	桑塔纳有触点	桑塔纳无触点	切诺基
一次线圈电阻/Ω	$1.4 \sim 1.5$	$1.7 \sim 2.1$	$0.52 \sim 0.76$	$1.13 \sim 1.23$
二次线圈电阻/$k\Omega$	6	$7 \sim 12$	$2.4 \sim 3.5$	$7.7 \sim 9.3$

（3）点火线圈绝缘电阻的检查　用数字万用表 $20M\Omega$ 档测量，点火线圈任一端与外壳间的绝缘电阻均应为无穷大，否则存在漏电故障，应更换。

4. 霍尔信号发生器的检查

图4-7为桑塔纳点火系统电路，也是桑塔纳点火实验装置接线图。点火控制器的接线为：1 接线柱接点火线圈 "–"（绿色）；2 接线柱接电源负极（棕色）；3 接线柱接霍尔信号发生器 "–"（棕/白色）；4 接线柱接点火线圈 "+"（黑色）；5 接线柱接霍尔信号发生器 "+"（红/黑色）；6 接线柱接霍尔信号发生器信号输出 "O"（绿/白色）。

霍尔信号发生器的就车检查方法如下：

（1）检查前准备　由于霍尔信号发生器的保护电路设在点火控制器电路中，因此不能直接向霍尔信号发生器施加电源电压进行单独检测，以免损坏霍尔信号发生器。

如图4-7所示，霍尔信号发生器的技术状况可在汽车或实验台上通过测量其输入电压和输出电压进行判断。检测之前，先断开点火开关，再拆下分电器盖，拔出中央高压线并将其端头搭铁。

（2）检查霍尔信号发生器的输入电压　如图4-7所示，将直流电压表的正极与霍尔信号发生器插座上 "+" 端子的引线（红/黑色导线）连接（可用大头针插入导线），将电压表的负极与插座上 "–" 端子的引线（棕白色导线）连接；接通点火开关，无论触发叶轮的叶片是否进入霍尔信号发生器的气隙，电压表显示的输入霍尔信号发生器的电压都应接近于电源电压（当电源电压为14.4V时，输入电压应为 $13 \sim 13.5$V）。

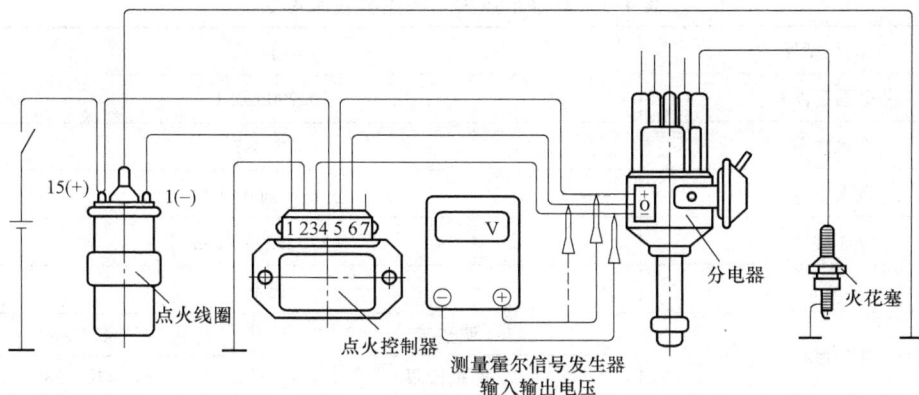

图 4-7 桑塔纳点火系统电路

（3）检查霍尔信号发生器的输出电压 如图 4-7 所示，首先断开点火开关，然后将直流电压表的正极改接到霍尔信号发生器插座上输出端子"O"连接的引线上（绿/白色导线）。接通点火开关，转动触发叶轮，当叶片进入霍尔信号发生器的气隙时，电压表显示的信号电压应为 9.8V；当叶片离开气隙时，电压表显示的信号电压应为 0.1 ~ 0.5V。

如测得的霍尔信号发生器输入电压和输出电压与上述值相符，说明霍尔信号发生器良好，否则说明霍尔信号发生器有故障，应予以更换。

5. 点火控制器的检查

（1）检查点火线圈的感应电压 如图 4-7 所示，检查步骤如下：

1）先断开点火开关，然后拔下分电器壳体上的霍尔信号发生器线束插头。

2）将直流电压表正极接点火线圈 15 接线柱，负极接点火线圈 1 接线柱。

3）接通点火开关，电压表读数应约为 6V（一次线圈的感应电压），此时点火控制器开关闭合，在 1 ~ 2s 内电压降低到 0V。如电压保持 6V 不降低或不能降到零，说明点火控制器失效，应更换新品。

（2）就车检查点火控制器 如图 4-7 所示，接好桑塔纳点火电路，检查步骤如下：

1）检查一次线圈两端阻值、点火控制器电源电压和霍尔信号发生器输入电压。接通点火开关，用万能表测量 1 与 4 接线柱之间的电阻（一次线圈两端阻值）应为 0.52 ~ 0.76Ω；4 与 2 接线柱之间的电压（点火控制器电源电压）应为 12V；3 与 5 接线柱之间的电压（霍尔信号发生器输入电压）应为 11 ~ 12V。

2）检查霍尔信号发生器输出电压。慢慢转动分电器轴，测 3 与 6 接线柱之间的电压。

判断：若电压交替在 0.3 ~ 0.4V 和 11 ~ 12V 范围内变化，则点火控制器良好；否则，点火控制器有故障，应更换。

【任务实施】

1. 桑塔纳点火系统主要技术参数

对桑塔纳轿车点火系统各元器件进行检查，桑塔纳点火系统主要技术参数见表 4-2，检查数据填入表 4-2 的相应参数位置。

表 4-2　桑塔纳点火系统主要技术参数

发动机型号		JV
分电器配件号		027905205J
点火次序		1-3-4-2
点火正时		上止点前6°±1°
怠速转速		(850±50)r/min
真空管		拔下
闭合角	调整值	47°±3°
	磨损极限	42°~58°
离心调节装置	开始转速及角度	16000r/min,4°~8°
	终止转速及角度	45000r/min,21°~31°
真空调节装置	开始	16~20kPa
	终止	30.7kPa,14°~16°
点火线圈	一次线圈电阻	1.7~2.1Ω
	二次线圈电阻	7~12kΩ
分火头电阻		(5±1)kΩ
火花塞插头电阻值		无屏蔽:(1±0.4)kΩ;有屏蔽:(5±1)kΩ
防干扰插头电阻		额定值:(1±0.4)kΩ
火花塞	型号　CHAMPION	N8YC
	型号　BOSCH	W7DC
	型号　国产	T4196J(株洲);F7T4(南瓷)
	火花塞间隙	0.7~0.8mm
	火花塞拧紧力矩	20N·m
高压线整体电阻	中央高压线	额定值:0~2.8kΩ
	分高压线	额定值:0.6~7.4kΩ

2. 火花塞和高压线的检查与安装

（1）火花塞、高压线的检查　按照工艺要求对火花塞和高压线进行检查并将检查结果填入表4-3中，并给出技术结论。

表 4-3　火花塞高压线检查表

检查项目	检查内容	检测数据	分析	结论
火花塞检查	火花塞外观检查			
	火花塞电极检查			
	火花塞间隙检查			
高压线检查	主高压线电阻			
	分高压线电阻			
	分火头电阻			

（2）桑塔纳火花塞、高压线安装 按照工艺要求进行桑塔纳轿车火花塞和高压线的更换，并将操作结果填入表4-4中。

表4-4 火花塞、高压线更换操作表

检查项目	检查内容	操作记录	检查	结论
拆卸操作	拆卸火花塞			
	拆卸分高压线			
	拆卸主高压线			
安装操作	安装火花塞			
	安装高压线			
	起动发动机			

3. 点火线圈的检查

对桑塔纳和桑塔纳2000的点火线圈进行检查，并将检查结果填入表4-5中。

表4-5 点火系统器件参数检测数据

项目 \ 车型	桑塔纳	桑塔纳2000	分析	结论
一次线圈电阻/Ω				
二次线圈电阻/kΩ				
附加电阻值/Ω				

4. 桑塔纳霍尔信号发生器检查

在桑塔纳全车电路实验台（或点火实验台）上对桑塔纳霍尔信号发生器进行就车检查，并将检查结果填入表4-6中。

表4-6 桑塔纳霍尔信号发生器检查表

检查项目	检测数据	分析	结论
检查前准备			
霍尔信号发生器输入电压			
霍尔信号发生器输出电压			

5. 桑塔纳点火控制器检查

在实车或实验台上对桑塔纳点火控制器进行就车检查，并将检查结果填入表4-7中。

表4-7 桑塔纳点火控制器检查表

检查项目	检测数据	分析	结论
检查前准备			
点火线圈感应电压检查			
霍尔信号发生器输入电压			
一次线圈阻值			
点火控制器输入电压			
霍尔信号发生器输出电压检查			

任务二 点火系统的故障诊断与维修

【任务组织】

1. 目的与要求

1) 熟悉电子点火和电控点火系统的检测方法。

2) 掌握电控点火系统的故障诊断流程。

3) 核心技能：掌握电控点火系统的故障诊断方法。

2. 安全与环保教育

1) 维修作业前应先检查设备、工具和场地，熟悉操作规程。

2) 测量电控点火系统时，应严格遵守操作规程，以防元器件损坏。

3. 设备及工具准备

1) 训练用轿车。

2) 电控点火系统专用实验设备。

3) 电工工具、数字式万用表等检查工具。

【任务知识准备】

1. 有分电器的电子点火系统故障诊断

不同电子点火系统的类型不同，故障诊断方法也不同。下面以常见的霍尔式电子点火系统为例说明电子点火系统的故障诊断与维修。

桑塔纳轿车电子点火系统的跳火检查电路如图4-8所示。跳火检查步骤如下：

1) 打开分电器盖，转动曲轴，使分电器转子缺口对正霍尔信号发生器。

2) 拔出分电器盖上的中央高压线，使其端部离气缸体5～7mm。

3) 接通点火开关，用螺钉旋具在霍尔信号发生器的间隙中轻轻地插入和拔出，模拟转子在间隙中的动作，观察高压线端有无跳火。

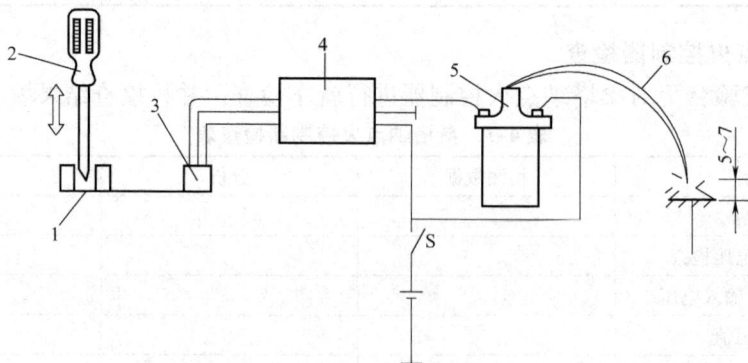

图4-8 桑塔纳电子点火系统的跳火检查电路

1—分电器内霍尔信号发生器的空气隙 2—螺钉旋具 3—霍尔信号发生器插接器

4—点火控制器 5—点火线圈 6—高压线

判断：如果高压线端跳火，表明低压电路中的霍尔信号发生器、点火控制器及点火线圈性能良好，故障在高压电路；如不跳火，故障在点火线圈、低压电路连接导线、霍尔信号发生器或点火控制器，应进一步检查。

点火系统元器件的检查见任务一。

2. 无分电器的电控点火系统故障诊断

对于无分电器的点火系统，由于高压配电方式和有分电器的电控点火系统不同，个别气缸工作不良（或不工作）故障的原因和诊断方法也相应存在一些差异。如果只是为了判断个别气缸工作是否正常，可以人为停止该缸喷油，根据该缸停止喷油前、后发动机的转速变化进行判断。但是要具体确定个别缸不工作的故障原因，还需要用高压线对缸体试火的方法仔细检查。如果是火花塞缺火导致的个别缸工作不良，主要原因除了火花塞、高压线的故障外，还可能是相应的点火信号控制电路连接不良或点火线圈、点火控制器、计算机控制单元等的相应部分发生故障，可以从分缸高压线的跳火情况进行检查。

电控点火系统故障诊断的流程如图4-9所示。

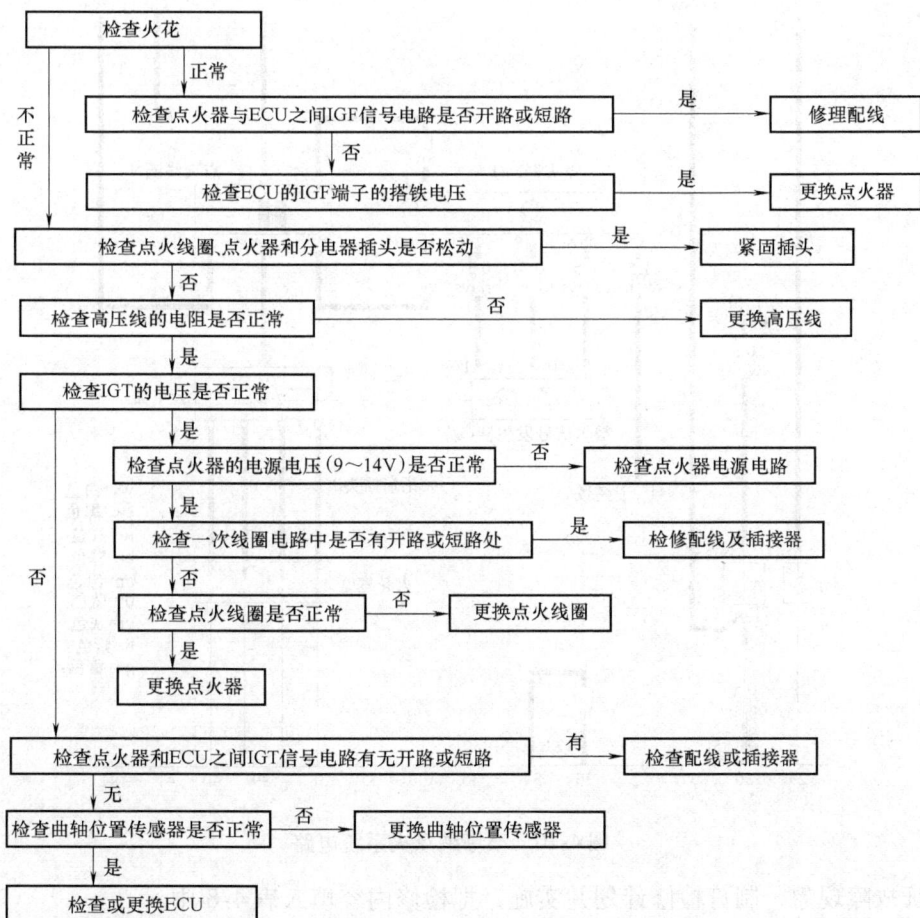

图4-9 电控点火系统故障诊断的流程

除了用常规方法检查电控点火系统故障，还可以应用解码器、发动机故障诊断仪等专用设备确定点火系统的故障，本任务不涉及这些专用设备的应用。

【任务实施】

1. 桑塔纳点火系统故障诊断

一辆桑塔纳轿车的行驶里程约为 30000km，出现发动机怠速不稳、加速时排气管冒黑烟、百公里油耗超过 20L 的现象，试进行故障诊断和排除。图 4-10 为桑塔纳点火系统电路。

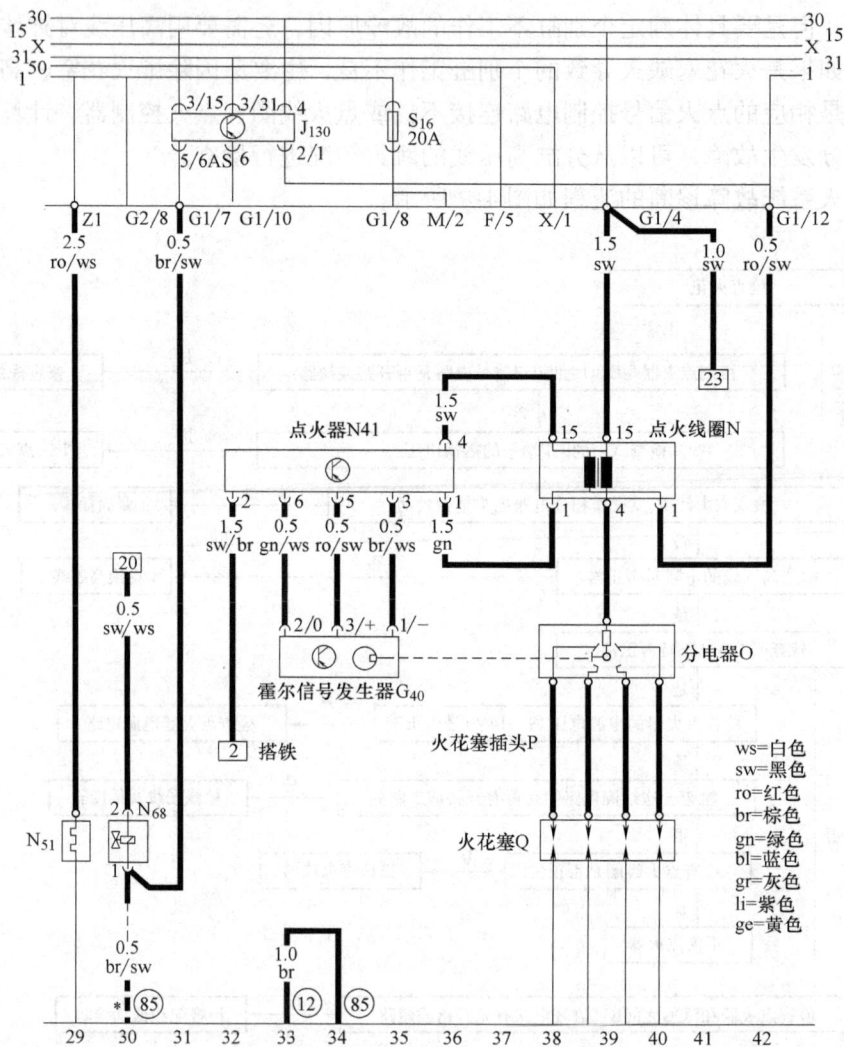

图 4-10　桑塔纳点火系统电路

验证故障现象，制订检修计划并实施，把检修内容填入表 4-8 中。

2. 桑塔纳 2000 点火系统检修

一辆桑塔纳 2000 轿车行驶中出现发动机怠速不稳、加速时排气管冒黑烟、突然熄火等现象，试进行故障诊断和排除。

表 4-8　桑塔纳点火系统故障检修表

检修内容	检查数据与结果	故障分析	结论
起动发动机,验证故障			
检查火花			
检查点火线圈			
检查高压线			
检查火花塞			
检查感应电压			
检查信号发生器			
更换损坏元件			
起动发动机检查			

验证故障现象，制订检修计划并实施，把检修内容填入表 4-9 中。

表 4-9　桑塔纳 2000 点火系统故障检修表

检修内容	检查数据与结果	故障分析	结论
起动发动机,验证故障			
检查火花			
检查点火线圈			
检查高压线			
检查火花塞			
检查感应电压			
检查点火器和 ECU 电源			
更换损坏元器件			
起动发动机检查			

项目五

灯光系统故障检修

任务一　照明系统的故障诊断与维修

【任务组织】

1. 实训目的与要求

1) 会正确操作轿车的各种灯光。

2) 能够正确进行照明系统的拆卸、安装与检测。

3) 能够进行照明系统的故障诊断。

4) 核心技能：掌握汽车电器故障诊断的基本方法。

2. 安全与环保教育

1) 拆卸前，将灯具表面擦拭干净，检查灯具外观是否存在破损。

2) 操作时，注意灯具周围汽车表面的防护，以免灯具周边面漆受损。

3) 中央配线盒的检查应轻拿轻放，防止电路短路和插头损坏。

3. 实训设备及工具

1) 实习用桑塔纳汽车。

2) 桑塔纳全车电路实验台和照明系统配件。

3) 万用表和电工工具。

【任务知识准备】

1. 汽车电器故障诊断的一般思路

汽车电器出现故障时，一般先要从故障现象入手，确定故障现象，判明故障的性质，如灯光故障、喇叭故障、仪表故障以及电控系统故障等。然后有针对性地进行就车检查，根据就车检查数据，判定故障原因并确定故障范围，然后再予以排除。如果检查工作电压正常一般判定为被检查元器件的故障，如检查工作电压不正常一般判定为电路或其他元器件故障。汽车电器故障诊断流程如图 5-1 所示。

例如：前照灯不亮，先确定故障现象，确定应就车检查前照灯，然后对前照灯进行就车检查。如果检查数据正常（如前照灯工作电压为 12V），则为前照灯灯泡（元器件）故障；如果检查数据不正常（如前照灯电压为 0V），则为电路故障或电路中其他元器件故障（如熔断器、继电器、灯光开关等），应进行电路检查。

检查电路时，应首先检查熔断器和继电器，如不能排除，则必须在中央配线盒和电路上

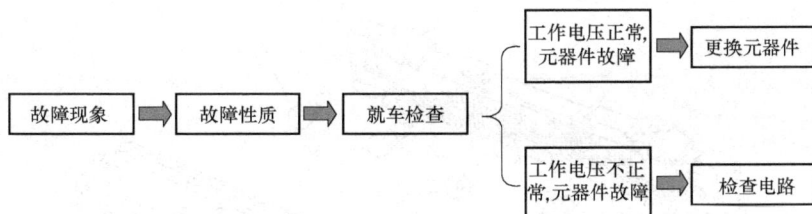

图5-1 汽车电器故障诊断流程

检查该电路各点电位是否正常，判断在何处出现断路、短路或接触不良等故障，然后再进行故障排除。不可主观臆断和凭经验处理，盲目拆卸开关、插头等。

当出现多个系统故障时，如同时出现所有转向灯不亮、仪表不工作和发动机不能起动。可以按照单一故障的诊断方法，从易到难一一进行解决。

故障的产生原因是多种多样的，如元器件老化、自然磨损、调整不当、环境腐蚀、机械摩擦、导线短路或断路等。出现故障时，要针对故障现象确定故障的性质，对故障按照检修程序进行检查。当检查数据与标准值不符合时，通过分析确定故障部位。切忌在情况不明时，不经过检查，不加思考分析而盲目拆卸，乱接乱碰。否则，不仅会延误检修，而且还会造成不必要的损坏。因此在进行实车电器故障诊断与检修任务中，学员应先制订检修计划，然后再进行维修作业。

汽车电器就车检查是指在电器工作状态下，对电器元件工作情况进行检查。传统方法是用试灯进行检查，但现代轿车一般禁用试灯，而是用数字式万用表检查用电设备和电路的工作电压和电位。

2. 前照灯故障的诊断与检修

（1）照明系统的作用与结构 照明及灯光系统是为保证汽车在无光或微光条件下的行车安全，保障车辆安全性和提高车辆运行速度而设置。它是由前照灯、雾灯、后照灯、内部照明灯及开关等组成。为了使汽车外形美观，目前各种汽车普遍采用组合式照明灯。图5-2为桑塔纳组合前照灯的结构，图5-3为桑塔纳组合后照灯的结构。

桑塔纳轿车的前照灯没有继电器，通过开关直接控制。前照灯的灯罩内装有双丝灯泡，其中一丝为远光，另一丝为近光。其功率分别为55W（近光，12V）、60W（远光，12V）；还装有小灯灯泡，其功率为4W（12V）。

（2）桑塔纳前照灯的工作情况 如图5-4所示，点火开关处在点火档时，灯光开关 E_1 处于2档位置，组合开关 E_4（包括变光开关和超车灯开关）处于0位置。这时前照灯电路中的工作电流由蓄电池正极经点火开关触点 X 至灯光开关 X 触点，

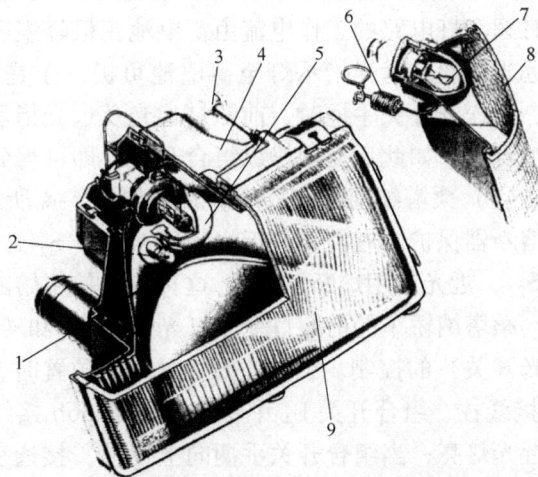

图5-2 桑塔纳组合前照灯的结构
1—前照灯反射镜 2—驻车灯（小灯）灯泡 3—光束调整螺栓 4—灯体 5—遮光罩 6—拉簧 7—前转向灯灯泡 8—前转向灯配光镜 9—前照灯配光镜

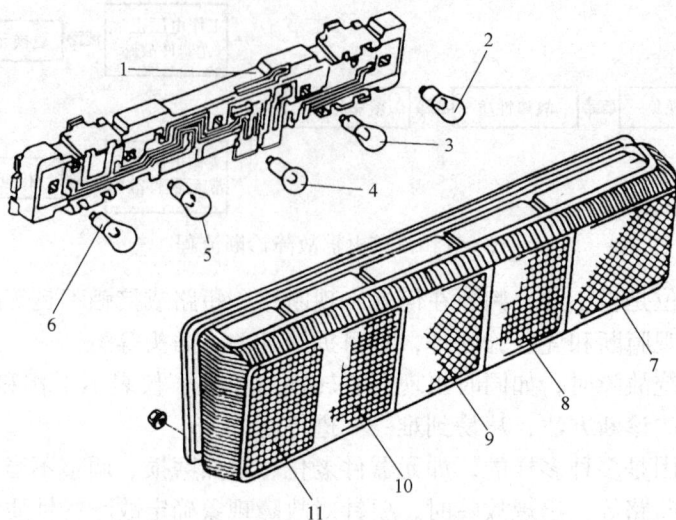

图 5-3　桑塔纳组合后照灯的结构

1—灯泡座架　2—倒车灯　3—后雾灯　4—尾灯　5—制动灯　6—转向灯　7—倒车灯罩
8—后雾灯罩　9—尾灯灯罩　10—制动灯灯罩　11—转向灯灯罩

再经组合开关的 56 与 56b 触点到熔断器 S_{21} 与 S_{22}、前照灯近光灯，最后到蓄电池负极。于是，两个前照灯的近光灯丝点亮。

在上述前照灯近光工作的情况下，若想将近光转换成远光，只需把组合开关 E_4 朝转向盘方向拉过压力点（E_4 处于 1 位置），这时前照灯电路的工作电流由蓄电池正极经灯光开关触点 X 与 56 到组合开关的触点 56 与 56a，又经熔断器 S_9 与 S_{10}、前照灯远光灯丝及仪表中远光指示灯到蓄电池负极。于是两个前照灯远光灯丝点亮，同时仪表中远光指示灯也点亮。

超车灯电路工作时，只需将组合开关 E_4 朝转向盘方向拉至压力点（E_4 处于 2 位置），这时超车灯电路的工作电流由蓄电池正极经组合开关触点 30 与 56a、熔断器 S_9 与 S_{10}、前照灯远光灯丝及远光指示灯至蓄电池负极。于是，两前照灯远光及仪表中远光指示灯同时点亮。当松开开关手柄时，前照灯远光及远光指示灯同时熄灭；再将该开关拉动，前照灯远光又被点亮。如此反复地操纵组合开关，即可得到前照灯远光灯丝闪亮的超车信号。

（3）桑塔纳前照灯故障诊断　如图 5-4 所示，左、右前照灯的近光、远光分别由各自的熔断器保护。右前照灯近光使用熔断器 S_{22}，远光使用熔断器 S_9，左前照灯近光使用熔断器 S_{21}，近光使用熔断器 S_{10}。这种各自使用熔断器的结构，便于检查与排除故障。

桑塔纳轿车的前照灯受车灯光开关 E_1 和转向盘左边的组合开关 E_4（包括超车灯开关和变光开关）的控制。当灯光开关处于 3 位置时，前照灯电源来自 X 线，通过灯光开关 E_1 的 56 接线柱、组合开关 E_4 中变光开关的 56b 接线柱，进入熔断器 S_{21} 和 S_{22}、左右近光灯泡，两近光灯亮；当组合开关手柄向上拨动，接通变光开关 56a 接线柱时，电流经熔断器 S_9 和 S_{10}、左右远光灯泡，两远光灯及远光指示灯亮。另外，通过变光开关，还可使近光灯和远光灯交替闪烁。

前照灯在使用中常见的故障有：当灯开关处于 3 位置时，拨动组合开关，远光、近光灯都不工作；远光与近光只有左边（或右边）灯亮，另一边不亮；两边远光、近光灯工作正

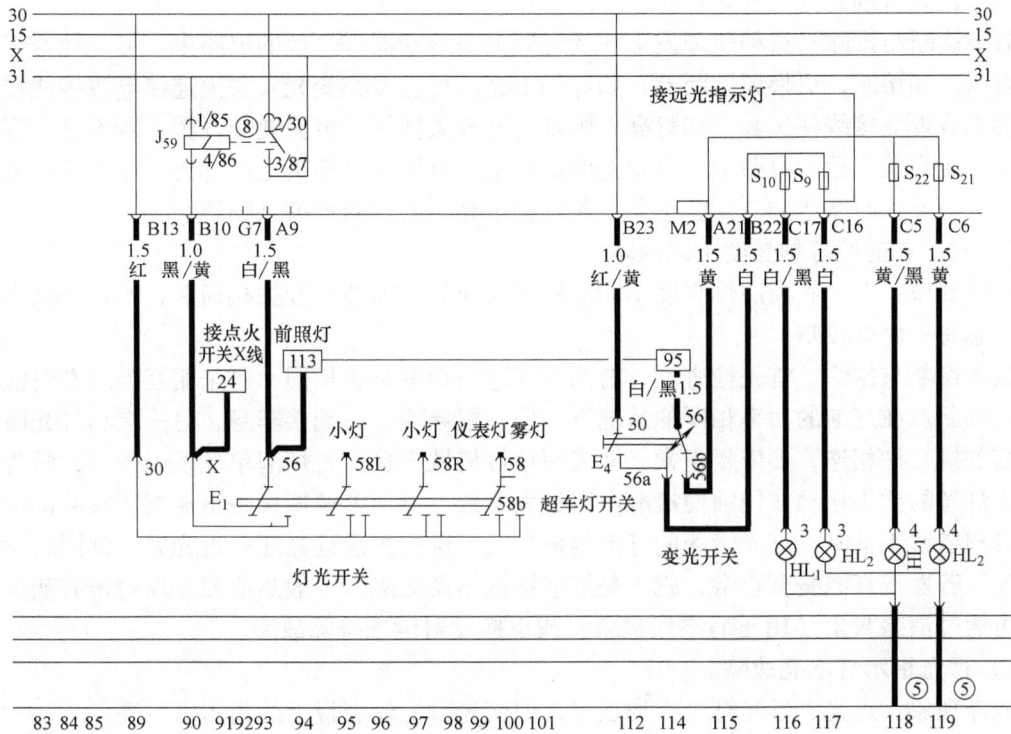

图 5-4　桑塔纳前照灯电路图

常，但在变光时，仪表板上的指示灯不亮。

1）前照灯不工作故障。当灯光开关处于 3 位置时，拨动变光开关，远光和近光都不工作。故障诊断方法如图 5-5 所示。

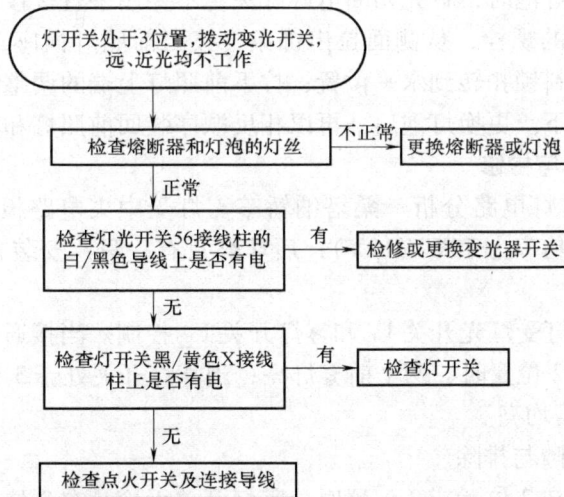

图 5-5　前照灯不亮故障诊断流程

2）前照灯远光、近光不全故障。

故障现象：前照灯远光、近光不全的故障表现为车灯开关处于 2 档位置，用变光开关变换远近光，只有远光灯或近光灯亮。

故障诊断与排除：这种故障发生在变光开关→熔断器→灯丝的电路中。可先检查熔断器是否熔断。如熔断，更换新熔断器，如灯仍不亮，可直接在变光开关上连接电源接线柱与不亮的远光或近光接线柱试验。如灯亮，则是变光开关损坏，更换变光开关；若不亮，则说明故障在变光开关以后的电路中。可用电源短接法，直接在灯插头上给远光、近光灯供电，若灯亮，表明导线断路或插头接触不良；若灯仍不亮，则说明灯泡已损坏。

3）左、右前照灯的亮度不同故障。

故障现象：左、右前照灯亮度不同的故障表现为：前照灯开关接通后，不论是远光还是近光，总有一侧灯较暗。

故障诊断与排除：首先检查左、右两侧灯泡的功率是否相同，可采用互换左右灯泡的办法进行判断。在灯泡的功率相同的情况下，用一根导线，一端接车身，另一端和灯光暗淡的灯泡搭铁接线柱相连，如恢复正常，即表明该灯搭铁不良。若灯泡单丝发光微弱，常为连接该灯泡灯丝的插头松动或锈蚀使接触电阻过大所致，可用电源短接法迅速判明故障部位。

灯泡搭铁不良时，灯光暗淡的灯泡两根灯丝不论在接通远光还是近光时，都同时发出微弱灯光。若发现灯泡亮度正常，就不是灯泡搭铁不良故障，一般是前照灯反射镜有灰尘或氧化，可通过消除灰尘（用压缩空气吹净）或更换反射镜来排除故障。

4）远光指示灯不亮故障。

故障现象：远光、近光灯工作均正常，但变光时，仪表板上的指示灯不亮。

故障诊断与排除：先检查仪表板处 14 孔白色插件上蓝/白色导线是否有电。如果蓝/白色导线上没有电，应检查中央电路板及导线；如果有电，故障在仪表板内的印制电路板上或指示灯本身。

5）前照灯只有一个亮故障。一个前照灯不亮，另一个所有功能正常，可以初步判定为前照灯灯泡损坏。

当需要更换前照灯灯泡时，首先切断电源开关，不要用手直接接触灯泡的玻璃部分。然后拧下前照灯灯罩下端的螺栓，从侧面拉出饰条，拔出前照灯插座，拧下 4 个角的固定螺钉，从背面把有关的塑料锁扣转到水平位置；拧下前照灯上端的调整螺栓，就可以将前照灯和雾灯连同灯架一起卸下。更换灯泡后，再以相反顺序装回前照灯和雾灯。

3. 雾灯的故障诊断与检修

（1）桑塔纳轿车雾灯电路分析　桑塔纳轿车雾灯受中央电路板 7 号位的继电器控制。前雾灯左、右各一个，功率为 55W（12V）；后雾灯只有一只，安装在车尾左后方，功率为 21W（12V）。

如图 5-6 所示，雾灯受灯光开关 E_1 和雾灯开关 E_{23} 控制。当接通灯光开关在 2 位置或 3 位置时，雾灯开关处于 2 位置时，两个前雾灯亮；当雾灯开关处于 3 位置时，后雾灯、两个前雾灯、雾灯指示灯 K_{17} 均亮。

（2）桑塔纳雾灯故障与排除

1）当灯光开关 E_1 在 2 位置或 3 位置时，雾灯开关无论是在 2 位置或 3 位置（1 位置为空位），前、后雾灯均不亮。

故障诊断流程：首先检查前雾灯灯座处黄/白色导线及后雾灯灯座处灰/白色导线是否有电。如果有电，则应检查雾灯灯泡及灯座处棕色导线搭铁情况。如果无电，则应检查 S_6、

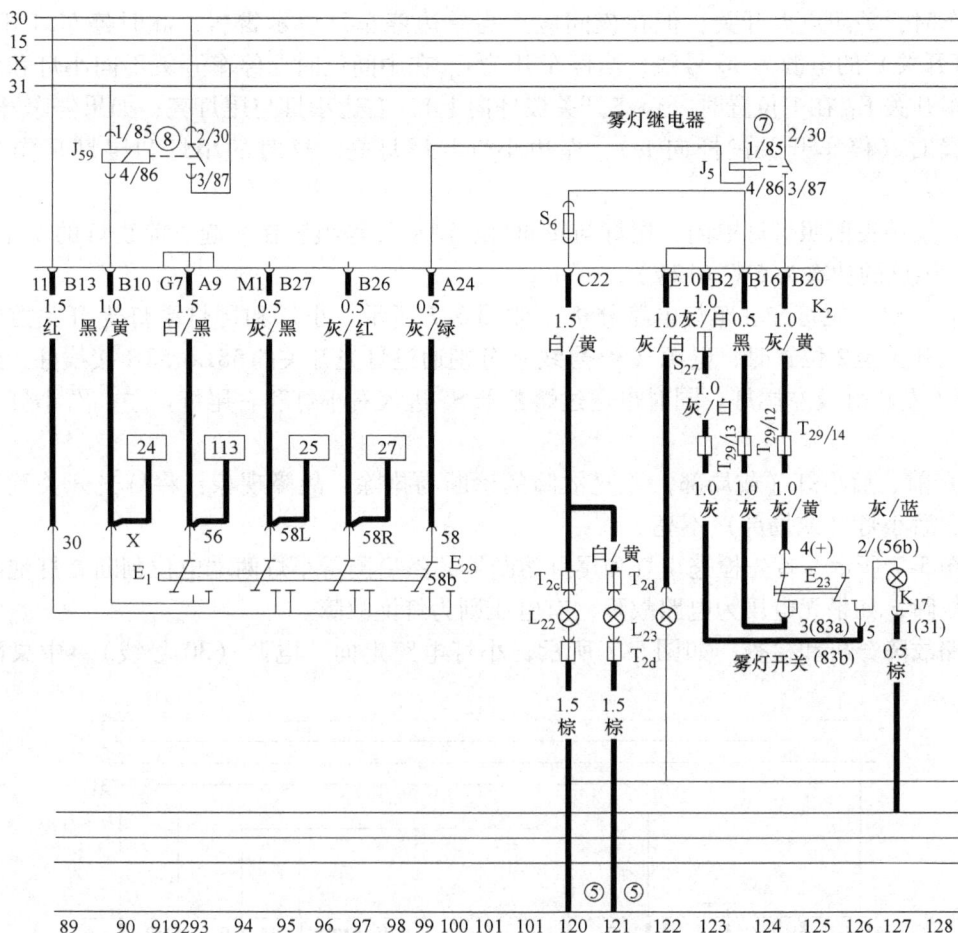

图 5-6 桑塔纳汽车雾灯电路

S_{27} 两只熔断器是否良好，如熔断器良好，中间导线连接也良好，则应检查雾灯继电器、雾灯开关及灯光开关。

2）当灯光开关 E_1 在 2 位置或 3 位置，雾灯开关在 2 位置时，前雾灯正常，但当雾灯开关在 3 位置时，前雾灯正常，后雾灯不亮。其故障在后雾灯灯泡、熔断器 S27 或雾灯开关等，应予检修或更换。

3）当灯光开关 E_1 在 2 位置或 3 位置，雾灯开关在 2 位置时，前雾灯不亮。但当雾灯开关在 3 位置时，前雾灯仍不亮，后雾灯亮。其故障在前雾灯灯泡、熔断器 S6、雾灯开关等，应予检修或更换。

4）用万用表测量中央配线盒相关各点电位，判断发生故障的电路，再逐点测试该电路的电压，寻找出发生故障的部位，然后排除。

4. 小灯、尾灯、驻车灯的故障诊断与检修

（1）驻车灯控制 如图 5-7 所示，桑塔纳轿车的小灯（M1、M3）、尾灯（M2、M4），停车时也作为驻车灯，由转向灯开关控制。

转向灯开关与驻车灯开关为同一个开关，当点火开关处于"ON"位置时作为转向灯开关，点火开关处于"OFF"位置时为驻车灯开关。

停车时，关闭点火开关，但在夜间应点亮单边停车灯以示警告，此时停车灯开关 E_{19}（转向灯开关）的电源为30号线；当停车开关 E_{19} 在中间位时，停车开关不向小灯和尾灯供电。停车开关 E_{19} 在1位置时（停车开关拨杆向上），右边小灯与尾灯亮；如果停车开关 E_{19} 在3位置时（停车开关拨杆向下），左边小灯与尾灯亮。这时的小灯和尾灯是作为停车灯用。

小灯安装在前照灯灯罩内，尾灯与转向灯、制动灯等组装在一起。前小灯的功率为4W（12V），尾灯的功率为5W（12V）。

（2）小灯、尾灯和驻车灯电路分析　如图5-7所示，小灯和尾灯受灯光开关控制。当打开灯光开关至2位置时，电源（30号线）分别通过灯光开关的58L、58R接线柱，经熔断器 S_7 进入左小灯及左尾灯。同时也通过熔断器 S_8 进入右小灯和右尾灯。左、右小灯及尾灯均亮。

（3）前、后小灯（或局部）不亮故障的诊断与排除　故障现象：将灯光开关置于1位置，前、后小灯（或局部）不亮。

如图5-7所示，首先检查小灯和尾灯熔断器，然后测量小灯两端电位判断是灯泡故障还是电路故障，如果无电压为电路故障，有电压则为灯泡故障。

电路故障分析和检查：如图5-7所示，小灯电路走向，电源（30号线）→中央配线盒

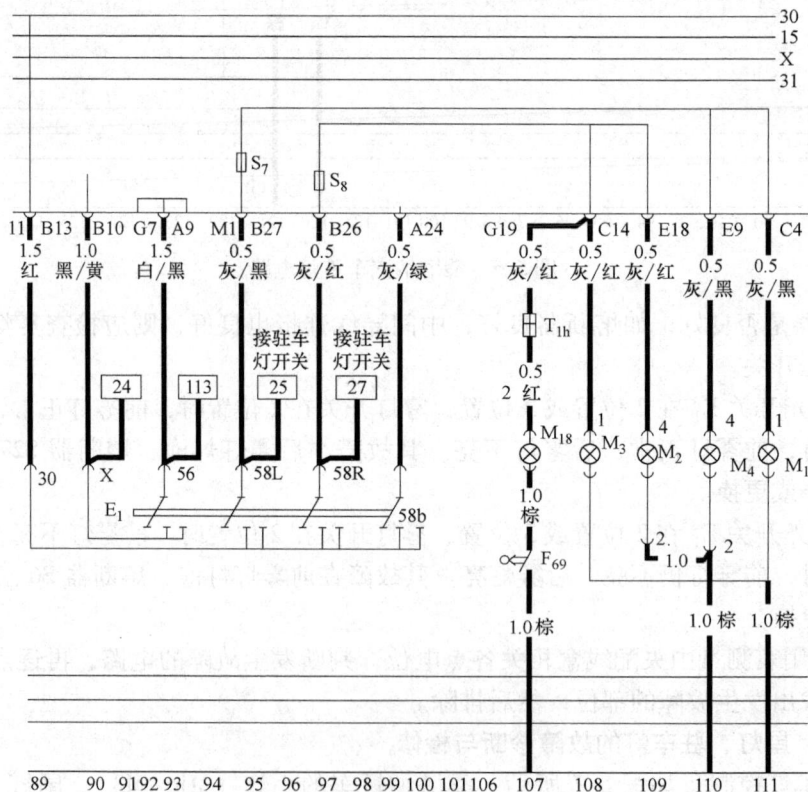

图5-7　小灯尾灯与驻车灯电路图

B13节点→灯光开关30接线柱→灯光开关58L、58R接线柱→中央电路板B26、B27节点→

熔断器 S_7、S_8→中央电路板 C4、C14、E9、E18 节点→前、后、左、右小灯插座→小灯灯泡→搭铁。

用万用表测量中央配线盒相关各点电位，判断发生故障的电路，再逐点测试该电路的电压，找出发生故障的部位，然后排除。

5. 前照灯、雾灯灯光光束的调整

（1）前照灯、雾灯测试 更换新的前照灯或雾灯总成需要进行灯光光束调整，一般用幕墙进行调整即可。如图 5-8 所示，在车辆装备齐全（包括所有常规装备，如备胎、工具、千斤顶、灭火器等），轮胎气压正常，后座坐一人或放 70kg 行李，车辆停放在平坦场地，距屏幕或墙壁 10m 的情况下，前照灯光束最低线 a-a 应在前照灯水平中心线 H-H 的下方 10cm 处，雾灯光束的下部边线 d-d 应在前照灯水平中心线 H-H 下方 20cm 处。

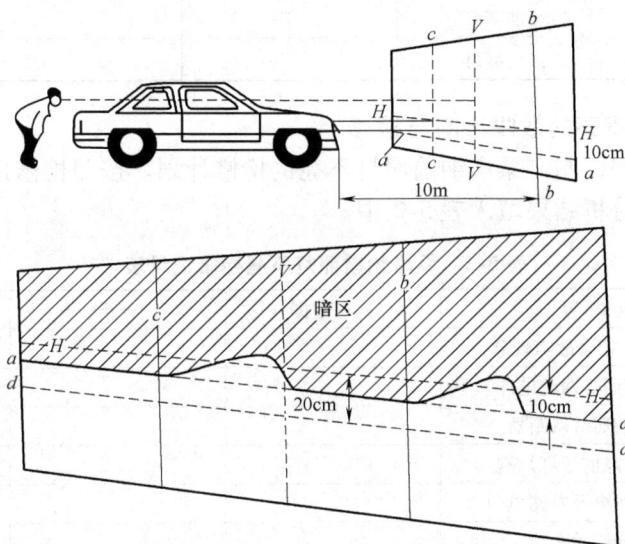

图 5-8 前照灯、雾灯光束的调整图

（2）前照灯、雾灯调整 达不到对前照灯与雾灯的光束达不到要求，可以进行调整。如图 5-9 所示，前照灯的水平光束，用光束水平方向的调整螺钉 A 进行调整，前照灯的垂直光束用光束垂直方向调整螺钉 B 进行调整，雾灯的光束用雾灯调整螺钉 C 进行调整。

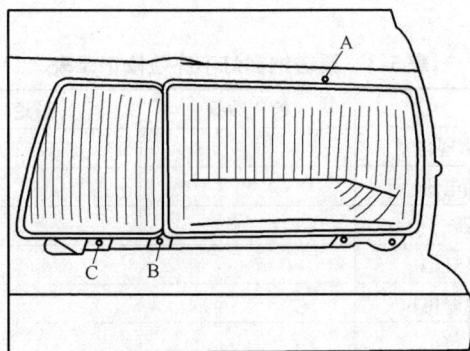

图 5-9 桑塔纳前照灯雾灯调整位置

【任务实施】

1. 灯光系统的应用与操作

操作实训轿车的灯光系统,熟悉灯光系统的应用,并检查灯光系统。将操作检查结果填入表5-1中。

表 5-1　灯光系统操作检查记录

序号	检 验 内 容		灯光操作	灯光情况	结论
1	前照灯操作	远光			
		近光			
2	小灯、尾灯和驻车灯				
3	雾灯	前雾灯			
		后雾灯			

2. 桑塔纳前照灯不亮的故障诊断与检修

按照故障诊断流程,制订桑塔纳前照灯不亮的检修计划。按照检修计划对故障车辆进行检修,将检修数据、分析结果填入表5-2中。

表 5-2　桑塔纳前照灯不亮检修记录表

序号	作 业 内 容	检查数据	分析	结论
1	检查前照灯,记录故障现象			
2	检查故障前照灯两端电压			
3	检查4个前照灯熔断器			
4	检查更换故障前照灯灯泡			
5	检查中央配线盒及电路电位			
6	检查变光开关电位			
7	修复电路故障			
8	修复后检查			

3. 桑塔纳雾灯不亮的故障诊断与检修

按照故障诊断流程,制订桑塔纳雾灯不亮的检修计划。按照检修计划对故障车辆进行检修,表5-3为检修记录表。

表 5-3　桑塔纳雾灯不亮检修记录表

序号	作 业 内 容	检查数据	结论	备注
1	检查雾灯,记录故障现象			
2	检查故障雾灯两端电压			就车检查
3	检查雾灯熔断器			
4	检查更换故障雾灯灯泡			
5	检查中央配线盒及电路电位			查找故障点
6	检查雾灯开关电位			
7	修复电路故障			
8	修复后检查			

4. 桑塔纳小灯、尾灯不亮的故障诊断与检修

按照故障诊断流程，制订桑塔纳小灯、尾灯不亮的检修计划。按照检修计划对故障车辆进行检修，表5-4为检修记录表。

表5-4 桑塔纳小灯、尾灯不亮检修记录表

序号	作 业 内 容	检查数据	结论	备注
1	检查小灯、尾灯，记录故障现象			
2	检查小灯、尾灯熔断器			
3	检查小灯、尾灯两端电压			
4	检查小灯、尾灯灯泡			
5	检查中央配线盒及电路电位			查找故障点
6	检查小灯、尾灯开关电位			
7	修复电路故障			
8	修复后检查			

5. 桑塔纳前照灯、雾灯的调整

按照工艺要求对桑塔纳前照灯和雾灯进行调整，将调整数据填入表5-5中。

表5-5 桑塔纳前照灯、雾灯调整记录表

	屏幕距离	中心线 H 高度	a-a 距 H-H 高度	结论
调整前				
调整后				

任务二 信号系统的故障诊断与维修

【任务组织】

1. 实训目的与要求
1）能够制订轿车信号系统故障的检修计划。
2）能够进行汽车信号系统故障诊断。
3）核心技能：能够检查中央配线盒检查点电位，并判断故障电路的位置。

2. 安全与环保教育
1）测试前，对车辆表面进行保护。
2）操作时，注意车辆信号系统的使用方法。注意灯具的保护。

3. 实训设备及工具
1）实训用轿车（桑塔纳轿车）。
2）桑塔纳全车电路实验台或灯光示教台。
3）万用表、试灯、连接导线、常用工具。
4）信号系统配件等

【任务知识准备】

1. 转向信号灯和危险警告灯的故障诊断与排除

（1）转向信号灯和危险警告灯的工作情况　图5-10为桑塔纳转向信号灯和危险警告灯电路。

1）转向信号灯。点火开关处于"ON"，如果车辆向左转弯行驶，将转向灯开关 E_2 手柄向下搬动，这时左侧转向灯电路的工作电流由蓄电池正极经点火开关触点30至15，至熔断器 S_{19}，经危险警告灯开关 E_3 的常闭触点、闪光器触点49和49a、转向灯开关 E_2 的触点、左侧转向灯搭铁至蓄电池负极，左侧转向灯闪烁。右转向时，工作电流在转向灯开关处发生改变，变为向右转向灯供电。转向指示灯的工作电路为：蓄电池正极→点火开关触点30至15→熔断器 S_{19}→转向指示灯（发光二极管）K_5→转向灯开关 E_2 的触点49a→转向开关接通后，通过左侧或右侧转向灯→搭铁→蓄电池负极，转向指示灯亮。由于转向指示灯工作电流较小，此时转向灯并不亮。当闪光器触点闭合，转向灯亮时，转向指示灯 K_5 两端电位相等，转向指示灯熄灭。因此，转向指示灯的频闪状态与转向信号灯相反。

2）危险警告灯。当汽车发生故障或有紧急情况时，打开警告灯信号开关，这时所有转向灯一起闪烁，以示报警。无论点火开关处于什么位置，危险警告灯都可以工作。

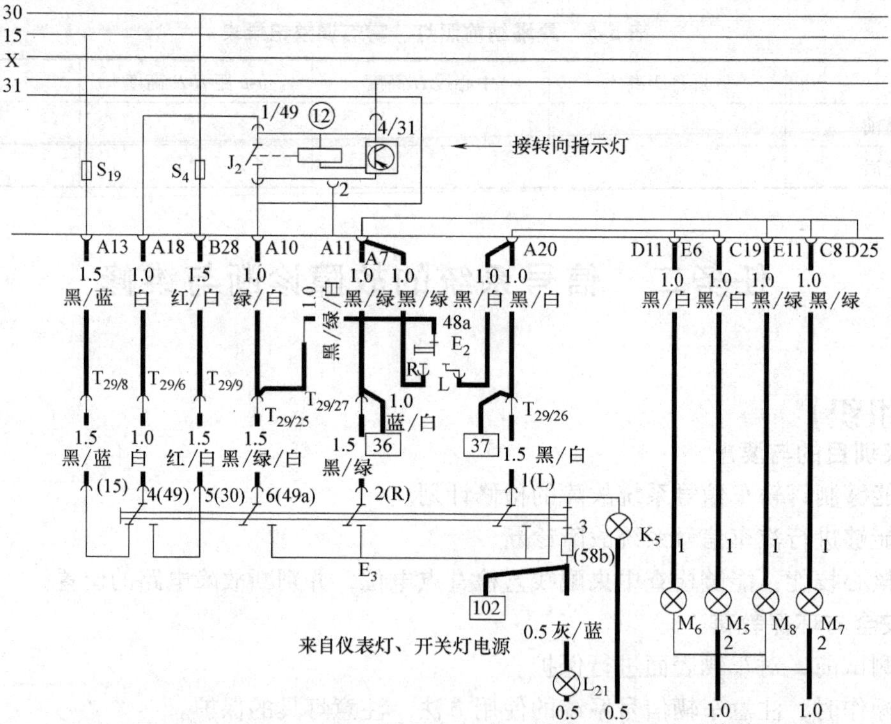

图5-10　桑塔纳转向信号灯和危险警告灯电路

按下危险警告灯开关 E_3，这时危险警告灯电路的电流由蓄电池正极 30 号线经熔断器 S_4 至危险警告灯开关，直接至闪光器 49 触点，再由闪光器 49a 触点经危险警告灯开关至所有转向灯，然后流回蓄电池负极，形成回路，所有转向灯闪亮。同时，转向指示灯也进入工作状态。

（2）转向信号灯的常见故障

1）转向信号灯不工作。

转向信号灯不工作的故障表现为：打开点火开关（转向信号灯工作受点火开关控制的车辆），接通转向信号灯开关，转向信号灯都不亮。

故障原因：熔断器熔断、电源电路断路或灯光系统中有短路处；闪光继电器损坏；转向信号灯开关损坏。

故障诊断与排除：检查熔断器是否熔断。若熔断，一般是灯光系统中有搭铁故障。可在断路的熔断器两端串上一只试灯，再把转向信号灯开关的进线拆下，此时熔断器上串联的试灯亮，则为熔断器至转向信号灯开关这一段中有搭铁故障，可用断路法在这一段电路中找出搭铁部位；若在转向信号灯进线拆下后，试灯熄灭，则应接好拆下的导线，拨动转向信号灯开关，拨到哪一边试灯变暗，说明此边正常，拨到另一边试灯亮度不变，则说明该侧有搭铁故障，进一步找出搭铁部位，排除故障。试灯可用万用表代替，测得电压为 12V 即与试灯亮效果相同。

若短接闪光器两接线柱，当接通转向信号灯开关时转向信号灯全不亮，而接通危险警告灯开关时转向灯全亮，则说明转向开关或转向开关到闪光器接线有故障；如果接通危险报警开关时转向灯仍不亮，应按电路图重点检查电路故障。

2）转向信号灯的闪光频率不正常。

转向信号灯闪光频率不正常的故障表现为：转向信号灯工作时，左、右转向信号灯的闪光频率不一致或闪光频率都不正常。

故障原因：导线接触不良；灯泡功率选用不当或某一边有一灯泡烧坏；闪光器故障。

故障诊断与排除：检查闪光器、转向信号灯开关接线柱上接线是否松动，灯泡功率是否与规定相符，左、右灯泡功率是否相同。若灯泡功率都符合规定，则应检查是否有一只灯泡烧坏。

若左、右转向信号灯闪光频率都高于或低于规定值，一般为闪光器故障，应更换新件。

2. 倒车信号系统的故障诊断与排除

（1）倒车信号系统的工作情况　倒车信号包括倒车灯和倒车蜂鸣器（桑塔纳可选装）。倒车灯安装在汽车后的组合灯内，倒车灯开关 F_4 安装在变速器盖上，倒车蜂鸣器则单独安装。倒车灯和倒车蜂鸣器由倒车灯开关统一控制。如图 5-11 所示，当变速器挂入倒档时，倒车灯开关触点闭合，倒车灯和倒车蜂鸣器电路接通，倒车灯点亮，蜂鸣器鸣叫；当变速器摘除倒档时，倒车灯开关触点打开，倒车灯和倒车蜂鸣器电路切断，倒车灯熄灭，蜂鸣器停止鸣叫。

（2）故障诊断与排除　故障现象：倒车时倒车灯不亮。

故障原因：倒车灯（M_{16}、M_{17}）的灯泡损坏；倒车灯开关 F_4 损坏；电路有断路。

故障诊断与排除：首先检查熔断器 S_{15} 是否熔断。若熔断，找出故障原因并排除；若未熔断，可拔下倒车灯开关上所接的两根接线并连接在一起。若倒车灯亮，说明倒车灯开关损坏，应更换新开关；若倒车灯仍不亮，检查灯泡是否烧坏，搭铁是否良好。如有一只倒车灯不亮，则可能是该只灯泡损坏。

3. 制动信号系统的故障诊断与排除

制动信号灯装在汽车后的组合灯内，是指示汽车停车或减速的指示灯具。在踏下制动踏板时，制动信号灯便发出较强的红光，用以提醒后面的车辆或行人保持安全的距离。

制动信号灯工作电路如图5-12所示，主要由中央配线盒、熔断器、制动开关和制动灯组成。当驾驶人踩下制动踏板时，制动开关F闭合，制动灯电路接通，制动灯（M_9、M_{10}）点亮；当抬起制动踏板时，制动开关断开，制动灯电路切断，制动灯熄灭。

制动信号系统的故障诊断与排除方法基本与倒车信号系统相同。

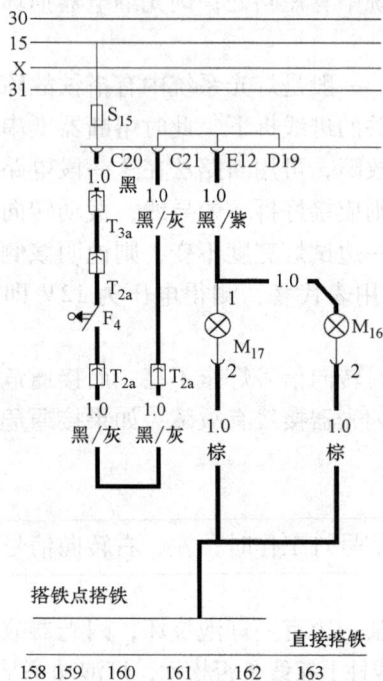

图5-11　桑塔纳倒车信号系统电路　　　　图5-12　桑塔纳制动信号灯电路

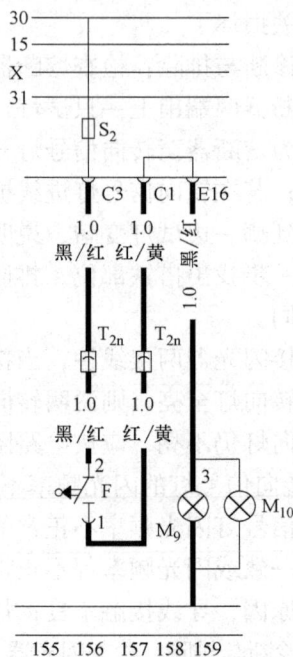

【任务实施】

1. 转向灯不亮的故障诊断与排除

制订桑塔纳转向灯不亮的检修计划并实施，将检修记录填入表5-6中。

表5-6　桑塔纳转向灯不亮检修记录表

序号	作 业 内 容	检查数据	分析	结论
1	打开转向灯，记录故障现象			
2	检查转向灯两端电压			
3	检查转向灯熔断器			
4	检查闪光器			
5	检查转向灯的灯泡			
6	检查中央配线盒及电路电位			

（续）

序号	作 业 内 容	检查数据	分析	结论
7	检查危险警告灯开关			
8	检查转向灯开关电位			
9	检查电路插头等			
10	修复后检查			

2. 桑塔纳倒车灯不亮的故障检修

制订桑塔纳倒车灯不亮的检修计划并实施，将检修记录填入表5-7中。

表5-7　桑塔纳倒车灯不亮检修记录表

序号	作 业 内 容	检查数据	分析	结论
1	检查倒车灯,记录故障现象			
2	检查故障倒车灯两端电压			
3	检查倒车灯熔断器			
4	检查更换故障倒车灯的灯泡			
5	检查中央配线盒及线路电位			
6	检查倒车灯开关电压			
7	修复后检查			

3. 桑塔纳制动灯不亮的故障检修

制订桑塔纳制动灯不亮的检修计划并实施，将检修记录填入表5-8中。

表5-8　桑塔纳制动灯不亮检修记录表

序号	作 业 内 容	检查数据	分析	结论
1	检查制动灯,记录故障现象			
2	检查制动灯熔断器			
3	检查制动灯两端电压			
4	检查制动灯的灯泡			
5	检查中央配线盒及电路电位			
6	检查制动灯开关电压			
7	修复后检查			

仪表及报警系统故障检修

任务一 汽车仪表的检测与试验

【任务组织】

1. 目的与要求

1）加深理解汽车电气仪表的工作原理。

2）掌握汽车电气仪表的检测与试验的方法及技能。

3）核心技能：汽车仪表及传感器的检测方法，元器件检测能力。

2. 安全与环保教育

1）维修作业前应先检查设备、工具和场地，熟悉操作规程。

2）仔细检查试验电路，防止接错造成元器件和实验设备的损坏。

3. 设备及工具准备

1）各种汽车仪表及组合仪表总成。

2）电工工具、数字式万用表等检查工具。

3）稳压电源、可变电阻器。

【任务知识准备】

1. 油压表的检测试验

（1）检测油压指示表与传感器的电阻值　用万用表检测油压指示表内的线圈和传感器的电阻值，其值应该符合原制造厂的规定，否则应更换，并做好记录。

（2）油压指示表与传感器的校验　检测方法如图 6-1 所示，接通开关 5，摇转手柄改变

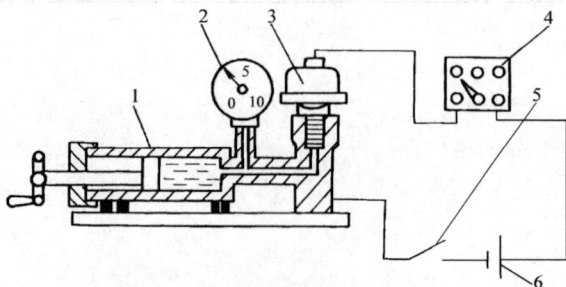

图 6-1　油压指示表与传感器的校验

1—手摇油压机　2—标准油压表　3—被测（或标准）油压传感器　4—标准（或被测）油压指示表　5—开关　6—蓄电池

项目六 仪表及报警系统故障检修　95

油压，当被测油压指示表 4 的压力与标准油压表 2 的压力相同，则证明被测油压指示表（或传感器）工作正常，否则应予以调整或更换。

几种车型的油压表的技术规格见表 6-1。

表 6-1　几种车型的油压表的技术规格

车　型	油压指示表电阻/Ω	油压传感器	
		压力/kPa	电阻/Ω
BJ213		0	1
		294（3）	46
		530（5.4）	87
三菱 L300	50	0	0
		392（4）	84
		585（8）	110

（3）油压指示表与传感器的调整　磁电系及动圈式油压指示表可通过改变左、右线圈的轴向位置或夹角来调整，双金属片式油压指示表可通过拨动表中的齿扇来调整。

调整双金属片式油压传感器时，可在传感器之间串入电流表。若油压为 0，传感器输出电流过大或过小，应烫开传感器的调整熔孔 10，拨动调整齿扇 5（见图 6-2）进行调整；若油压过高，输出电流较规定值偏低，应更换传感器的校正电阻 8（一般在 30～360Ω 范围内调整）；若在任何压力下，输出电流均超过规定值，且调整齿扇无效时，应更换传感器。

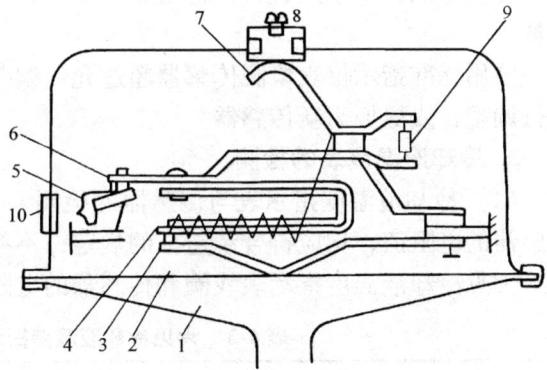

图 6-2　油压传感器

1—油腔　2—膜片　3—弹簧片　4—双金属片
5—调整齿扇　6—接触片　7—接线柱
8—校正电阻　9—电阻　10—熔孔

2. 燃油表的检测

（1）燃油指示表与传感器的检测　用万用表分别测量燃油指示表线圈和传感器的电阻值，均应符合制造厂的规定，不符合标准应维修或更换。

常见燃油指示表线圈和传感器的电阻值见表 6-2。

表 6-2　常见燃油指示表线圈和传感器的电阻值

车　型	燃油指示表线圈电阻/Ω	传感器电阻/Ω（传感器浮子中心离底面或水平面的距离/mm）		
		0/E（空）	1/2	1/F（满）
夏利 TJ7100	55	1～5（40）	28.5～36.5（91）	103～117（129）
BJ213	55±5	1	44	88
Audi100	—	253	—	40
三菱 L300	25	113.5～126.5	—	14.9～19.1
日产（蓝鸟）	—	80（205.5）	37（121.1）	10（30.6）
丰田（皇冠）	102	110（136.3）	32.5（40.5）	3（47.7）

（2）燃油指示表与传感器的检测与调整　先将被测指示表与标准传感器按图 6-3 所示接线。然后闭合开关 S，将标准传感器的浮子杆与垂直轴线分别成 31°和 89°时，指示表必须对应指在"0（E）"和"1（F）"的位置上，其误差不得超过 ±10%，否则应予以调整。

若磁电系、动磁系指示表不能指到"0（E）"时，可上、下移动左铁心的位置进行调整；若不能指到"1（F）"时，可上、下移动右铁心的位置进行调整，或更换为新表。

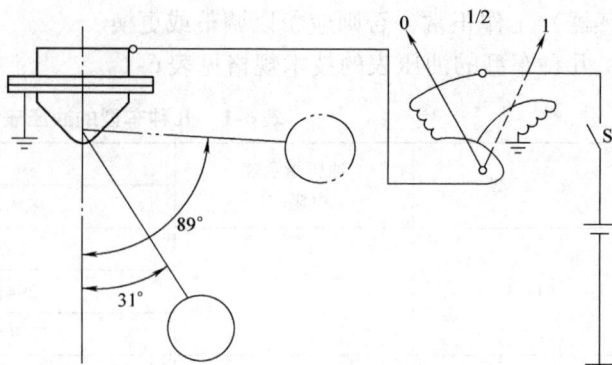

图 6-3　燃油指示表与传感器的检测

若双金属片式指示表不能指到"0（E）"或"1（F）"时，可转动调整齿扇进行调整。

使用标准指示仪表检测传感器超过允许偏差值时，可改变滑动接触片与电阻的相应位置进行调整，或更换为新传感器。

3. 冷却液温度表的检测

（1）冷却液温度指示表与传感器的检测　用万用表分别测量冷却液温度指示表线圈和传感器的电阻值，均应符合制造厂的规定，不符合标准应维修或更换。

常见冷却液温度指示表线圈和传感器的电阻值见表 6-3。

表 6-3　常见冷却液温度指示表线圈和传感器的电阻

车　型	冷却液温度指示表线圈电阻/Ω	传感器	
		冷却液温度/℃	传感器电阻/Ω
夏利 TJ7100	25	50	226
		115	26.4
BJ213		40	136.5
		105	93.5
		115	55.1
Audi100		50	253
		120	40
三菱 L300	25	L	104
		H	24

（2）冷却液温度指示表的检测与调整　对于双金属片式冷却液温度表，可将被测试指示表串联在图 6-4 所示的电路中。接通开关，调节可变电阻 RP，当毫安表指示 80mA、160mA、240mA 时，指示表应相应指在 100℃、80℃、40℃的位置上，其误差应符合表 6-4 的规定（不同型号的冷却液温度表有所差异）。若指示值与规定电流不符，应予以调整；若指针在"100℃"时不准，可拨动左调整齿扇进行调整；若指针在"40℃"时不准，可拨动

右齿扇进行调整，使其与标准值相符，各中间点可不必校验。

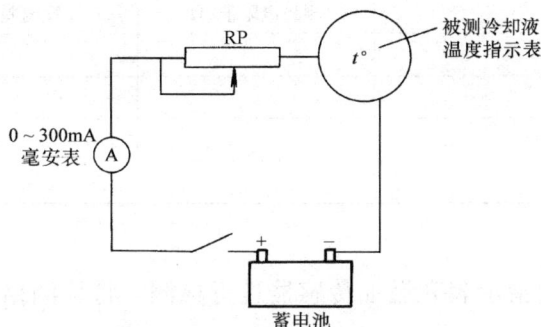

图6-4 冷却液温度指示表的检测

表6-4 冷却液温度表的允许偏差数据表 （单位：℃）

测量范围	检测温度值	允许偏差
40～120	100	±4
	80	±5
	40	±10

（3）冷却液温度指示表与传感器的校验 按图6-5装好被检测传感器（检测传感器时）或者标准传感器（检测指示表时），并接好电路。接通电路，使加热容器内的冷却液温度分别为规定值，并在保持3min不变的情况下观察冷却液温度指示表与水银温度计的读数，相同则为良好，否则需要调整或者更换。

4. 转速表的检测

接上标准转速表和被测转速表并起动发动机，将标准转速表与被测转速表的指示值进行对比。在13.5 V、25℃时：标准值为700r/min时，允许范围为580～720r/min；标准值为3000r/min时，允许范围为2800～3200r/min；标准值为5000r/min时，允许范围为4800～5200r/min；标准值为

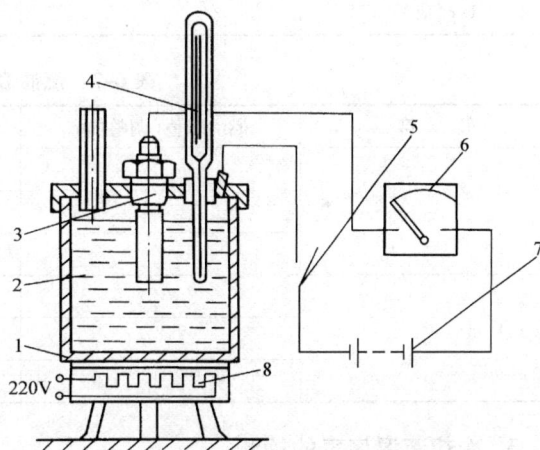

图6-5 冷却液温度表的校验

1—加热容器 2—水 3—被检测（或者标准）传感器 4—水银温度计 5—开关 6—标准（被检测）冷却液温度表 7—蓄电池 8—电炉

6000r/min时，允许范围为5750～6250r/min。如果误差超过规定要求，应更换转速表。

【任务实施】

1. 油压表的检测试验

按照工艺要求对油压表传感器进行检测与调整，并将检测结果填入表6-5，并参照表6-1中油压表的技术规格给出检测结论。

表 6-5　油压传感器检测结果

车　　型		测量电阻值/Ω	校验偏差(%)	结论
油压表型号				
油压表型号				
传感器型号				
传感器型号				

2. 燃油表的检测

按照工艺要求对燃油指示表和燃油传感器进行检测，将检测结果填入表 6-6 和表 6-7 中，并给出结论。

表 6-6　燃油指示表线圈和传感器的电阻检测记录

燃油指示表线圈电阻/Ω	标准电阻/Ω	测量电阻/Ω	结论
传感器位置			
0/E(空)			
1/2			
1/F(满)			

表 6-7　燃油表调整记录表

车　　型	燃油表值(调整前)	燃油表值(调整后)	结论

3. 冷却液温度表的检测

按照工艺要求对冷却液温度指示表和冷却液温度传感器进行检测，将检测结果填入表 6-8，并给出结论。

表 6-8　冷却液温度指示表和传感器检测记录

冷却液温度指示表线圈电阻/Ω	标准阻值/Ω	测量阻值/Ω	结论
冷却液温度传感器状态	标准阻值(Ω)	被测阻值(Ω)	结论
温度1(＿＿℃)			
温度2(＿＿℃)			
温度3(＿＿℃)			

任务二 仪表与警报装置的故障诊断与维修

1. 实训目的与要求

1）能够正确使用轿车仪表。

2）能够制订仪表系统故障诊断计划。

3）核心能力：能够排除仪表系统故障。

2. 安全与环保教育

1）正确操作和检查轿车仪表，以免造成车辆损坏。

2）座椅加护套，保护轿车内饰不受损坏。

3. 实训设备及工具

1）实习轿车1台。

2）汽车全车电路实验台或仪表实验台。

3）电工工具、万用表。

【任务知识准备】

1. 桑塔纳2000仪表的故障诊断方法

现代轿车大多采用组合仪表，仪表的种类基本相同。图6-6为桑塔纳2000组合仪表的外形。

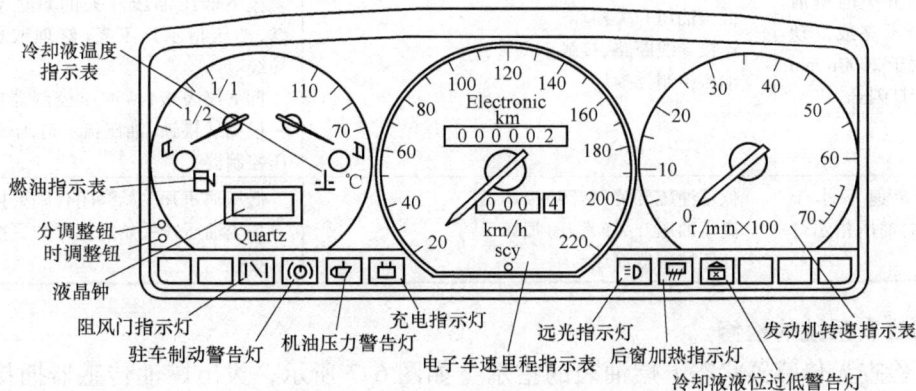

图6-6 桑塔纳2000组合仪表的外形

桑塔纳2000仪表的电路复杂，故障种类较多，为了便于检查，推荐按照桑塔纳2000仪表故障诊断流程进行检修，以提高检修效率，见表6-9。

表6-9 桑塔纳2000仪表故障诊断流程

故障现象	故障原因	排除方法
发动机转速表工作不正常或停止工作	转速表背面的黑色三孔插座接触不良 仪表板上的印制电路板断路或连接导线断路 转速表表头损坏	检查、修理 修理或更换 修理或更换

（续）

故障现象	故障原因	排除方法
燃油表不工作	燃油指示表与传感器之间的连接线断路或接触不良 传感器损坏 稳压器（与冷却液温度表共用）损坏	修理或更换 修理或更换 更换
燃油表指针跳跃或停留在某一刻度上	传感器滑动接触片触点与可变电阻器接触不良 可变电阻器损坏 稳压器损坏或燃油表损坏	清洗、修理 更换 更换
冷却液温度表不工作或指示不正确	冷却液温度传感器表面有水垢 稳压器输出电压不正常 导线接触不良 冷却液温度表表头故障	清洗水垢或更换传感器 用万用表检查 检查、修理 用外接电阻替代传感器检查
冷却液不足警告灯不工作	冷却液不足指示开关损坏 冷却液不足指示控制器损坏	检查开关内是否有水和黑色的插脚是否有横向裂纹，如有应更换开关 检查印制电路板上14号位上的 冷却液不足指示控制器，如腐蚀严重应更换
接通点火开关时机油压力指示灯不亮或发动机转速不大于2000r/min时油压指示灯闪烁	低压油压开关损坏 连接导线断路、接触不良 油压控制器损坏	油压在0.015～0.045MPa时，测试灯不熄灭，应更换低压油压开关 拔下低压油压开关的黄色导线并搭铁，油压指示灯不亮，修理或更换中间导线 拆开仪表板，从油压控制器插座处引一根导线搭铁，油压指示灯闪烁，更换油压控制器
发动机转速不小于2000r/min时油压指示灯闪烁	低压油压开关（常闭）损坏 高压油压开关（常开）损坏 油压控制器损坏	低压油压开关始终闭合则更换 高压油压开关始终打开则更换 更换

2. 燃油表系统的检修

（1）检查无传感器状态下燃油表的指示　如图6-7所示，拔出燃油传感器插接器，打开点火开关，检查燃油表指针应指示在无油位置。

（2）检查接入试灯时燃油表的指示　如图6-7所示，拔出燃油传感器插接器，将一只3.4W试灯跨接在紫/黑线和地之间。打开点火开关，试灯应变亮，且燃油表指针指向满的一侧。如果燃油表工作不符合要求，应检查燃油表电压。

（3）测量燃油指示表的电压　拔出燃油传感器插接器，打开点火开关，用数字式万用表测量紫/黑线和地之间的电压，电压应为10V（稳压器电压），如果电压值不符合标准，应更换燃油指示表，如果电压值符合要求应检查燃油传感器电阻。

（4）测量燃油传感器的电阻　测量传感器端子间的电阻，浮子在满位置时电阻约为3Ω，在空位置时电阻约为110Ω。如果阻值不符合要求，应更换燃油传感器。

（5）燃油液位警告灯检查　拔出燃油传感器插接器，短接传感器配线侧插接器端子，打开点火开关，警告灯应亮。如果灯不亮，检查灯泡和配线。

3. 冷却液温度表系统的检修

（1）冷却液温度表无传感器状态检查　拔出冷却液温度传感器插接器，打开点火开关，冷却液温度表指针必须指示在"冷"位置

（2）温度指示检查　如图6-8所示，将冷却液温度传感器配线侧插接器通过1只3.4W试灯搭铁，打开点火开关，试灯应亮，且冷却液温度表指针必须向"热"侧移动，如果冷却液温度指示表工作不符合要求，更换冷却液温度传感器后，再检查系统。如果工作仍不符合要求，再检查冷却液温度指示表的电压。

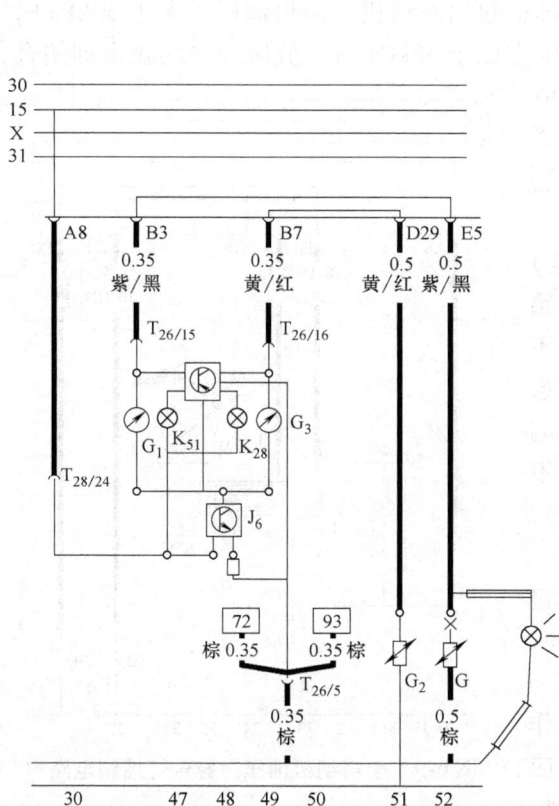

图6-7　桑塔纳燃油表检查

图6-8　桑塔纳冷却液温度表检查

G—燃油传感器　G_1—燃油指示表　G_2—冷却液温度传感器

G_3—冷却液温度指示表　K_{28}—冷却液温度过高警告灯

K_{51}—燃油不足警告灯

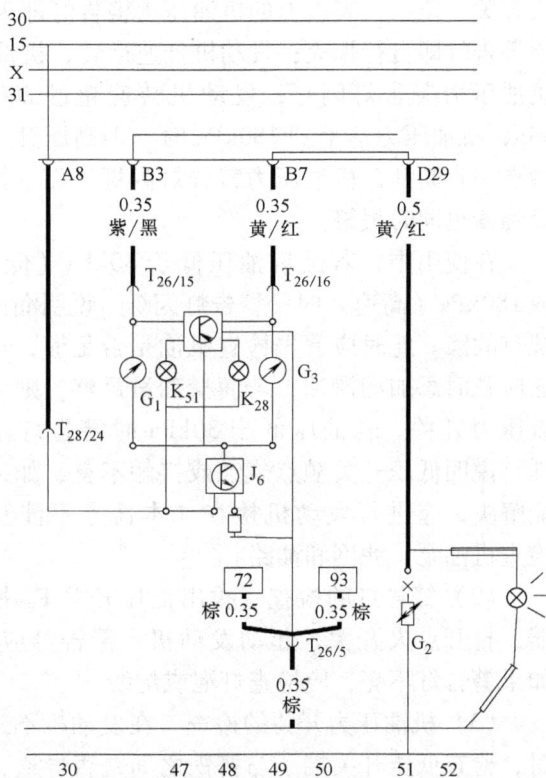

（3）测量冷却液温度指示表的电压　断开点火开关，拔出冷却液温度传感器插接器，打开点火开关，用数字式万用表测量黄/红线和地之间的电压，电压（稳压器电压）应为8V。如果电压值不符合标准，应更换冷却液温度指示表；如果电压值符合要求，应检查冷却液温度传感器电阻。

（4）测量冷却液温度传感器的电阻　拔出冷却液温度传感器插接器，测量传感器端子间电阻，电阻值应符合标准，见表6-10，如不符合，则更换冷却液温度传感器。

表 6-10　冷却液温度传感器的电阻

冷却液温度/℃	电阻/Ω	冷却液温度/℃	电阻/Ω	冷却液温度/℃	电阻/Ω
50	740～900	70	390～480	90	210～270
60	540～650	80	290～360	100	160～200

4. 机油压力警告系统的检修

（1）桑塔纳机油压力警告系统电路分析　图 6-9 为桑塔纳机油压力指示灯控制电路，由机油压力警告灯 K_3、机油压力指示灯控制器 J_{114}、高压开关 F_1、低压开关 F_{22} 和发动机转速传感器组成。低压开关安装在发动机缸盖上，高压开关则装在机油过滤器支架上。打开点火开关，位于仪表板上的机油压力警告灯即闪烁；起动发动机，当机油压力大于 30kPa 时，该警告灯即自行熄灭；发动机低速运转，机油压力低于 30kPa 时，低压开关的触点即闭合，机油压力警告灯闪烁；发动机转速超过 2000r/min，机油压力达不到 180kPa 时，则高压开关的触点一直断开，机油压力警告灯闪烁，而且报警蜂鸣器也同时报警。

在使用中，若出现油压低于 30kPa（低速）或 180kPa（高速）时，警告灯闪烁，说明润滑系统有故障。此时应首先检查机油是否足够，若不够应及时添加润滑油，若润滑油量足够，则应检查压力开关。若油压低于 30kPa 时警告灯不闪烁，说明低压开关触点烧蚀或接触不良，如果不能解决，应进行发动机检查（本任务不涉及），检查机油泵、滤网和油路。

（2）警告灯的检查　拔出低压开关 F_{22} 插接器，打开点火开关，起动发动机，警告灯应亮，如果警告灯不亮，应检查灯泡或配线。

（3）机油压力开关的检查　在发动机不工作时，检查低压开关端子与搭铁之间是否导通，应为导通。如果工作不符合标准，应更换开关。检查高压开关端子与搭铁间是否导通，应为不导通。如果工作不符合标准，应更换开关。

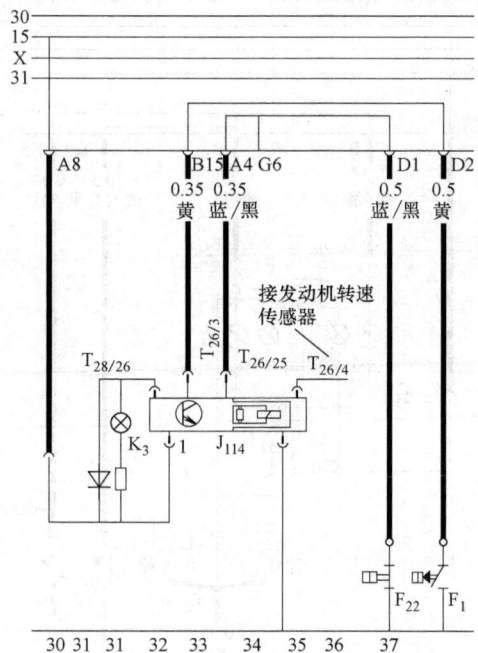

图 6-9　桑塔纳机油压力警告灯控制电路

【任务实施】

1. 燃油表指针不动的故障诊断与排除

起动汽车，明确仪表系统的故障，按照工艺要求制订燃油表指针不动故障检修计划并实施，将检修数据、分析结果填入表 6-11 中。

表 6-11　燃油表指针不动检查记录

作业内容	检查数据	分析	结论
拔出传感器,检查燃油表指示			
接入试灯,检查燃油表指示			

（续）

作 业 内 容	检 查 数 据	分 析	结 论
测量燃油表的电压			
判断是否是电路故障			
测量燃油传感器的电阻			
液位警告灯检查			

2. 冷却液温度表指针不动的故障诊断与排除

起动汽车，明确仪表系统的故障，按照工艺要求制订冷却液温度表指针不动详细检修计划并实施，将检修数据、分析结果填入表 6-12 中。

表 6-12　冷却液温度表指针不动检查记录

作 业 内 容	检 查 数 据	分 析	结 论
拔出传感器,检查冷却液温度表指示			
接入试灯,检查冷却液温度表指示			
测量冷却液温度表的电压			
判断是否是电路故障			
测量冷却液温度传感器的电阻			
电路检查			

3. 机油压力警告灯报警的故障检修

起动汽车，明确机油压力警告灯报警的故障，制订机油压力警告灯报警故障详细检修计划并实施，将检修数据、分析结果填入表 6-13 中。

表 6-13　机油压力警告灯报警检查记录

作 业 内 容	检 查 数 据	分 析	结 论
起动发动机,明确故障			
检查机油油位			
检查低压开关			
检查高压开关			
检查控制器电源			
电路检查			

任务三　汽车喇叭的检测与维修

1. 实训目的与要求

1）能够分析桑塔纳喇叭电路图。

2）能够进行汽车喇叭的调整和检修。

3）核心能力：能够排除汽车喇叭故障。

2. 安全与环保教育

1）正确操作和检查汽车喇叭，以免造成车辆损坏。

2）座椅加护套，保护汽车内饰不受损坏。

3）拆卸喇叭时，应先断开蓄电池电源线，并注意车体保护。

3. 实训设备及工具

1）实习轿车1台，汽车全车电路实验台。

2）电工工具、万用表。

3）检修用汽车喇叭。

【任务知识准备】

1. 喇叭目测检查

1）检查扬声筒和喇叭盖，如有凹陷或变形时，应修整。更换破裂的扬声筒时，应注意高、低音之分。高音喇叭的扬声筒比低音喇叭的扬声筒短。例如螺旋形喇叭的高音扬声筒为1.5圈，低音扬声筒为2.5圈，不能装错。

2）检查线圈、灭弧电阻、电容器等各插头是否牢固。如有断脱，应用电烙铁焊牢；如有损坏，应更换。

3）检查喇叭膜片有无破裂。有破裂时应更换膜片。

2. 喇叭的测量

（1）电喇叭线圈的检测　用万用表 $R \times 1$ 档测量喇叭线圈的电阻，将测得值与标准值对照。若电阻值低于规定值，说明线圈有短路故障；若测得阻值无穷大，说明线圈有开路故障。

当线圈有短路、开路和搭铁故障时，可按原数据重新绕制。

（2）检查触点的接触情况　触点应光洁、平整，上、下触点应重合，其中心线的偏移不应超过0.25mm，接触面积不应小于70%，否则应修整。触点表面烧蚀严重时，应拆下并用砂纸打磨，其方法如图6-10所示。打磨厚度小于0.3mm时应更换，并注意金属垫片和绝缘片的位置，切勿装错。

（3）检查电喇叭的耗电量　检查电路，按图6-11接线，接通开关S，电喇叭在蓄电池正常供电的情况下，发音应该清脆洪亮、无沙哑杂音，耗电量应不大于常用电喇叭的主要技术参数中的规定。如耗电过大或声音不正常，应予以调整。

（4）检查电磁铁间隙　衔铁和铁心之间的间隙应该在0.7~1.5mm之间，各方向间隙应均匀。

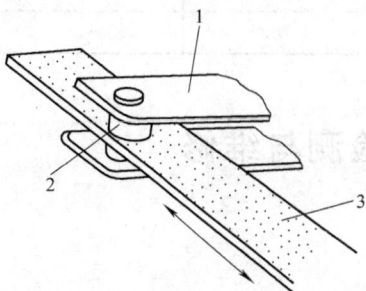

图6-10　触点打磨方法
1—触点臂　2—触点　3—砂纸条

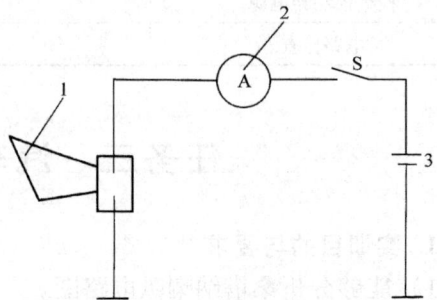

图6-11　检查电喇叭耗电量
1—喇叭　2—电流表　3—蓄电池

3. 喇叭音调的调整

螺旋形电喇叭的音调是通过改变衔铁与铁心的间隙来实现的，而盆形电喇叭是通过改变上、下铁心间的间隙实现的。间隙增大，音调降低；间隙减小，音调则升高。衔铁与铁心的间隙一般为 0.7 ~ 1.5mm，调整音调时，使用塞尺测铁心间隙，当不符合规定时再进行调整。

（1）螺旋形电喇叭音调的调整　如图 6-12 所示，先旋松锁紧螺母 8 和 12，再旋松弹簧片位置调整螺母 7，并转动衔铁 10，可改变衔铁与铁心之间的间隙，从而改变喇叭的音调。调整时，铁心要平整，铁心与衔铁四周的间隙要均匀，否则会产生杂音。

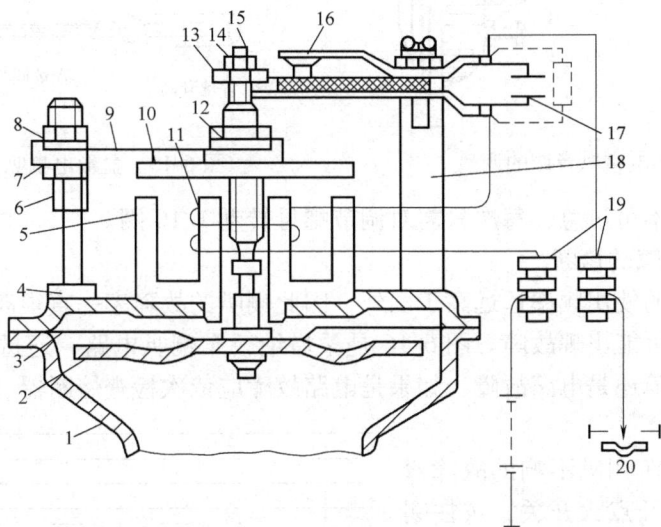

图 6-12　螺旋形电喇叭

1—扬声筒　2—共鸣板　3—膜片　4—底板　5—山形铁心　6—支撑螺杆　7—弹簧片位置调整螺母

8、12—锁紧螺母　9—弹簧　10—衔铁　11—电磁线圈　13—触点预加压力调整螺母

14—锁紧螺母　15—中心杆　16—触点　17—电容器　18—触点支架　19—接线柱　20—按钮

（2）盆形电喇叭音调的调整　如图 6-13 所示，先松开锁紧螺母 11，再旋转下铁心，改变上、下铁心的间隙，即可调整音调的高低，调整方向如图 6-14 所示。

4. 喇叭音量的调整

电喇叭声音的大小与通过喇叭线圈的电流大小有关。当触点压力增大时，流入喇叭线圈的电流增大，使喇叭产生的音量增大；反之，音量减小。

（1）螺旋形电喇叭音量的调整　如图 6-12 所示，先松开锁紧螺母 14，再旋松触点预加压力调整螺母 13，使触点间的预压力增大，音量增大；反之，音量减小。

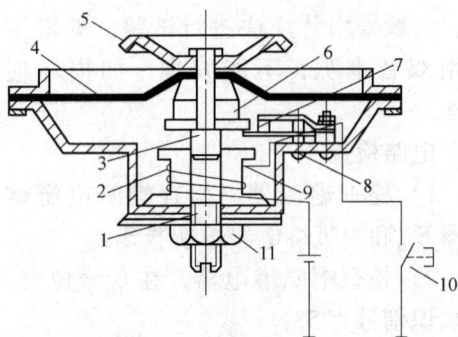

图 6-13　盆形电喇叭

1—下铁心　2—电磁线圈　3—上铁心

4—膜片　5—共鸣板　6—衔铁　7—触点

8—调整螺钉　9—螺管铁心　10—按钮

11—锁紧螺母

（2）盆形电喇叭音量的调整　如图 6-13 所示，直接旋转调整螺钉 8，改变触点的接触压力，从而实现对音量的调整，调整方向如图 6-15 所示。

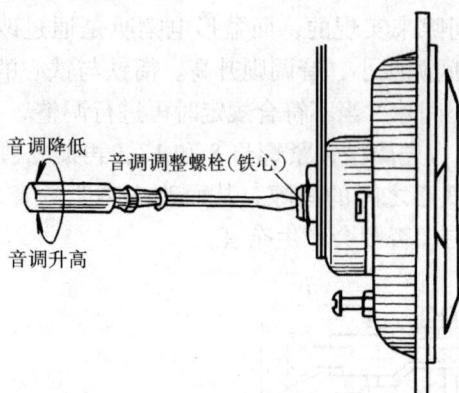

图 6-14 盆形电喇叭音调的调整　　　　图 6-15 盆形电喇叭音量调整的方向

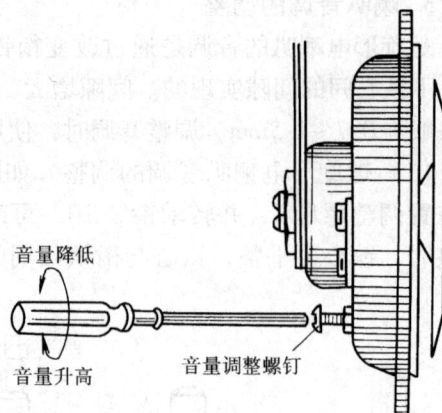

注意：调整时不可过急，每次只需对调节螺母转动 1/10 圈。

5. 喇叭常见故障的诊断

国内汽车喇叭的使用频率远远高于国外，因此喇叭的故障率一直很高，喇叭、喇叭继电器和喇叭开关都有可能出现故障。图 6-16 是桑塔纳轿车喇叭电路，通过对喇叭的就车检查可以判断是喇叭故障还是电路故障，如果是电路故障应依次检查熔断器、继电器、中央配线盒以及开关和电路。

（1）桑塔纳轿车喇叭不响的故障诊断　就车检查：打开点火开关，按住喇叭开关，用数字式万用表测量喇叭插头 T_{2b} 两端电压，如果电压为 12V，则为喇叭故障，如果无电压则为电路故障。

如喇叭有故障应进行喇叭检查和更换，一般采用替换法进行试验。桑塔纳采用双音喇叭，不能修理，如损坏应更换。

电路检查：

1）检查熔断器。检查喇叭电源熔断器 S_{16} 和喇叭继电器熔断器 S_{18}。

2）检查喇叭继电器，在 6 号位置，顶端识别号为 53。

3）检查中央配线盒的 G5 点或 L1 点搭铁电压，如果电压为 12V（正常），按下喇叭开关，继续检查 G5 点或 L1 点搭铁电压，如果是 0V 为正常，如果是 12V，则检查喇叭开关。

图 6-16 桑塔纳轿车喇叭电路

喇叭开关检查：检查喇叭开关通断电阻，判断喇叭开关是否正常。

（2）喇叭声音不正常　故障现象为按下喇叭后，喇叭声音沙哑、发闷或刺耳。诊断与

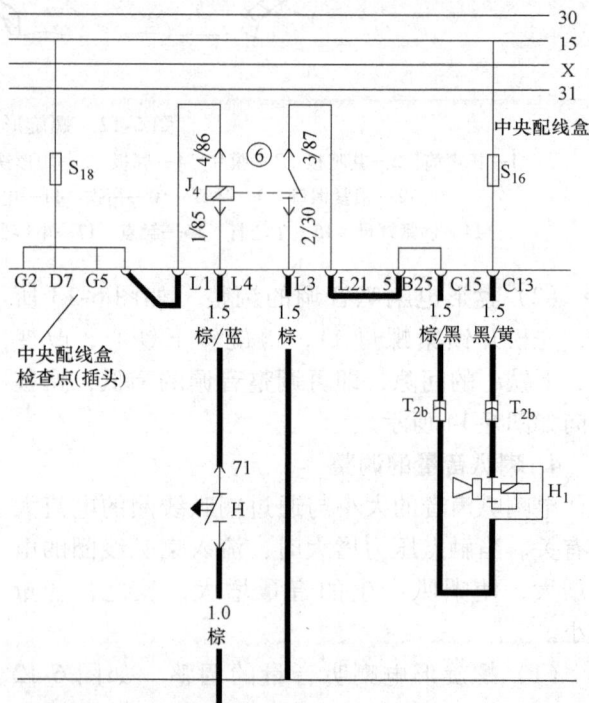

检修步骤为：

1）检查电源电量。检查蓄电池的电量是否充足。

2）拆下喇叭进行检修或更换。

3）检查开关电路是否有烧蚀造成虚接。

【任务实施】

1. 喇叭不响的故障诊断与排除

点火开关置于"ON"，按下喇叭开关，明确故障现象，制订喇叭不响详细检修计划并实施，将检修数据、分析结果填入表 6-14 中。

表 6-14　喇叭不响检查记录

作 业 内 容	检 查 数 据	分 析	结 论
验证故障			
T_{2b} 两端电压检查			
更换喇叭			
喇叭熔断器检查			
喇叭继电器检查			
L1 点搭铁电压检查			
喇叭开关检查			

2. 喇叭发声异常的故障检修

点火开关置于"ON"，按下喇叭开关，明确故障现象，制订喇叭发声异常详细检修计划并实施。将检修数据、分析结果填入表 6-15 中。

表 6-15　喇叭发声异常检查记录

作 业 内 容	检 查 数 据	分 析	结 论
验证故障			
T_{2b} 两端电压检查			
检查蓄电池			
更换喇叭			
喇叭检查			
喇叭检修			

项目七

辅助电器系统故障检修

任务一　刮水器的检修

【任务组织】

1. 实训目的与要求

1）能够进行刮水器系统的拆装。

2）能够进行刮水器片的调整与更换。

3）核心技能：轿车刮水器系统检修，易损件更换与调整能力。

2. 安全与环保教育

1）拆卸前，对车辆进行必要的保护，避免刮、划面漆。

2）拆卸电动机前，拔出汽车钥匙，切断汽车电源。

3. 实训设备及工具

1）实训用轿车，刮水电动机、刮片等刮水器系统配件。

2）常用拆装工具1套。

3）万用表、稳压电源等检测工具。

【任务知识准备】

刮水器是汽车易损件，刮水器故障是汽车常见故障，当刮水器工作异常时必须及时进行检修和保养，以免划伤风窗玻璃。各种车辆的刮水器拆装有一定的差异，但基本方法相近。

1. 刮水器与清洗装置的构成

桑塔纳轿车的刮水器与清洗装置，由熔断器、带间歇档的前风窗刮水器开关、前风窗刮水器继电器、电动机、刮水器支座、连杆总成、定位杆以及刮水橡胶条、喷水泵、储液罐、喷嘴等组成。刮水器的结构如图7-1所示，清洗装置的结构如图7-2所示。

2. 刮水器与清洗装置的维修

（1）刮水器橡胶条的拆装

1）用鲤鱼钳把刮水橡胶条被封住的一侧的两块钢片钳在一起，从上面的夹子里取出，并把橡胶条连同钢片从刮水片其余的几个夹子里拉出。

2）把新的刮水橡胶条塞进刮水片下面的夹子里，并把它扎紧。

3）将两块钢片插入刮水橡胶条的第一条的槽口，对准橡胶条并进入槽内的橡胶条凸缘内。

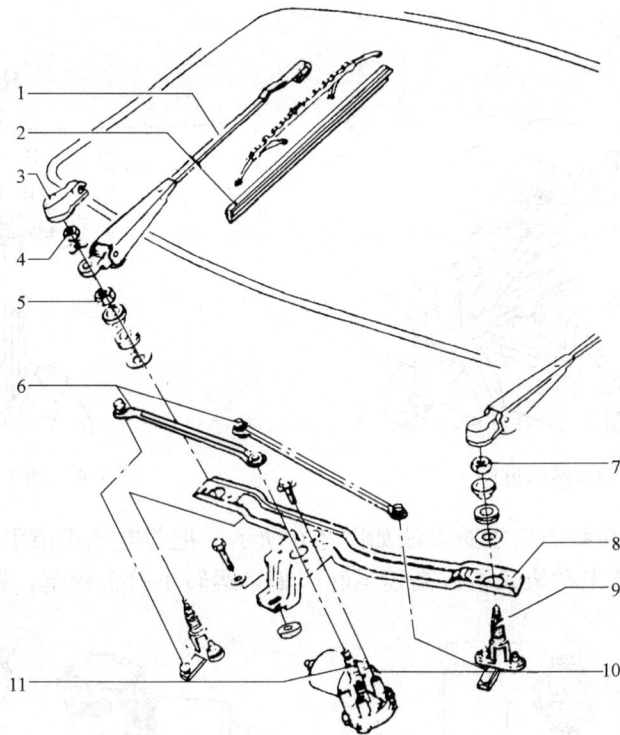

图 7-1　刮水器的结构

1—雨刮臂　2—刮水橡胶条　3—防护罩　4、5、7—螺母　6—摆杆　8—支座　9—轴颈　10—电动机　11—曲柄

4）用鲤鱼钳把两块钢片与橡胶条重新钳紧，并插入上端夹子，使夹子两边的凸缘均进入刮水橡胶条的限位槽内。

（2）曲柄定位位置的调整

1）使刮水器电动机转到极限位置。

2）装上曲柄，并调整到能看见管内螺纹为止。

（3）刮水器支座的更换　刮水器支座一经拆卸，就应进行更换。在拆卸刮水器支座时，用割刀切断铆钉，如图 7-3 所示。安装刮水器支座时，支座应支撑牢固，如图 7-4 所示。

3. 刮水器电动机的检查

（1）检查低速运转状态　检查方法如图 7-5 所示，把蓄电池正极引线接到端子 2，负极引线接到端子 1，检查电动机是否以低速运转。如果运转不符合规定，则应更换电动机。

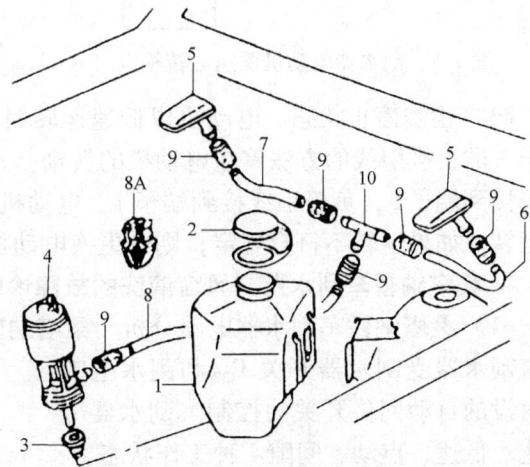

图 7-2　清洗装置的结构

1—储液罐　2—加液口盖　3—密封垫　4—喷水泵
5—喷嘴　6、7、8—塑料管　8A—软管夹子
9—橡胶管　10—三通接头

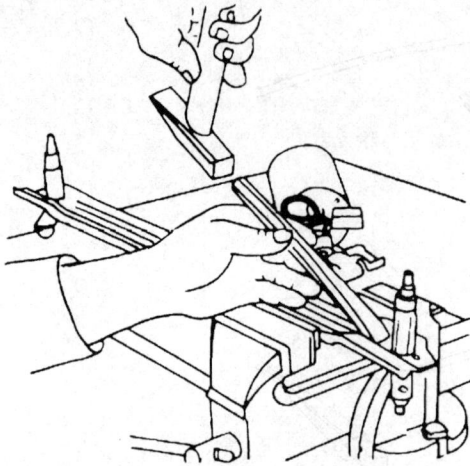

图 7-3   刮水器支座的拆卸

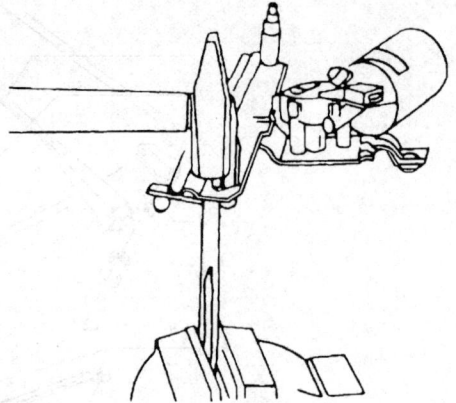

图 7-4   刮水器支座的安装

（2）检查高速运转状态   检查方法如图 7-6 所示，把蓄电池正极引线接到端子 2，负极引线接到端子 1，检查电动机是否以高速运转。如果运转不符合规定，则应更换电动机。

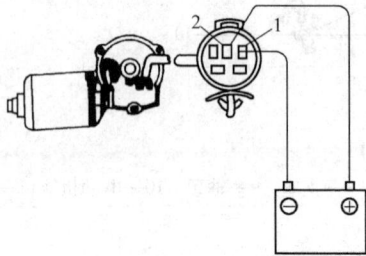

图 7-5   刮水器电动机低速运转检查

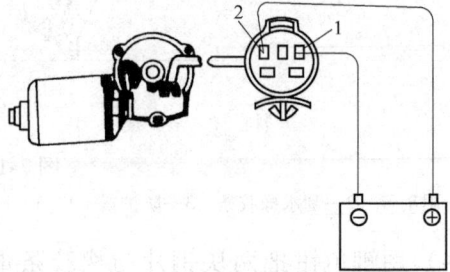

图 7-6   刮水器电动机高速运转检查

（3）检查停止状态   电动机以低速运转时，在除了停止位置以外的任何位置，用拆下端子 3 的正极引线的方法停止电动机的转动。连接端子 3 和 4，如图 7-7 所示，蓄电池正极引线接到端子 5，负极引线接到端子 1，电动机再运转后，检查运行到停止位置时电动机是否运转。如果运转不符合规定，则应更换电动机。

4. 桑塔纳轿车刮水器与风窗清洗的故障诊断与检修

（1）桑塔纳轿车刮水器电路分析   桑塔纳轿车刮水器与风窗清洗电路图如图 7-8 所示。风窗刮水器受刮水器开关 E_{22} 和刮水电动机附设的自动回位开关的控制。刮水器分高速、低速、点动、间隙 4 种工作状态。

高速刮水：当刮水器开关 E_{22} 拨杆拨至最高档时（1 位），X 导线电源经熔断器 S_{11}、开关 E_{22} 接通刮水电动机 V 的高速端，刮水器电动机以 62 ~ 80r/min 高速运转。

低速刮水：当刮水器开关 E_{22} 拨杆拨

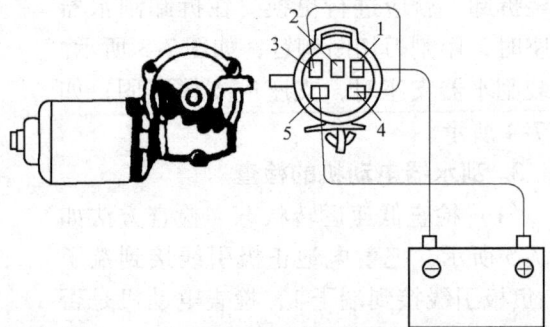

图 7-7   刮水器电动机停止位置检查

至 2 位时，X 导线电源经 S_{11}、E_{22} 接通刮水器电动机低速端，刮水器电动机 V 以 42～52r/min 低速运转。

点动刮水：当驾驶人用手按住开关 E_{22} 手柄（在 3 位）时，刮水器电动机 V 的工作状态与开关 E_{22} 在 2 位时相同，但当驾驶人松开开关 E_{22} 手柄时，在 E_{22} 弹簧的作用下，开关 E_{22} 会自动回到 4 位。4 位为空位，此时刮水器不工作。所以点动的刮水时间是由驾驶人手按开关 E_{22} 手柄的时间而定。

间隙刮水：当刮水开关 E_{22} 拨杆拨至最下档（5 位）时，X 导线电源经 S_{11}、E_{22} 接通刮水器继电器 J_{31}，继电器 J_{31} 的工作使刮水器每 6s 工作一次。

刮水器电动机总成的二位自动回位开关，由开关总成内部结构保证刮水片处在右下端位置时，自动开关就自动处于 2 位，通过开关 E_{22} 和继电器触点将刮水器电动机 V 两端短接断电，刮水器停止工作。刮水器橡胶条在其他位置时，刮水器总成内部的自动开关都在 1 位，开关 E_{22}、继电器 J_{31} 的触点接通刮水器电动机 V，刮水器工作，确保刮水橡胶条不挡住驾驶人的视线。

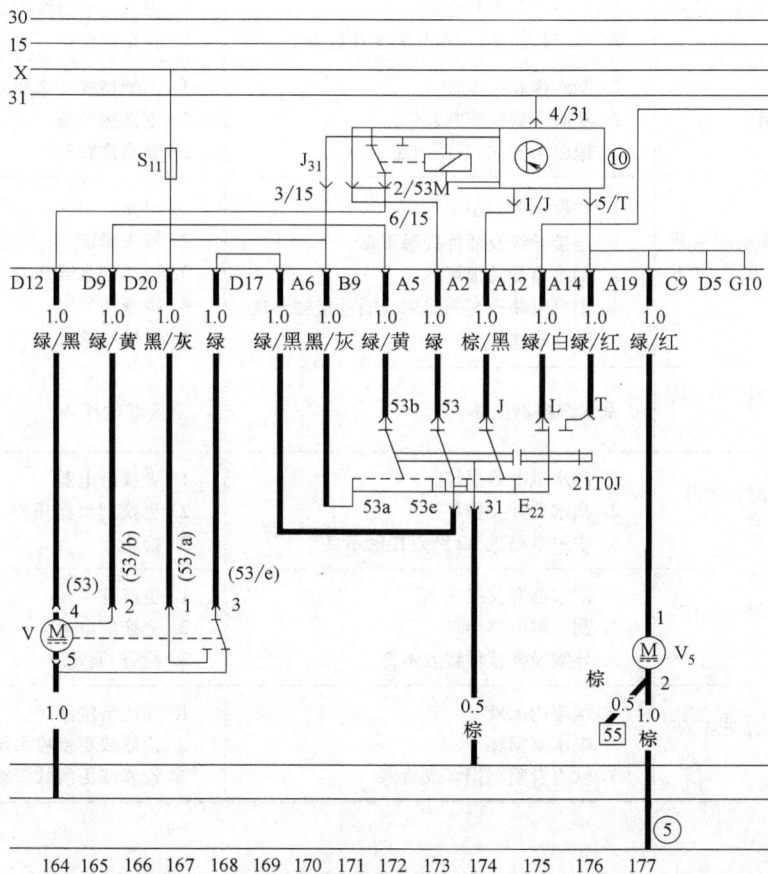

图 7-8　桑塔纳轿车刮水与风窗清洗电路

（2）桑塔纳轿车风窗清洗电路分析　风窗清洗装置是由水泵、软管、喷嘴及水罐等组成。

如图 7-8 所示，当刮水器开关 E_{22} 手柄向上拨动时，开关 E_{22} 的点动触点接通清洗泵 V_5，位于发动机盖上的4个喷头同时向前风窗玻璃喷洒清洗液。与此同时也接通刮水继电器 J_{31}，使刮水器电动机运转。松开开关 E_{22} 手柄时，点动触点自动切断电源，清洗泵停止工作。但刮水器电动机继续运转，直到刮水片处于右下端时，刮水器电动机 V 停止工作。开关 E_{22} 在任何位置时，点动开关都能独立工作，互不干扰。

（3）刮水器及风窗清洗装置的故障与检修　桑塔纳轿车刮水器及风窗清洗装置的常见故障、原因与排除方法见表7-1。

表7-1　桑塔纳轿车刮水器及风窗清洗装置的常见故障、原因与排除方法

故障现象	故障原因	排除方法
风窗玻璃表面有部分刮不到	1. 刮水橡胶条从槽中脱出 2. 刮水橡胶条与玻璃接触不均匀，弹簧条或钢片弯曲 3. 定位杆在玻璃上的压力小	1. 将橡胶条塞入卡槽 2. 调整或更换刮水片 3. 在定位杆与弹簧条间加油润滑，或更换定位杆
刮水后，玻璃上仍留有水迹	玻璃上有油或油漆抛光剂	用干净抹布粘上去油剂擦拭
刮水片一边刮水正常，另一边发出响声	1. 有一边刮水片变形 2. 定位杆扭曲，刮水片斜卡在玻璃上	1. 更换刮水器橡胶条 2. 校正定位杆
玻璃上有水迹擦痕	1. 刮水橡胶条弄脏 2. 橡胶条磨损或断裂 3. 橡胶条老化、表面破裂	1. 用酒精或洗涤剂清洗 2. 更换橡胶条 3. 更换橡胶条
接通点火开关，拨动刮水开关到任何档时，刮水器均不工作	1. 熔断器 S_{11} 烧坏 2. 连接导线及插件接触不良 3. 刮水开关损坏 4. 中央电路板有关线束及插件接触不良 5. 电动机损坏	1. 更换 2. 检查紧定 3. 更换刮水器开关 4. 检查与紧定 5. 更换电动机
刮水器在高速档时工作，其他各档不工作	刮水继电器损坏	更换继电器
刮水器在低速档时不工作，其他各档均工作	1. 刮水继电器损坏 2. 刮水器开关损坏 3. 中央电路板 A2 结点接触不良	1. 更换继电器 2. 更换刮水器开关 3. 检修
刮水器在间隙档时不工作，其他各档工件正常	1. 刮水器开关损坏 2. 刮水继电器损坏 3. 导线及插接件接触不良	1. 更换开关 2. 更换继电器 3. 检查、紧定
刮水器开关接通清洗泵，不喷液	1. 水罐内无液 2. 喷水泵损坏 3. 软管及喷嘴损坏或堵塞	1. 加注清洗液 2. 检修或更换喷水泵 3. 检修或更换软管或喷嘴

【任务实施】

1. 刮水橡胶条及雨刮臂更换

（1）按照工艺要求更换实训轿车的刮水橡胶条。

（2）按照工艺要求更换雨刮臂和雨刮臂支座。

将检修记录填入表7-2中。

表 7-2　刮水橡胶条及雨刮臂更换操作记录

序号	作 业 内 容	使用工具	检查	结论
1	操作刮水器检查刮水器工作			
2	更换刮水橡胶条			
3	更换雨刮臂			
4	更换雨刮臂支座			
5	修复后检查刮水器工作情况			

2. 刮水器的检验

认识刮水器电动机，按照工艺要求检查刮水器电动机，将检查结果填入表 7-3 中。

表 7-3　刮水器电动机检查记录

序号	作 业 内 容	检查数据	分析	结论
1	刮水器电动机低速线圈电阻的测量			
2	刮水器电动机高速线圈电阻的测量			
3	复位端子搭铁电阻的测量			
4	洗涤电动机电阻的测量			
5	慢速线端子与复位端子电阻的测量			
6	慢速线端子与电源端子电阻的测量			
7	高速线端子与电源端子电阻的测量			
8	复位端子与高、低和间歇端子电阻的测量			
9	喷水档电源与喷水线电阻的测量			
10	刮水器电动机低速运转检查			
11	刮水器电动机高速运转检查			
12	刮水器电动机复位检查			

3. 刮水器不工作故障诊断

起动桑塔纳轿车刮水器，明确刮水器系统的故障，制订刮水器不工作故障诊断方案和检修计划，实施刮水器不工作检修任务，将检修数据填入表 7-4 中。

表 7-4　刮水器不工作检查记录

序号	作 业 内 容	检查数据	分析	结论
1	检查刮水器熔断器			
2	检查间歇继电器			
3	检查刮水器开关			
4	检查刮水器复位装置			
5	测量刮水器电动机插头复位电源			

（续）

序号	作业内容	检查数据	分析	结论
6	判断是否电路故障			
7	检查刮水器电路			
8	验证故障排除效果			

4. 风窗清洗装置不喷水故障诊断与检修

进行喷水清洗操作，明确故障现象，制订风窗清洗装置不喷水故障诊断方案和检修计划，实施检修任务，将检修数据填入表7-5中。

表7-5　风窗清洗装置不喷水故障检查记录

序号	作业内容	检查数据	检修情况	结论
1	检查点火开关			
2	检查清洗液并加注			
3	检查喷水电动机插接电源			
4	更换喷水电动机			
5	检查刮水器及风窗清洗开关			
6	判断是否电路故障			
7	检查喷水电动机电路			
8	验证故障排除效果			

任务二　电动车窗的检修

【任务组织】

1. 实训目的与要求

1）能够进行电动车窗的拆装。

2）能够排除电动车窗的故障。

3）核心能力：电动车窗的拆卸与检修。

2. 安全与环保教育

1）拆卸前，对车辆进行必要的保护，避免刮、划面漆。

2）拆卸电器前，拔出汽车钥匙，切断汽车电源。

3. 实训设备及工具

1）性能良好的实车，电动车窗常用配件。

2）常用拆装工具。

3）万用表、稳压电源等检测工具。

【任务知识准备】

电动车窗目前是轿车的常规配置，由于使用频繁和操作不当等原因，也是故障常发部件。

1. 电动车窗玻璃升降器的结构

桑塔纳2000型轿车采用了电动车窗升降器。图7-9为电动车窗升降器的结构。

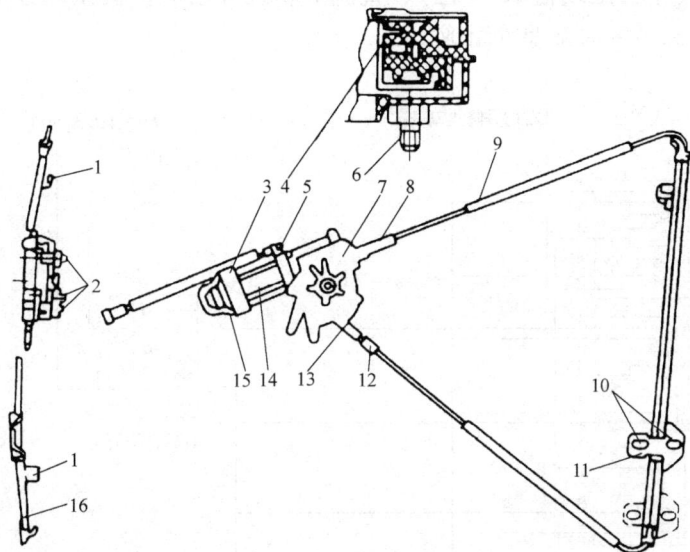

图7-9　电动车门窗升降器的结构

1—支架安装位置　2—电动机安装位置　3—固定架　4—联轴缓冲器　5—电动机　6—卷丝筒
7—盖板　8—调整弹簧　9—绳索结构　10—玻璃安装位置　11—滑动支架　12—弹簧套筒
13—安装缓冲器　14—铭牌　15—均压孔　16—支架结构

2. 电动车窗控制原理

（1）电动车窗的操作　当电动车窗升降器中的直流永磁电动机接通额定电流后，转轴输出转矩，经蜗轮蜗杆减速后，再由缓冲联轴器传递到卷丝筒，带动卷丝筒旋转，使钢丝绳拉动安装在玻璃托架上的滑动支架在导轨中上、下运动，达到车窗玻璃升降的目的。电动车窗升降器组合开关如图7-10所示，位于手动排档杆前面的平台上。点火开关置于"ON"时，可使用按键式组合开关方便地控制4扇车窗玻璃的升降。后排座位的乘客还可以使用安装在左、右门上的按键开关进行单独操作。组合开关上的4个按键分别控制相应的车门窗玻璃升降，中间黄色开关为后窗玻璃升降总开关，可以切断后窗车门上的窗升降器开关。驾驶人门窗玻璃升降的操作与其他门有所不同，只需要按一下下降键，车门窗玻璃即可一降到底，如需中途停下，点一下上升键就可以了。当点火开关关闭时，延时继电器会工作

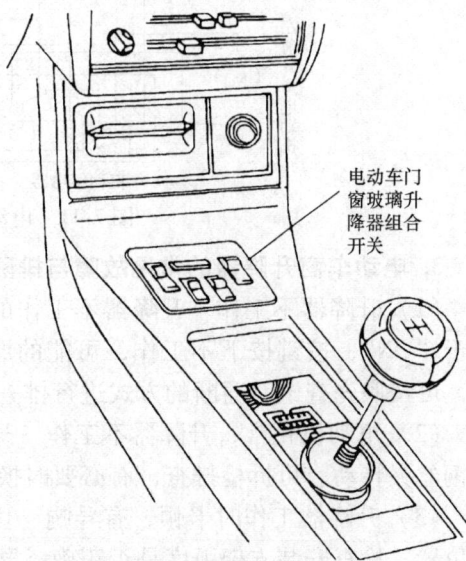

电动车门窗玻璃升降器组合开关

图7-10　电动车窗升降器组合开关位置

1min，在此期间车门窗玻璃仍可起开关作用，然后自动切断（地线）。

（2）电动车窗电路　图7-11为电动车窗升降器的电路原理，电动车窗升降器的控制电路图如图7-12所示。电气部分由过热熔丝（20A）、开关、自动继电器（中央配线盒14号位）、延时继电器（中央配线盒15号位）、直流电动机等组成，机械部分由蜗轮、蜗杆、绕线轮、钢丝绳、导轨、滑动支架等组成。

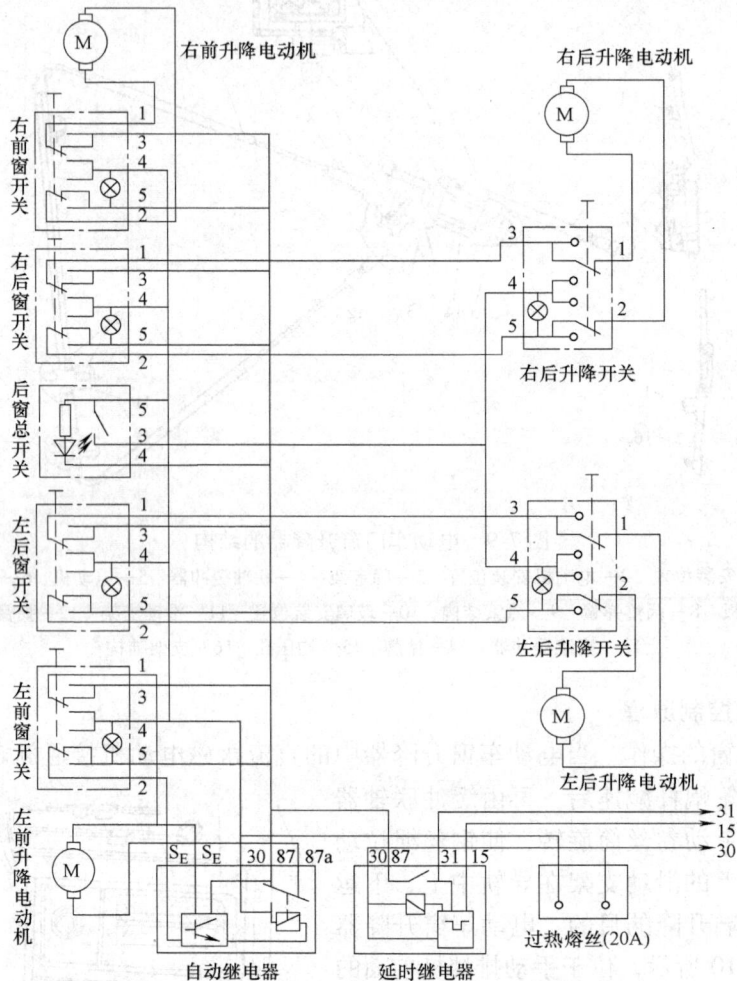

图7-11　电动车窗升降器的电路原理

3. 电动车窗升降器的常见故障与排除

（1）升降器不工作　升降器不工作的故障现象可能是全部或部分不工作。若点火开关置于"ON"，按键按下不工作，可能的原因有熔丝熔断、电路断路、电动机损坏、开关损坏，可按照先查电路通断的方式进行排查，有必要时把损坏的元器件换新。

（2）电动机正常，升降器不工作　通常是钢丝绳断或跳槽，滑动支架断，或支架的传动钢丝夹转动。可拆检排查，有必要时换新件。

（3）升降器工作时卡顿、有异响　可拆检排查，重新调整安装螺钉和卷丝筒内的钢丝绳位置，检查安装支架弧度是否正确，导轨是否损坏变形、有异物，电动机是否有损伤，必要时换新件。

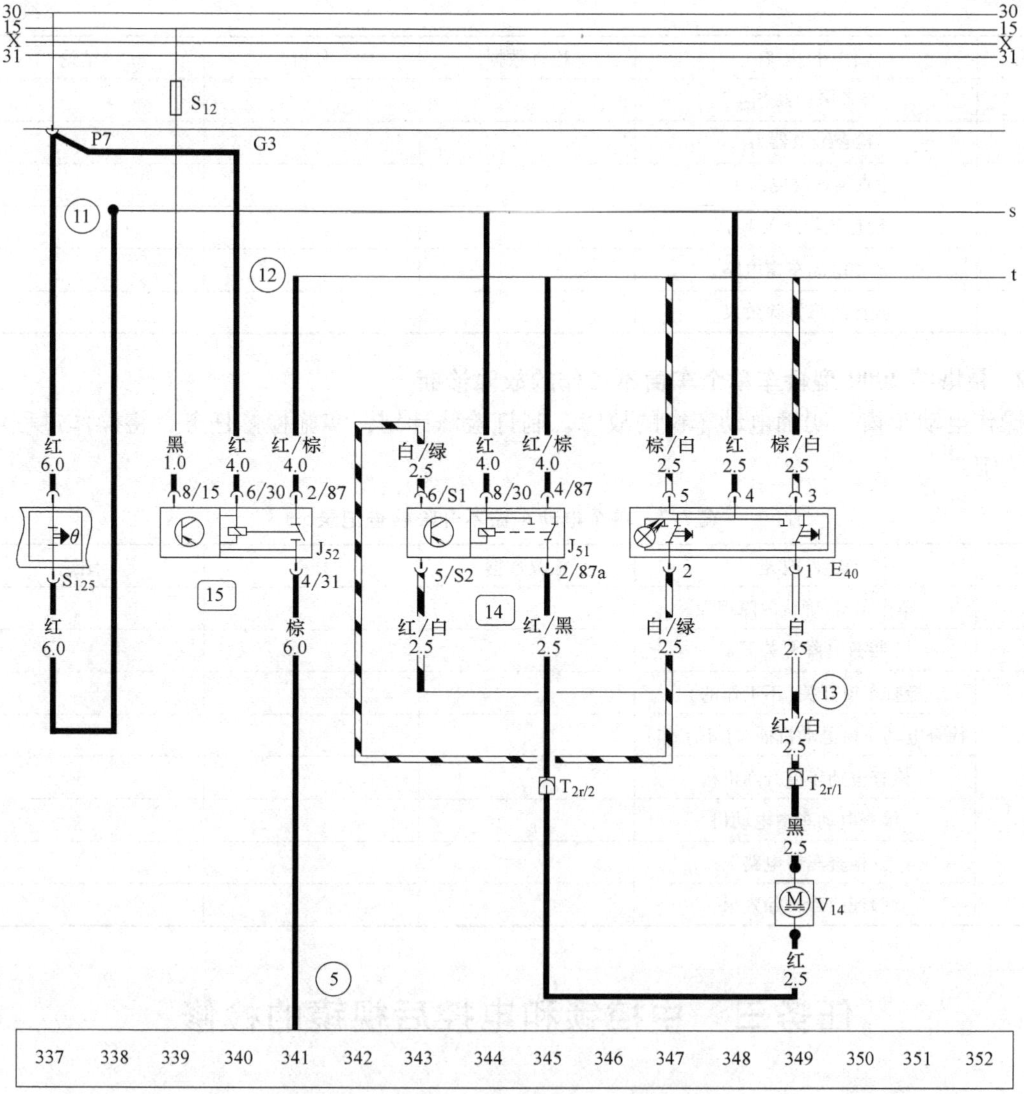

图 7-12　电动车窗升降器的控制电路

E$_{40}$—升降开关　J$_{51}$—升降器自动下降继电器（14 号位置）　J$_{52}$—升降器延时继电器（15 号位置）

S$_{125}$—升降器保护器　V$_{14}$—左前升降器电动机　⑤—搭铁点（在中央电路板右侧星形搭铁爪上）

【任务实施】

1. 桑塔纳 2000 型轿车电动车窗均不升降的故障诊断

操作电动车窗，确定电动车窗的故障，制订检修计划，实施检修任务，将操作过程填入表 7-6 中。

表 7-6　所有电动车窗均不升降检修记录

序号	作业内容	检查数据	分析	结论
1	操作车窗,确认故障现象			
2	检查熔断器 S$_{12}$			

（续）

序号	作业内容	检查数据	分析	结论
3	检查保护器 S_{125}			
4	检查继电器 J_{51}			
5	检查延迟继电器 J_{52}			
6	检查升降开关 E_{40}			
7	检查电动车窗电路			
8	验证故障排除效果			

2. 桑塔纳 2000 型轿车单个车窗不工作的故障诊断

操作电动车窗，明确电动车窗的故障，制订检修计划，实施检修任务，将操作过程填入表7-7中。

表7-7 单个电动车窗不升降检查记录

序号	作业内容	检查数据	分析	结论
1	操作车窗，确认故障现象			
2	检查升降开关 E_{40}			
3	检查车窗开关（不工作的）			
4	检查电动车窗电动机插头（不工作）			
5	检查电动车窗升降机构			
6	检查电动车窗电动机			
7	检查车窗电路			
8	验证故障排除效果			

任务三 中控锁和电控后视镜的检修

【任务组织】

1. 实训目的与要求

1）能够进行中控锁和电控后视镜的拆装。

2）能够排除中控锁和电控后视镜的故障。

3）核心能力：中控锁与电动后视镜的拆卸、检修与更换。

2. 安全与环保教育

1）拆卸前，对车辆进行必要的保护，避免刮、划面漆。

2）拆装电器前，拔出汽车钥匙，切断汽车电源。

3. 实训设备及工具

1）训练用轿车，中控锁和电动后视镜配件。

2）常用拆装工具1套。

3）万用表等检测工具。

【任务知识准备】

1. 中控锁的结构与工作原理

（1）中控锁的结构　桑塔纳 2000 型轿车采用中控锁。其中 98 款桑塔纳 2000GSi 型轿车还与防盗系统一起采用一体化遥控装置。中控锁的特点：当驾驶人把车匙插入左前门锁内开启或关闭该车门锁时，其余 3 扇门的门锁能同时被打开和锁上，其余 3 扇门上的按钮还可分别控制各门锁单独的开启或锁紧。中控锁由门锁控制器、门锁开关、闭锁器（执行器）和电动机等电气部分和门锁、钥匙、拉杆、拉钮等机械部分组成。

（2）中控锁电路　桑塔纳 2000 型轿车的中控锁电气控制电路如图 7-13 所示，由 30 号

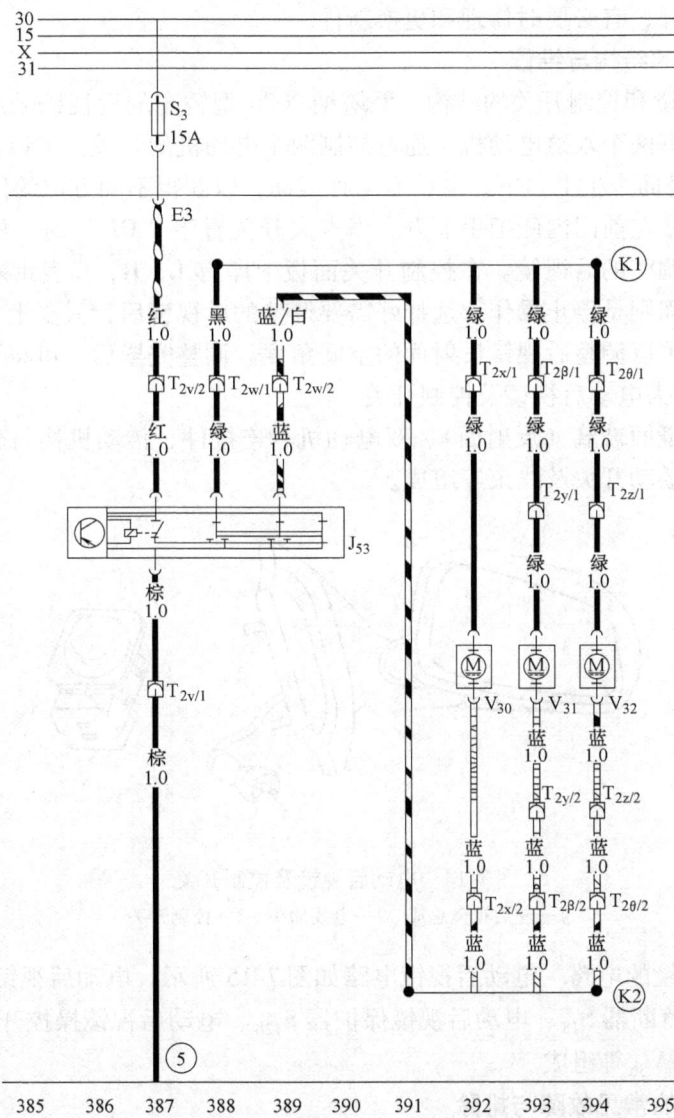

图 7-13　桑塔纳 2000 型轿车的中控锁电气控制电路

V_{30}—右前中控锁电动机　V_{31}—左后中控锁电动机　V_{32}—右后中控锁电动机

⑤—搭铁点（在中央配线盒右侧星形搭铁爪上）　J_{53}—中控锁控制器

电源线供电，主要包括熔断器 S_3（15A）、中控锁控制器 J_{53} 和中控锁控制电动机 $V_{30} \sim V_{32}$。

2. 中控锁的常见故障与排除

（1）部分车门不工作 用车匙打开左侧驾驶人门锁时，其余车门有的能自动打开，有的不能打开，可能的原因是电路断路、中控锁控制器损坏、闭锁执行器损坏。可按照先查电路通断的方式进行排查。有必要时把损坏的元器件换新。

（2）全部车门不工作 用车匙打开左侧驾驶人门锁时，其余车门全部不能自动打开，可在排除蓄电池无电的情况下，检查熔丝和中控锁控制器中的继电器电路，有必要时更换新件。

（3）把手卡滞 当拉杆变形、门锁锈蚀严重时，用手动把手操作时会有卡滞现象，应及时拆检门锁、拉杆，有必要时修理和更换新件。

3. 电动后视镜的结构与维修

（1）电动后视镜和控制开关的结构 桑塔纳2000型轿车的后视镜采用电动控制。两侧的电动后视镜内各有两个永磁电动机，通过控制两个电动机的开关，可以获得二顺、二反共4种电流，即可使镜面产生上、下、左、右4种运动，以获得不同方位的位置调整。

控制开关安装在左前门内侧把手上方。当点火开关置于"ON"时，旋转控制开关球形钮，以选择所需要调整的后视镜。在控制开关面板上印有 L、R，L 表示左侧后视镜，R 表示右侧后视镜，中间则是停止操作。选择好需要调整的后视镜后，只要上、下、左、右摇动开关的球形钮，就可以调整后视镜反射面的空间角度。调整完毕后，可将开关转回中间位置以防误碰。图7-14为电动后视镜及控制开关。

电动后视镜由镜面玻璃（反射面）、双电动机、连接件、传动机构与壳体等组成。控制开关由旋转开关、摇动开关及线束等组成。

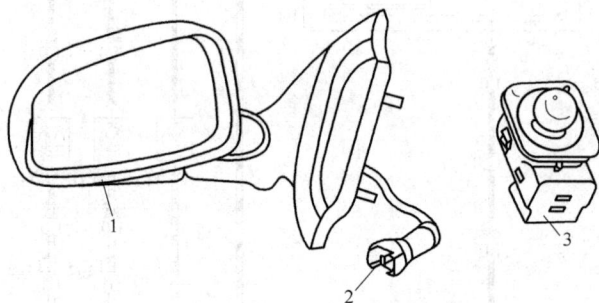

图7-14 电动后视镜及控制开关
1—左后视镜总成 2—电线插头 3—控制开关

（2）电动后视镜的电路 电动后视镜电路如图7-15所示。电动后视镜系统由15号电源供电，主要包括：熔断器 S_{18}、电动后视镜保护器 S_{128}、电动后视镜操控开关 E_{48}、电动后视镜调节电动机 $V_{33} \sim V_{36}$ 等组成。

4. 电动后视镜的常见故障与排除

（1）后视镜损坏 电动后视镜是车身两侧最外突的部件，不管是使用中，还是停放时都极易损坏。一旦外壳破损、镜面开裂，应及时更换新件，否则会影响驾驶安全。

（2）开关损坏检修 操纵控制开关时，镜面不能达到所需的位置，或镜面不工作，应

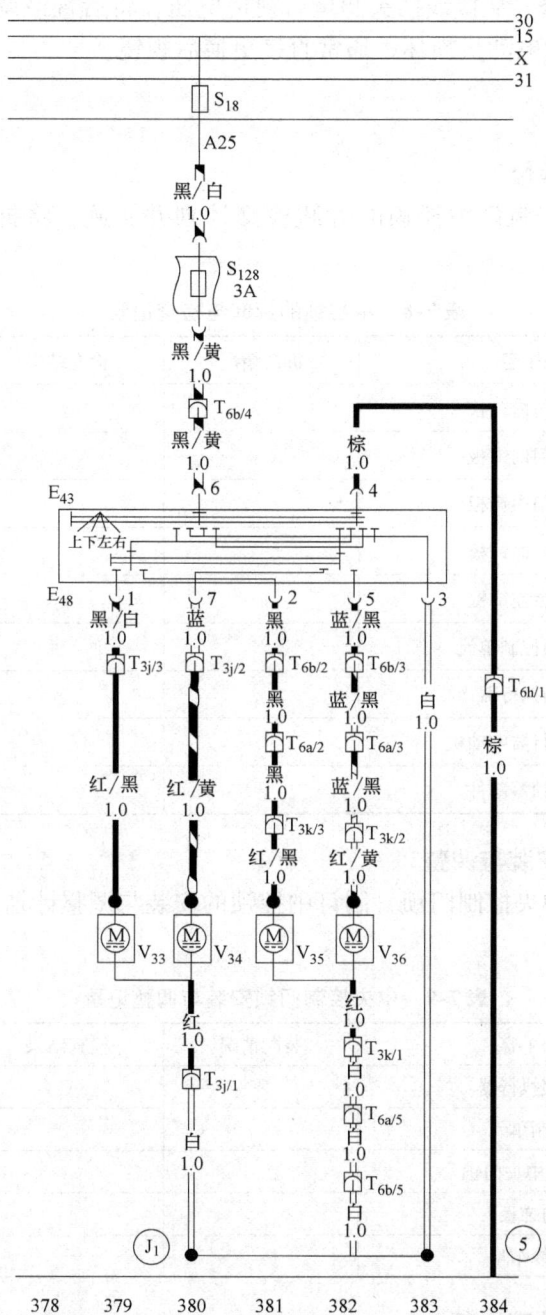

图 7-15 电动后视镜电路

E48—电动后视镜操控开关 S128—电动后视镜熔丝 V33—左电动后视镜上、下调节电动机

V34—左电动后视镜左、右调节电动机 V35—右电动后视镜上、下调节电动机 V36—右电动后视镜

左、右调节电动机 ⑤—搭铁点（在中央电路板右侧星形搭铁爪上） J1—连接线（在左前门线束内）

先查电路的通断，进而检查双电动机的工作情况和传动机构是否磨损、损坏等，有必要时换新件。

（3）电动机损坏检修 从接线插头测量后视镜电压，将后视镜调节开关置于相应档位，如果电压正常，则判断为电动机损坏，通常直接更换后视镜。

【任务实施】

1. 中控锁的拆卸与检修

检查中控锁的故障，制订中控锁的拆卸检修计划并实施，将拆卸和检查记录填入表7-8中。

表7-8　中控锁的拆卸与检查记录

序号	作 业 内 容	拆卸情况	检查结果	结论
1	拆卸左前门内饰板			
2	拆卸右前门内饰板			
3	拆卸左后门内饰板			
4	拆卸右后门内饰板			
5	拆卸仪表台左饰框			
6	拆卸中控锁控制单元			
7	检查门锁执行器			
8	检查门锁执行器电动机			
9	排列中控锁零部件			

2. 中央控制门锁的安装与调整

修复或更换后安装中央控制门锁，制订中控锁的安装与调整计划并实施，将安装和调整记录填入表7-9中。

表7-9　中央控制门锁安装与调整记录

序号	作 业 内 容	装配情况	检查结果	结论
1	安装门锁执行器			
2	安装控制单元			
3	安装、调整中央门锁			
4	安装内饰板			
5	验证检修结果			

3. 中控锁不工作的故障诊断

确定中控锁的类型，操作实训车辆，检查中控锁的故障，制订中控锁不工作的检修计划并实施，将检修记录填入表7-10中。

表7-10　中控锁不工作检查记录

序号	作 业 内 容	检查数据	分析	结论
1	检查中控锁熔断器 S_3			
2	测控制器 J_{53} 电源电压			

（续）

序号	作 业 内 容	检查数据	分析	结论
3	测量电动机插接器电压			
4	检查门锁执行器电动机			
5	检查门锁执行器传动齿轮			
6	验证故障排除效果			

4. 电动后视镜不工作的检修

操作实训车辆，验证电动后视镜故障，制订电动后视镜不工作的检修计划并实施，将检修记录填入表 7-11 中。

表 7-11　电动后视镜不工作检查记录

序号	作 业 内 容	检查数据	分析	结论
1	检查电动后视镜熔断器 S_{18}			
2	检查保护器 S_{128}			
3	检查后视镜插头电压			
4	检查后视镜开关			
5	更换后视镜			
6	验证故障排除效果			

项目八

空调故障检修

任务一　空调制冷系统的检查

【任务组织】

1. 实训目的与要求

1）掌握汽车空调制冷系统泄漏的检测手段和方法。

2）掌握汽车空调制冷系统压力测量的方法。

3）核心能力：能够进行空调制冷系统的检查和故障判断。

2. 安全与环保教育

1）正确进行实训轿车操作，正确进行汽车空调操作，由专人进行安全监督。

2）进行空调检修操作时，必须避开旋转部件，以防伤人。

3）牢记空调维修操作注意事项。

3. 实训设备及工具

1）空调性能良好的实训用轿车或空调实验台。

2）常用拆装工具1套。

3）歧管压力计、电子检漏仪等专用空调检修仪器。

4）制冷剂、冷冻油等材料。

【任务知识准备】

1. 汽车空调维修操作的注意事项

（1）作业环境　维修空调时注意清洁和防潮，一定要防止污物、灰尘和水分进入系统内，要把机组周围和接头附近清洁干净，避免雨天维修作业。

（2）制冷剂的使用　保存和搬运制冷剂钢瓶时，应按其要求存放，严禁直接对制冷剂钢瓶加热或将制冷剂钢瓶放在40℃以上的热水中。加注制冷剂时应戴护目镜，以免冻伤眼睛。

（3）歧管压力计的操作　发动机运转时，切不可打开歧管压力计上的手动高压阀使制冷剂倒流入制冷剂罐内，否则会引起爆炸事故。在发动机运转过程中从低压侧加注气态制冷剂时，切不可倒放制冷剂钢瓶，以防压缩机"冲缸"。

（4）制冷系统拆卸　制冷系统拆卸管路后，应立即将管道或接头封住，以免潮气和灰尘进入。

2. 汽车空调制冷系统泄漏的检测

（1）检漏部位 由于汽车行驶过程的颠簸和恶劣的天气，汽车空调系统工作条件比较恶劣，极易造成部件、管道损坏和接头松动，使制冷剂发生泄漏，其泄漏的常发部位见表8-1。

表8-1 汽车空调制冷系统常发生泄漏的部位

部 件	常发生泄漏的部位
冷凝器	冷凝器进气管和出液管连接处 冷凝器盘管
蒸发器	蒸发器进口管和出口管的连接处 蒸发器盘管 膨胀阀
储液干燥器	易熔塞 管道接头喇叭口处
制冷剂管道	高、低压软管 高、低压软管各接头处
压缩机	压缩机轴封 压缩机吸、排气阀处 前、后盖密封处 与制冷剂管道接头处

（2）检漏方法 汽车空调制冷系统常用的检漏方法如下：

1）检查油迹。如果制冷剂泄漏，就会漏出一些冷冻油，所以系统中有油迹的地方一般都是泄漏点的位置。

2）肥皂水检漏。肥皂水检漏是一种简便有效的方法：若零件、管路表面有油迹，要事先擦净。然后把肥皂液涂在受检处，若检查接头处，要整圈均匀涂上。仔细全面地观察，若有气泡或鼓泡，则可判为有泄漏。在制冷系统低压侧检漏，必须关机；在高压侧检漏时，可关机，也可不关机检查。

3）着色法。用棉球蘸制冷剂专用着色剂检测，这种着色剂一遇到制冷剂就会变成红色，可据此判定泄漏点。目前有些制冷剂溶有着色剂，使用这类制冷剂时，系统一旦有泄漏，便在泄漏点显示鲜艳的颜色，据此可以方便地检测出泄漏部位。

4）使用电子检漏仪检漏。不同的测漏仪操作略有差异，应按照测漏仪说明书进行操作。

使用电子检漏仪检漏 使用电子检漏设备时，应该注意以下几点：

① 将检漏仪电源接上，一般需要预热10min左右。

② 大部分电子检漏仪有校核档，在使用前应该确认校验正确，并确认指示灯和警铃工作正常。

③ 将仪器调到所要求的灵敏度范围。

④ 检测时，将探头放到被检测的全方位，防止漏检。

⑤ 一旦查出泄漏部位，探头应立即离开，以免缩短仪器寿命。

3. 汽车空调制冷系统压力的测量

（1）连接压力表组 卸掉系统高、低压管路上的检修阀护帽；压力表组高、低压侧手动阀都关闭，蓝色的低压侧软管接低压检修阀，红色的高压侧软管接高压检修阀。

（2）起动空调，检测系统压力 起动发动机，调整发动机转速至1250r/min，起动空调器，将有关控制器调至最凉位置（风扇电动机也应在最高速），按需要使发动机温度正常

（运行 5 ~ 10min）后，进行检测。

（3）技术标准

1）R134a 空调系统压力正常范围。表读数：低压侧为 0.15 ~ 0.25MPa，高压侧为 1.37 ~ 1.57MPa。

2）R12 空调系统正常工作压力范围。表读数：低压侧为 0.15 ~ 0.20MPa，高压侧为 1.45 ~ 1.50MPa。

（4）结果分析。

1）高、低压侧压力表的读数均很低，说明制冷剂不足。如空调系统工作一段时间出现此现象，可能系统内某处出现泄漏，必须找出泄漏点并加以排除。

2）高、低压侧压力表的读数均过高，很可能是制冷剂过多引起，应从低压侧放出一部分制冷剂，直到压力表显示规定压力为止。如开始时正常，后来出现上述现象，这是由于冷凝器散热差造成的。可检查冷凝器散热片是否堵塞，风扇传动带是否过松，风扇转速是否正常，并予以排除。

3）经上述方法排除后，若高、低压侧压力还是过高，可能是加注制冷剂的过程中没有将空气抽尽，系统内有空气，可更换干燥剂，清洁冷冻机油，重新加注制冷剂。

4）低压侧压力表读数偏高，高压侧压力表读数偏低，如增加发动机转速，高、低压变化都不大，这种情况一般是压缩机工作不良造成。应检查压缩机内阀片是否损坏，活塞及环是否磨损，并予以排除。

5）低压侧压力表读数出现真空，高压侧压力表读数过低，这种情况多出现在膨胀阀感温包内的制冷剂完全泄漏，使膨胀阀打不开，制冷剂不流动，系统不能制冷。排除的办法是更换或拆修膨胀阀。

6）将测量结果填入表 8-2，并进行分析。检测完后，关掉发动机，卸掉压力表组，把检修阀的护帽旋回。

【任务实施】

1. 使用电子检漏仪对制冷系统进行检漏

起动车辆，按照工艺要求进行空调冷却系统进行检漏，并将检漏结果填入表 8-2。

表 8-2　空调制冷系统检漏记录表

序号	部件	检漏位置	测漏结果	备注
1	冷凝器	冷凝器进气管和出液管连接处		
		冷凝器盘管		
2	蒸发器	蒸发器进口管和出口管的连接处		
		蒸发器盘管		
		膨胀阀		
3	储液罐	易熔塞		
		管道接头喇叭口处		
4	制冷管路	高、低压软管		
		高、低压软管各接头处		
5	压缩机	与制冷剂管道接头处		
		压缩机轴封		
		压缩机吸、排气阀处		
		前、后盖密封处		

2. 汽车空调制冷系统压力的测量

起动车辆，按照工艺要求进行空调冷却系统的压力测量，并将测量过程和结果填入表8-3。

表8-3　空调制冷系统压力测量

序号	操作项目	检测数据	结果分析	结论
1	起动车辆测发动机怠速			
2	压力表组检查与连接			
3	高压侧压力/MPa			
4	低压侧压力/MPa			
5	关掉发动机,检修阀复原			

任务二　空调制冷系统的维护

【任务组织】

1. 实训目的与要求

1）掌握汽车空调制冷系统制冷剂泄放技术。

2）掌握汽车空调制冷系统抽真空技术。

3）掌握汽车空调制冷系统制冷剂充装技术。

4）掌握汽车空调制冷系统冷冻油充装技术。

5）核心能力：空调制冷系统的维修能力

2. 安全与环保教育

1）拆卸前，对车辆进行必要的保护，避免刮、划面漆。

2）由专人进行实训车辆的操作。

3）进行空调检修操作时，必须避开旋转部件，以防伤人。

4）按照环保的要求，制冷剂（特别是氟利昂制冷剂）必须回收。

3. 实训设备及工具

1）空调性能良好的实训用轿车或空调实验台。

2）常用拆装工具1套。

3）歧管压力计、电子检漏仪等专用空调检修仪器。

4）制冷剂、冷冻油等材料。

【任务知识准备】

1. 制冷系统故障的诊断程序与排除方法

汽车空调制冷系统的故障分析一般包括对系统内各部分的压力进行分析、对制冷效果、制冷剂泄漏进行分析、对电气系统进行分析，见表8-4，判断故障时可作参考。

2. 汽车空调制冷系统制冷剂泄放技术

在检修汽车空调制冷系统时，如发现系统制冷剂过多，要排放一些制冷剂；维修或更换时，也必须排放制冷剂。制冷剂的排放有两种方法：一种是把制冷剂放入大气中，此法污染环境，浪费资源；二是回收制冷剂，此法较好，但是要有回收装置。

表8-4　空调制冷系统常见故障及故障分析

故障\现象\部位	低压测压力	高压侧压力	视液镜	吸入管路	储液干燥过滤器	液体管路	输出管路	排气
制冷剂不足	非常低	非常低	清晰	微冷	微温	微温	微温	温
制冷剂泄漏	低	低	有气泡	冷	温至热	温	温至热	微凉
压缩机故障	高	低	清晰	冷	温	温	温	微凉
冷凝器工作不正常	高	高	清晰或偶有气泡	微凉至温	热	热	热	温
膨胀阀卡在开启位置	高	高或正常	清晰	冷、结霜或出汗	温	温	热	微冷
冷凝器和膨胀阀之间有阻塞	低	低	清晰	冷	冷、凝露或结霜	冷、凝露或结霜	阻塞点前热	微冷
压缩机与冷凝器之间有阻塞	高	高、正常或低	清晰	微冷至温	温和热	温和热	热	温
膨胀阀卡在关闭位置	低	低	清晰	阀出口处出汗、结霜	温	温	热	微冷
正常工作情况	正常	正常	清晰	冷或轻微凝露	温	温	热	冷

（1）制冷剂排放　排放时，周围环境一定要通风良好，也不要接近明火，否则会产生有毒的气体。制冷剂排放的步骤如下：

1）先关闭表阀中的高、低压手动阀，按图8-1接好管路，然后各个控制器调到冷气最冷的位置，发动机转速调到1000～2000r/min，并运行10～15min。

2）松开加速踏板，使发动机恢复正常怠速状态，关闭发动机。

3）缓慢打开高压手动阀，在软管出口盖上一块白毛巾，观察毛巾上有无油污，调节制冷剂的流量。

4）在高压表读数降到0.35MPa以下时，缓慢打开低压手动阀。

5）当系统压力下降时，逐渐打开高压和低压手动阀，直到两者压力计的读数达到0MPa为止，最后关闭手动阀。

（2）制冷剂的回收　目前有R12和R134a两种回收装置，或同一装置中有两套管路，分别供R12和R134回收之用，它们的操作方法不完全相同，但基本方法如下：

1）把回收机上低压管口接头和高压管口接头连接在空调系统中，连接前要确认空调系统所使用的制冷剂类型。

2）把回收钢瓶与回收机连接起来，注意要排除软管中的空气。

3）接上电源，打开主电源开关。

4）按下回收启动开关，系统开始从车辆上回收。

5）当车辆的空调系统真空度下降到0.3MPa时，机器自动关闭，指示灯熄灭。

6）关上制冷剂上的阀门，切断总电源，卸下连接管路。

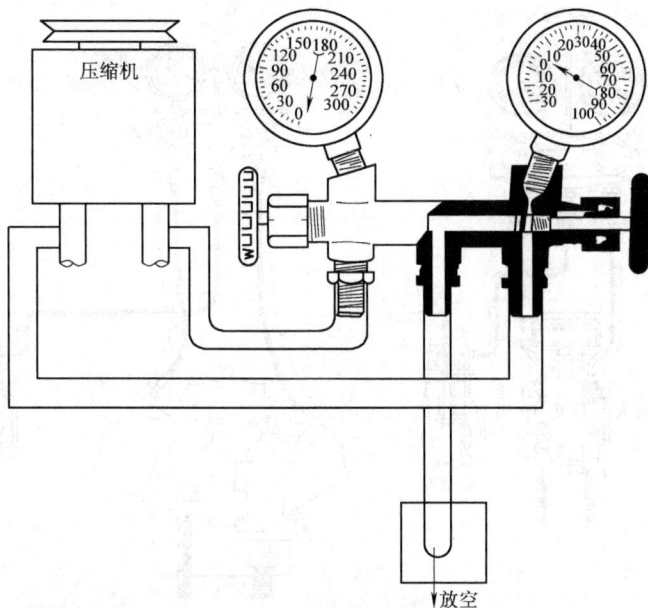

图 8-1 制冷剂的排放

3. 汽车空调制冷系统的抽真空

抽真空是为了排除制冷系统内的空气和水分,它是空调维修中一项极为重要的工序。抽真空并不能直接把水分抽出制冷系统,而是产生真空后降低了水的沸点,水汽化成蒸汽后被抽出制冷系统。因此,系统抽真空时,时间越长,系统内残余的水分就越少。为最大限度地将系统内的空气及湿气抽出,必要时采用重复抽真空法,即第一次抽真空完毕后,再连续抽30min 以上。

图 8-2 为抽真空管路连接方法,具体操作过程如下:

1)将歧管压力计上的两根高、低压力软管分别与压缩机上的高、低压阀接口相连;将歧管压力计上中间软管与真空泵相连。

2)打开歧管压力计上的手动高、低压阀,启动真空泵,并注意两个压力表,将系统压力抽真空至约 100kPa。

3)关闭歧管压力计上的手动高、低压阀,观察压力表指示压力是否回升。若回升压力大于 3.4kPa,则表示系统泄漏,此时应进行检漏和修补。若压力表针保持不动,则打开手动高、低压阀,启动真空泵继续抽真空 30min 以上,使其真空压力表指针稳定。

4)关闭歧管压力计上的手动高、低压阀。

5)关闭真空泵。先关闭手动高、低压阀,然后关闭真空泵,目的是防止空气进入制冷系统。

4. 汽车空调系统制冷剂的充注

当制冷系统抽真空达到要求,且经检漏确定制冷系统不存在泄漏部位后,即可向制冷系统充注制冷剂。充注前,先确定注入制冷剂的数量,充注量过多或过少,都会影响空调制冷效果。维修手册或压缩机的铭牌上一般都标有所用的制冷剂的种类及其充注量。

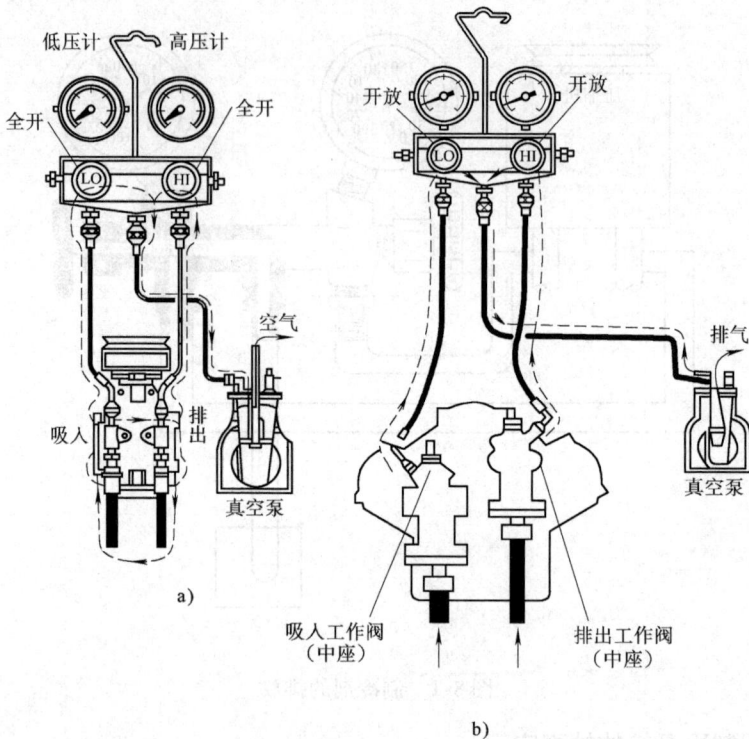

图 8-2 汽车空调制冷系统抽真空
a) 轿车空调系统的连接 b) 客车空调系统的连接

充注制冷剂的方法有两种。一种是从压缩机排气阀（高压阀）的旁通孔（多用通道）充注，称为高压端充注，充入的是制冷剂液体，其特点是安全、快速，适用于制冷系统的第一次充注，即经检漏、抽真空后的系统充注。但用该方法时必须注意，充注时不可开启压缩机（发动机停转），且制冷剂罐要求倒立。另一种是从压缩机吸气阀（低压阀）的旁通孔（多用通道）充注，称为低压端充注，充入的是制冷剂气体，其特点是充注速度慢，通常在系统补充制冷剂的情况下使用。

（1）高压端充注制冷剂

1）当系统抽真空后，关闭歧管压力计上的高、低压手动阀，将歧管压力计与系统连接。

2）将中间软管的一端与制冷剂罐注入阀的接头连接起来（见图8-3），打开制冷剂罐开关，再拧开歧管压力计软管一端的螺母，让气体溢出几分钟，把空气赶走，然后再拧紧螺母。

3）拧开高压侧手动阀至全开位置，将制冷剂罐倒立，以便从高压侧充注液态制冷剂。

4）从高压侧注入规定量的液态制冷剂。充装结束后，关闭制冷剂罐注入阀及歧管压力计上的手动高压阀，然后将仪表卸下。

5）复原所有保护帽和保护罩。

特别要注意，从高压侧向系统充注制冷剂时，发动机处于不起动状态（压缩机停转），更不可拧开歧管压力计上的手动低压阀，以防止产生液压冲击。另外，如果低压表不从真空量程移动到压力量程，表示系统堵塞。应按要求消除堵塞，然后重新对系统抽真空并继续充注制冷剂。

（2）低压端充注制冷剂

1）按图8-4所示，将歧管压力计与压缩机和制冷剂罐连接好。

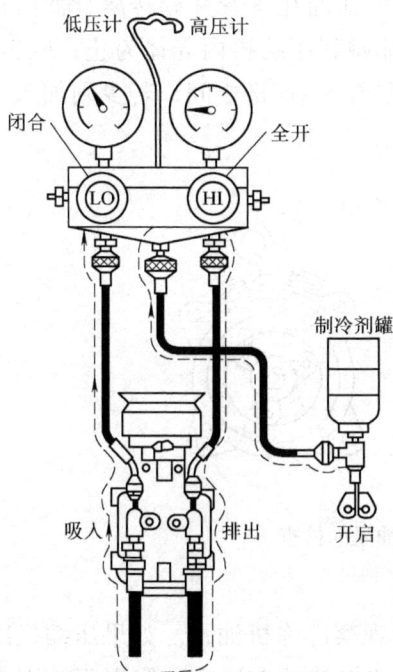

图8-3　高压端充注制冷剂　　　　　图8-4　低压端充注制冷剂

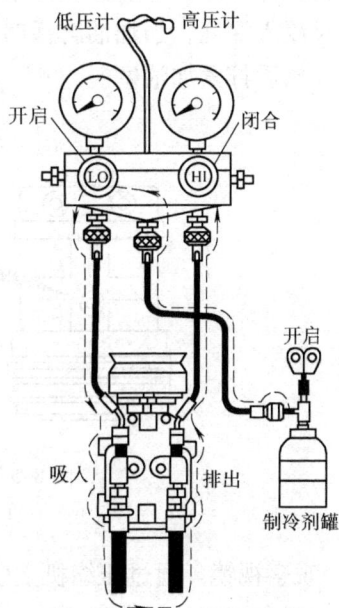

2）打开制冷剂罐开关。关闭高、低压手动阀，拆开高压端检修阀和胶管的连接，然后打开高压手动阀，再打开制冷剂罐开关。在胶管口听到制冷剂蒸气出来的"嘶嘶"声后，立即将软管与高压检修阀相连，关闭高压手动阀。用同样的方法清除低压端和管路中的空气，然后关好高、低压手动阀。

3）打开手动低压阀，让制冷剂进入制冷系统，当系统压力值达到0.4MPa时，关闭手动低压阀。

4）起动发动机并将转速调整到1250r/min左右，将空调开关接通，并将风扇电动机开关置于高速、调温开关调到最冷。

5）再打开歧管压力计上的手动低压阀，让制冷剂继续进入制冷系统，直至充注量达到规定值时，立即关闭低压手动阀。

6）在向系统中充注规定量的制冷剂后，从视液玻璃窗处观察，确认系统内无气泡、无过量制冷剂。随后将发动机转速调整到2000r/min，冷风机风量开到最大，若气温在30~35℃，此时高压表值应为1.3~1.6MPa，低压表值应为0.14~0.19MPa。

7）充注完毕后，先关闭歧管压力计上的手动低压阀，关闭制冷剂罐开关，使发动机停止运转,将歧管压力计从压缩机上卸下,卸下时动作要迅速,以免过多制冷剂排出。

8)装回所有保护帽和保护罩。

5. 冷冻机油的加注

汽车空调制冷系统大修后,压缩机的冷冻机油需要按照规范加注,平时也要定期检查,发现减少时必须及时补充。

(1)冷冻机油量的检查 压缩机冷冻机油油量的检查方法有两种:

1)观察油尺。如图8-5所示,卸下加油塞1,通过加油孔查看并旋转离合器前板,把油尺用棉纱擦干净,然后插到压缩机内,直到油尺端部碰到压缩机内壳体为止,取出油尺,观察油尺浸入深度,当加油合适时,压缩机内油面应在前4~6格之间,若少则加入,若多则放出,然后拧紧加油塞。

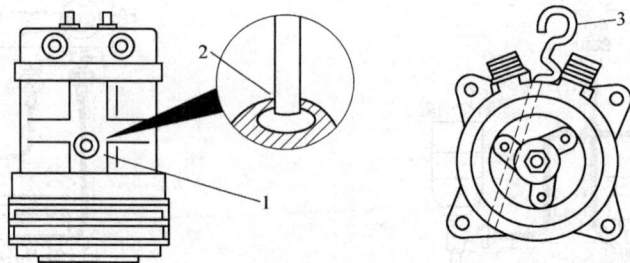

图8-5 空调压缩机冷冻机油油量的检查
1—加油塞 2—加油孔 3—油尺

2)观察视镜。通过压缩机上安装的玻璃视镜,可观察冷冻机油量。如果压缩机冷冻机油面达到观察高度的80%位置,一般认为是合适的;如果油面在这个界限以下,则应该添加;如果油面在这个界限以上,则应该放出多余的冷冻机油。

(2)冷冻机油的加注 补充冷冻机油的方法有两种,即直接加入法和真空吸入法。

直接加入法是将冷冻机油按标准称量好,直接加入压缩机内,这种方法只是在系统大修后采用。真空吸入法是在抽真空后进行冷冻润滑油的添加,其设备连接如图8-6所示,操作步骤如下:

1)按抽真空的方法先对制冷系统抽真空。

2)选用一个带有刻度的注油器,其上面有一个加油旋塞和一个放油阀。盛入比要补充的冷冻机油油量还要多一些的冷冻机油。

3)将注油器接在表阀的低压接口和空调制冷系统低压检修阀之间。

4)起动真空泵,打开注油器的上放油阀,补充的冷冻机油就从制冷系统的低压侧进入压缩机,当冷冻机油油量达到规定量时,停止真空泵,并关闭放油阀。

5)拆下注油器,把低压软管接在制冷系统的低压气门阀,接着对系统进行抽真空,加注制冷剂。

冷冻机油使用完后,需及时盖严油瓶口,并擦净系统上的油迹,更换新的压缩机时,一般里面已有冷冻机油,不用再加。

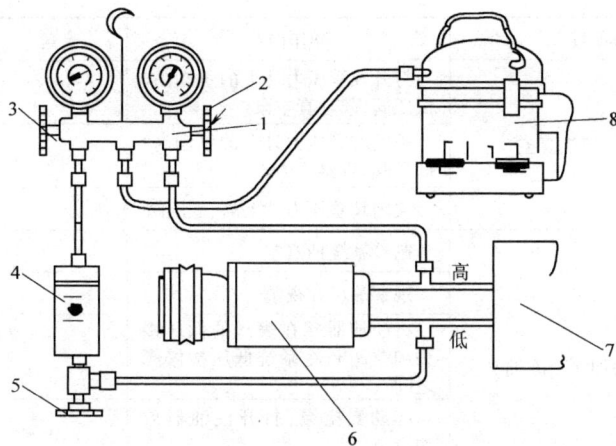

图 8-6　真空吸入法加注冷冻机油
1—表阀　2—高压手动阀　3—低压手动阀　4—注油器
5—放油阀　6—压缩机　7—制冷系统　8—真空泵

【任务实施】

1. 汽车空调制冷剂的排空与回收

起动车辆，按照工艺要求进行空调制冷剂的排空与回收，并将操作过程和结果填入表8-5。

表 8-5　制冷剂的排空与回收记录表

序号	操作项目	操作内容	检查	要求、结论
12	制冷剂排空	先关闭表阀高低手动阀		
		打开高压手动阀		急速正常时进行
		观察高压表读数		降到 0.35MPa
		打开低压手动阀		
		观察高、低压表读数		达到 0MPa
2	制冷剂回收	将回收机上的低压管口接头和高压管口接头连接空调系统		注意制冷剂类型
		接上电源，开始回收		
		回收结束，自动关闭		

2. 汽车空调制冷系统的抽真空与冷冻机油加注

按照工艺要求进行汽车空调制冷系统的抽真空和冷冻机油加注，并将操作过程和结果填入表8-6。

表 8-6　抽真空与冷冻机油加注操作记录表

序号	操作项目	操作内容	检查	要求、结论
1	空调制冷系统抽真空	将歧管压力计连接压缩机和真空泵		

（续）

序号	操作项目	操作内容	检查	要求、结论
1	空调制冷系统抽真空	打开歧管压力计上的手动高、低压阀,起动真空泵		压力100kPa以下
		关闭歧管压力计上的手动高、低压阀,观察压力表		压力保持不动
		关闭歧管压力计上高、低压阀		
2	真空吸入法加注冷冻油	制冷系统抽真空		接上
		观察油尺和视镜		80%以上合格
		将注油器接在表阀的低压接头和空调制冷系统低压检修阀之间		
		起动真空泵,打开注油器放油阀		
		拆下注油器		

3. 汽车空调系统制冷剂的低压充注

按照工艺要求进行空调制冷剂的低压充注,并将操作过程和结果填入表8-7。

表8-7　制冷剂低压充注操作记录表

序号	操作项目	操作内容	检查	要求、结论
1	连接歧管压力计与压缩机和制冷剂罐	参考图8-4		
2	准备充注	关闭高、低压手动阀		
		拆开高压端检修阀和胶管的连接		
		打开制冷剂罐开关		出"嘶嘶"声(排气)
		立即将软管与高压检修阀相连		
		关闭高压手动阀		
3	低压充注	打开手动低压阀,让制冷剂进入制冷系统		
		关闭手动低压阀		压力0.4MPa时
		起动发动机并将转速调整到1250r/min左右,将空调开关接通,并将风扇电动机开关置于高速、调温开关调到最冷		空调工作
		打开歧管压力计上的手动低压阀		充注
		充注后检查气窗和压力		
4	充注后检查	从视液玻璃窗处观察		无气泡
		发动机转速调整到2000r/min,量开到最大,检查高、低压值		高压值为1.3~1.6MPa,低压值为0.14~0.19MPa
		关闭低压阀和制冷剂罐开关		
		关空调和发动机		

附录

附录 A 桑塔纳 2000GSi 型轿车全车电路图

1. 中央配线盒说明

桑塔纳 2000GSi 型轿车中央配线盒正面继电器、熔丝位置如图 A-1 所示，中央配线盒背面布置如图 A-2 所示，中央配线盒上各熔断器应用见表 A-1，全车线路图如图 A-5~图A-29所示。

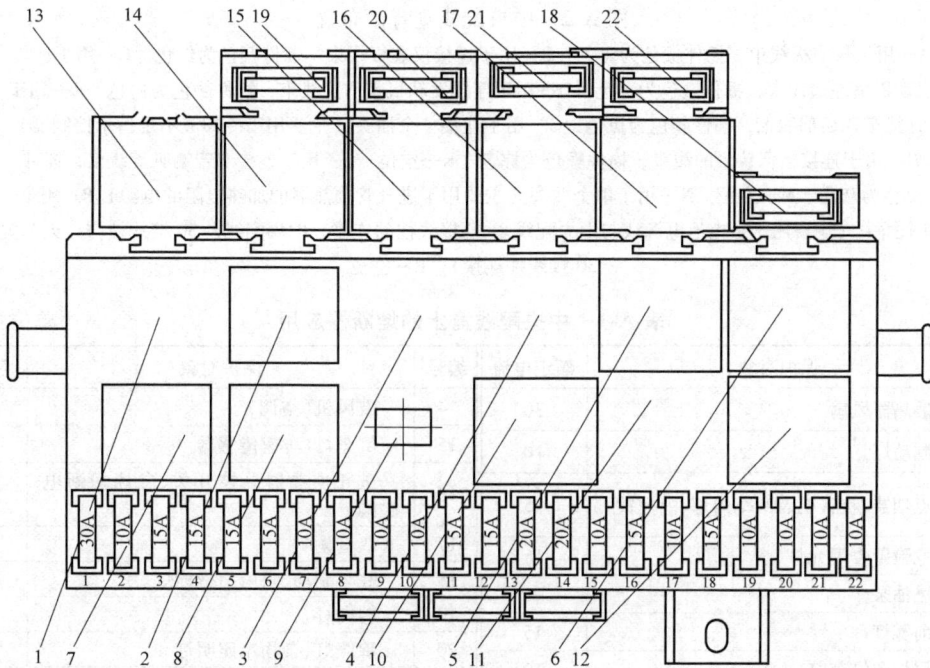

图 A-1　中央配线盒正面布置

1—空位　2—进气歧管预热继电器　3、4、11—空位　5—空调组合继电器　6—双音喇叭继电器
7—雾灯继电器　8—X 接触继电器　9—拆卸熔丝专用工具　10—前风窗刮水及清洗继电器
12—转向继电器　13—冷却风扇继电器　14、15—升降器继电器　16—内部
照明继电器　17—冷却液位指示继电器　18—后雾灯熔丝（10A）19—过热保护器
20—空调熔丝（30A）　21—自动天线熔丝（10A）　22—电动后视镜熔丝（3A）

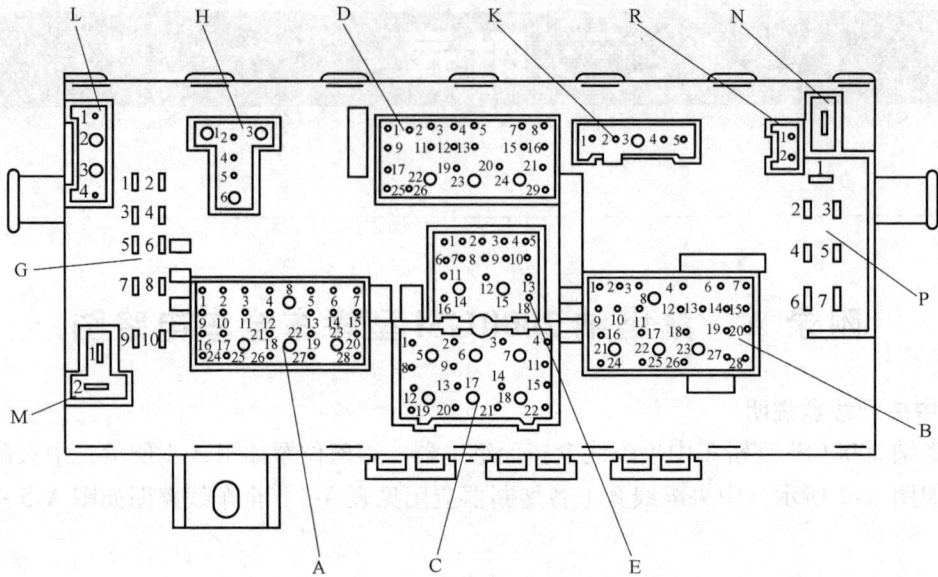

图 A-2　中央配线盒背面布置

A—用于仪表板线束，插件颜色为蓝色　B—用于连接仪表板线束，插件颜色为红色　C—用于连接
发动机室左边线束，插件颜色为黄色　D—用于连接发动机室右边线束，插件颜色为白色　E—用于
连接车辆后部线束，插件颜色为黑色　G—用于连接单个插头（主要用于冷却液不足指示控制器）
H—用于连接空调装置的线束，插件颜色为棕色　K—空位　L—用于连接双音喇叭等线束，插件
颜色为灰色　M—空位　N—用于单个插头（主要用于进气管预热器的加热电阻的电源）P—用于
单个插头（主要用于蓄电池电源线与中央配线盒 30 接线柱的连接，中央配线盒 30 接线柱与点火开关
30 接线柱连接）　R—空位

表 A-1　中央配线盒上的熔断器应用　　　　　　　　　（单位：A）

编号	保护对象	额定电流	编号	保护对象	额定电流
1	散热器风扇	30	14	鼓风机（空调）	20
2	制动灯	10	15	倒车灯、车速传感器	10
3	点烟器、收音机、钟、车内灯、中控锁	15	16	进气预热器温控开关、怠速切断电磁阀	15
4	危险警告闪光灯	15	17	双音喇叭	10
5	燃油泵	15	18	驻车制动、阻风门指标灯	15
6	前雾灯	15	19	转向灯	10
7	尾灯和停车灯（左）	10	20	牌照灯、杂物箱照明灯	10
8	尾灯和停车灯（右）	10	21	前照灯近光（左）	10
9	前照灯远光（右）	10	22	前照灯近光（右）	10
10	前照灯远光（左）	10	23	后雾灯	10
11	前风窗刮水器及清洗装置	15	24	空调	30
12	电动升降器	15	25	自动无线	10
13	后风窗加热器	20	26	电动后视镜	3
			27	ECU	10

注：熔断器 23 ~ 27 为桑塔纳 2000GSi 型轿车的编号，插在中央配线盒的旁边。

2. 桑塔纳 2000 系列轿车电路图中的符号说明

桑塔纳 2000 系列轿车，电路图中符号含义的说明如图 A-3 所示。为了识读电路图，现以图 A-4 为例进行说明：

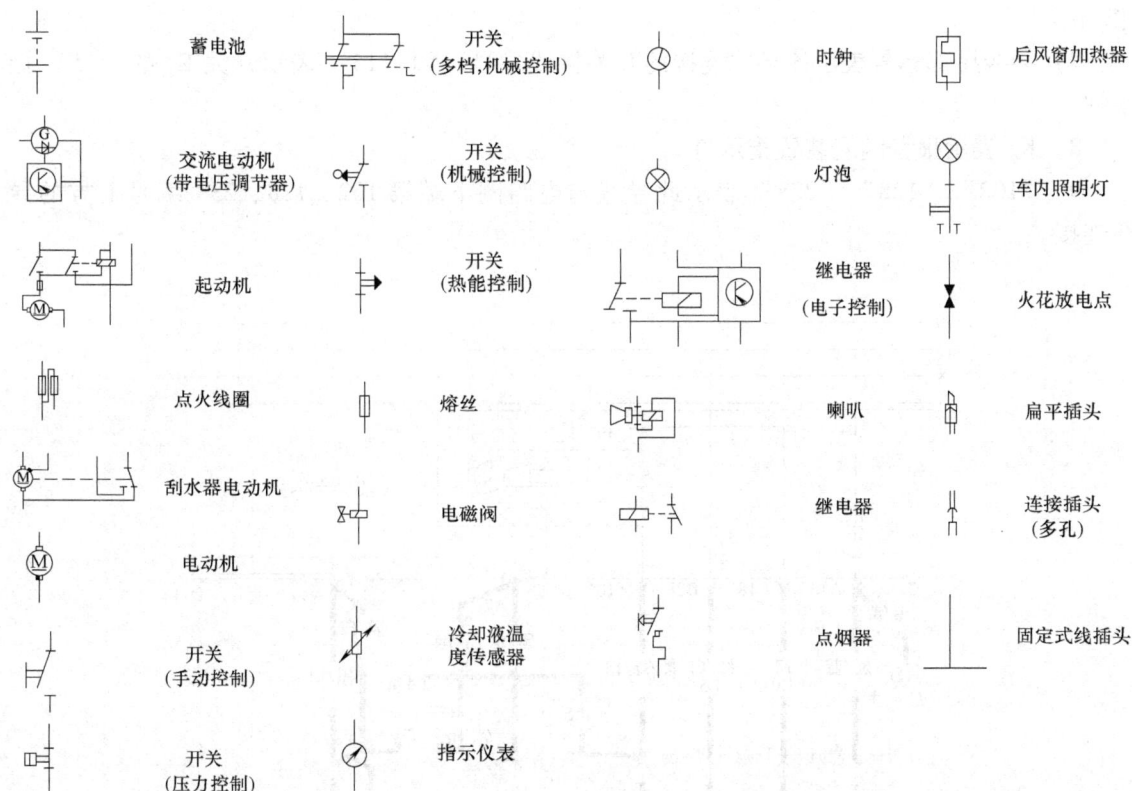

图 A-3　桑塔纳 2000 系列轿车电路图中符号含义的说明

1）整车电气系统正极电源分 3 路：标有"30"的为电源线，电压为 12V，即与蓄电池和发电机直接相连，中间不经过任何开关，不论是停车时或发动机处于熄火状态均有电，专供发动机熄火时也需用电的电器使用，如停车灯、制动灯、危险警告灯（双闪）、顶灯、冷却风扇电动机等；标有"15"的为小容量电器电源线，它是在点火开关接通后方能有电的电源线（运行、起动带电）；标有"X"的为车辆运行（点火开关处于"ON"位置）方可接通的大容量电器用电源线。

2）搭铁线也分 3 路：标有"①"的为直接搭铁的搭铁线；标有"②""③""④"的为在相应搭铁点搭铁的搭铁线；而标有"31"的为中央配线盒内搭铁线。

3）对照图 A-4 可知，J_2 为继电器的编号，⑫为继电器位置号，表示该继电器位于中央配线盒上第 12 位。

4）S 代表熔断器，其后的数字代表该熔断器在中央配线盒上的位置，如 S_{19} 表示该熔断器处于中央配线盒第 19 位。熔丝的容量可从它的颜色来判断：红色为 10A，蓝色为 15A，绿色为30A，黄色则为20A。

5）A13 为中央配线盒插头表示 A 线束第 13 位插头。蓝/黑色导线连接于中央配线盒 A13 插头。蓝/黑表示线的颜色，为蓝色线带有黑色线条。导线上标有的数字表示线的截面积，如 1.5、1.0、2.5 分别表示该线截面积为 $1.5mm^2$、$1.0mm^2$、$2.5mm^2$。

6）$T_{29/8}$ 表示连接插头，即 29 孔插头的第 8 位上。以此类推，$T_{29/6}$ 表示 29 孔插头的第6 位。

7）导线尾部标号表示该导线连接的开关接线柱号，如"15"表示开关 E_3 的"15"接线柱。

8）K_6 表示报警闪光装置指示灯。

9）"102""128""238"表示此导线与电路图下端第 102、128、238 编号上方的导线连接。

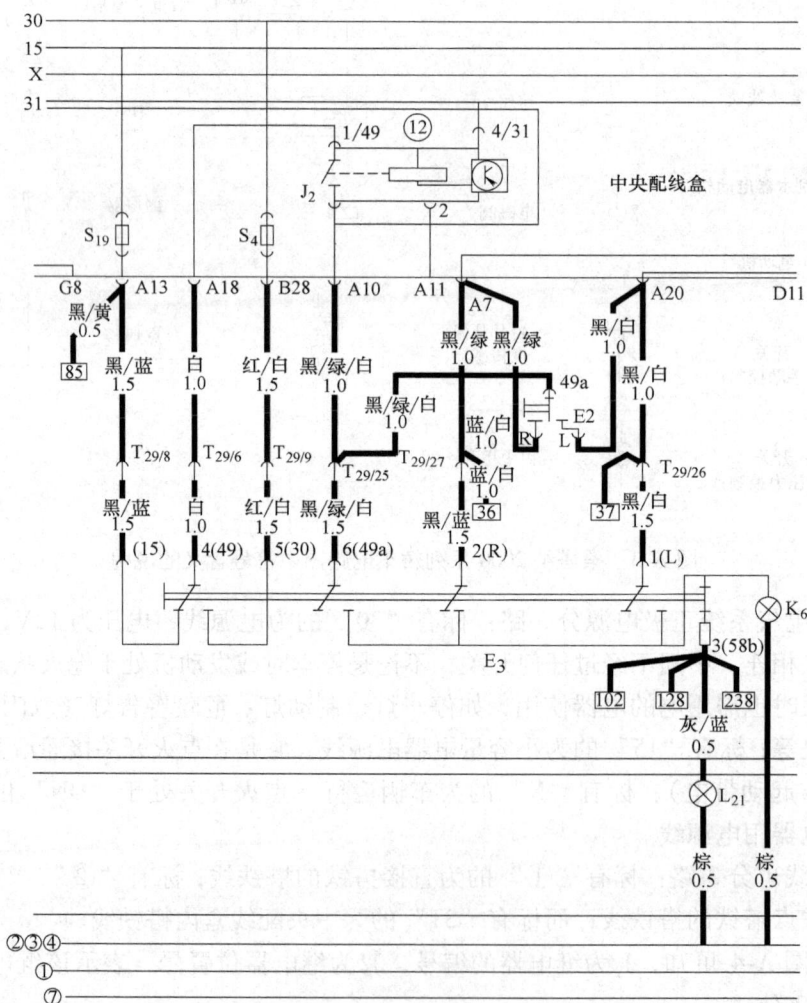

图 A-4　电路图示例

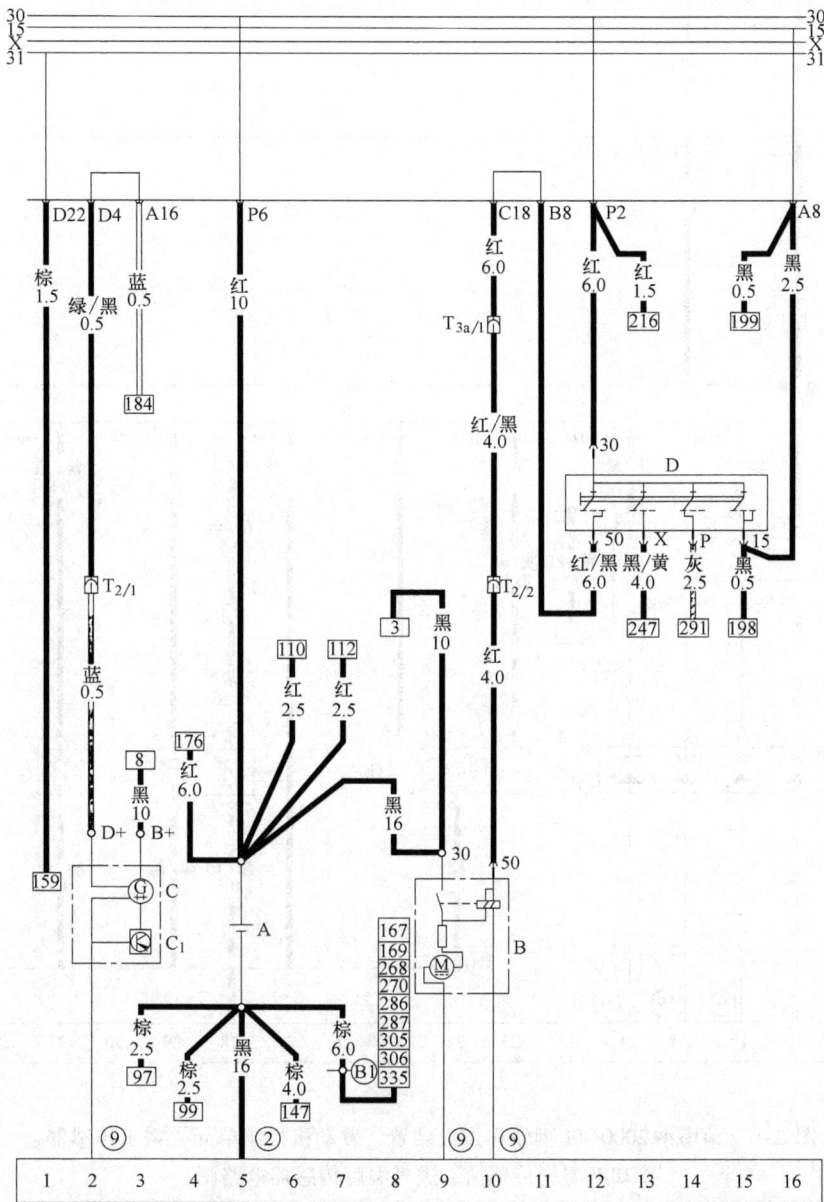

图 A-5　桑塔纳 2000GSi 型轿车交流发电机、蓄电池、起动机、点火开关电路图

A—蓄电池　B—起动机　C—交流发电机　C₁—调压器　D—点火开关

T₂—发动机线束与发电机线束插头连接（2 针，在发动机舱中间支架上）

T₃ₐ—发动机线束与前照灯线束插头连接（3 针，在中央配线盒后面）

②—搭铁点（在蓄电池支架上）　⑨—自身搭铁　B1—搭铁连接线

（在前照灯线束内）

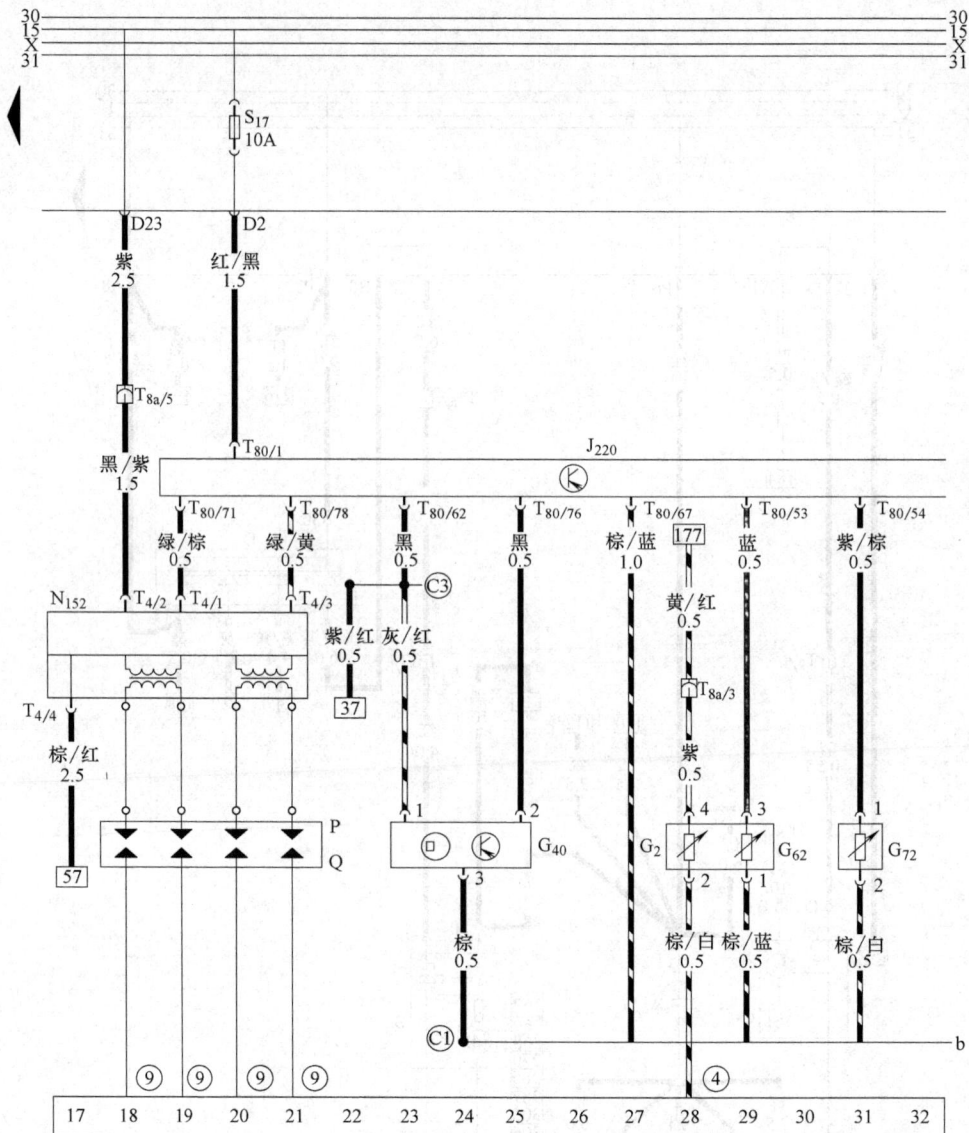

图 A-6 桑塔纳 2000GSi 型轿车点火装置、发动机控制单元、霍尔传感器、

冷却液温度传感器、进气温度传感器电路图

G_2—冷却液温度表传感器 G_{40}—霍尔传感器 G_{62}—冷却液温度传感器 G_{72}—进气温度传感器

J_{220}—发动机控制单元 N_{152}—点火线圈 P—火花塞插头 Q—火花塞 S_{17}—发动机控制单元

熔丝（10A） T_4—前照灯线束与散热扇控制器插头连接（4 针，在散热风扇控制器上）

T_{8a}—发动机线束与发动机右线束插头连接（8 针，在发动机舱中间支架上） T_{80}—发

动机线束、发动机右线束与发动机控制单元插头连接（80 针，在发动机控制单元上）

④—搭铁点（在离合器壳上的支架上） ⑨—自身搭铁 ⓒ1—连接线

（在发动机右线束内） ⓒ3— +5V 连接线（在发动机右线束内）

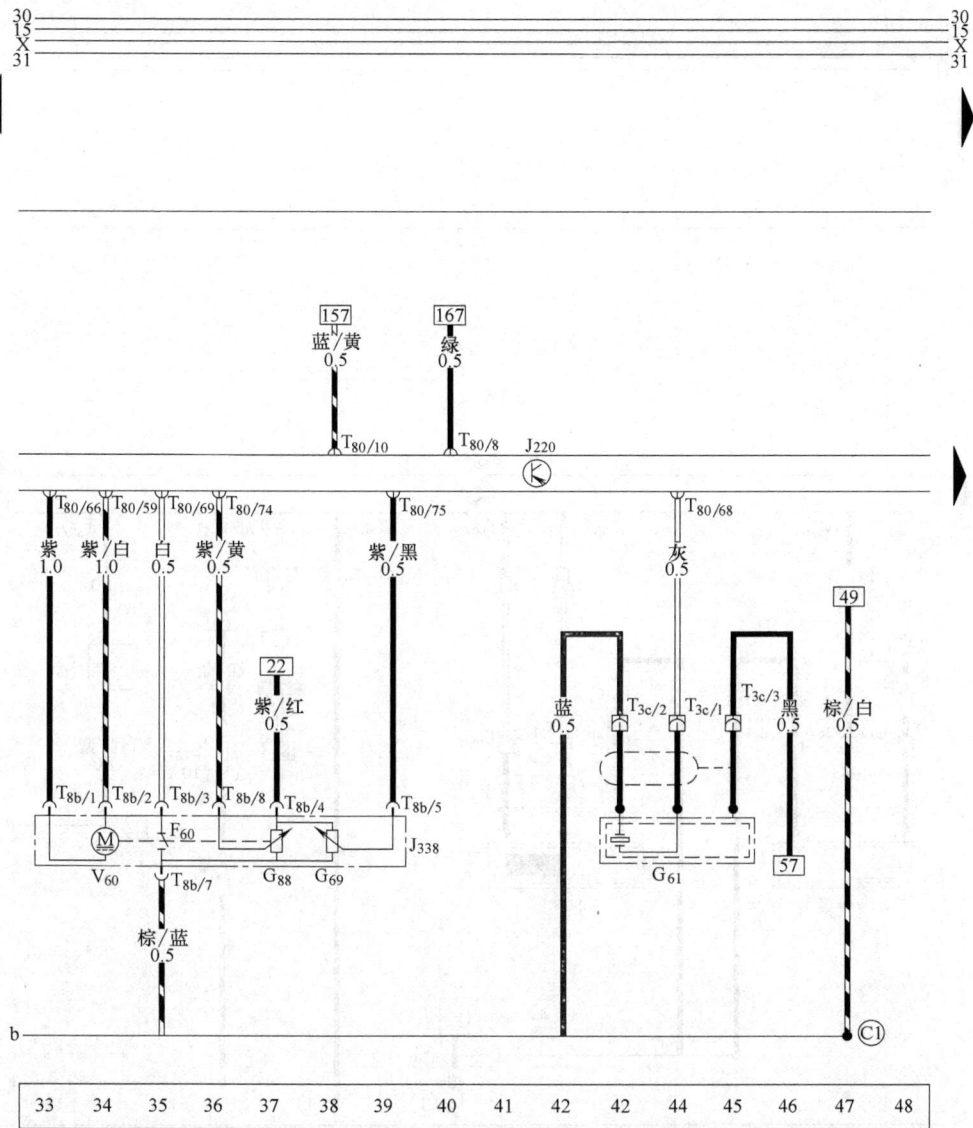

图 A-7 桑塔纳 2000GSi 型轿车发动机控制单元，节气门控制部件，1、2 缸爆燃传感器电路图
F₆₀—怠速开关 G₆₁—1、2 缸爆燃传感器 G₆₉—节气门电位计 G₈₈—节气门定位电位计
J₂₂₀—发动机控制单元 J₃₃₈—节气门控制部件 T₃c—发动机右线束与 1、2 缸爆燃传感器
插头连接（3 针，在发动机舱中间支架上） T₈b—发动机右线束与节气门控制部件插头连接
（8 针，在节气门控制部件上） T₈₀—发动机线束、发动机右线束与发动机控制单元插头连接
（80 针，在发动机控制单元上） V₆₀—节气门定位器 C1—连接线（在发动机右线束内）

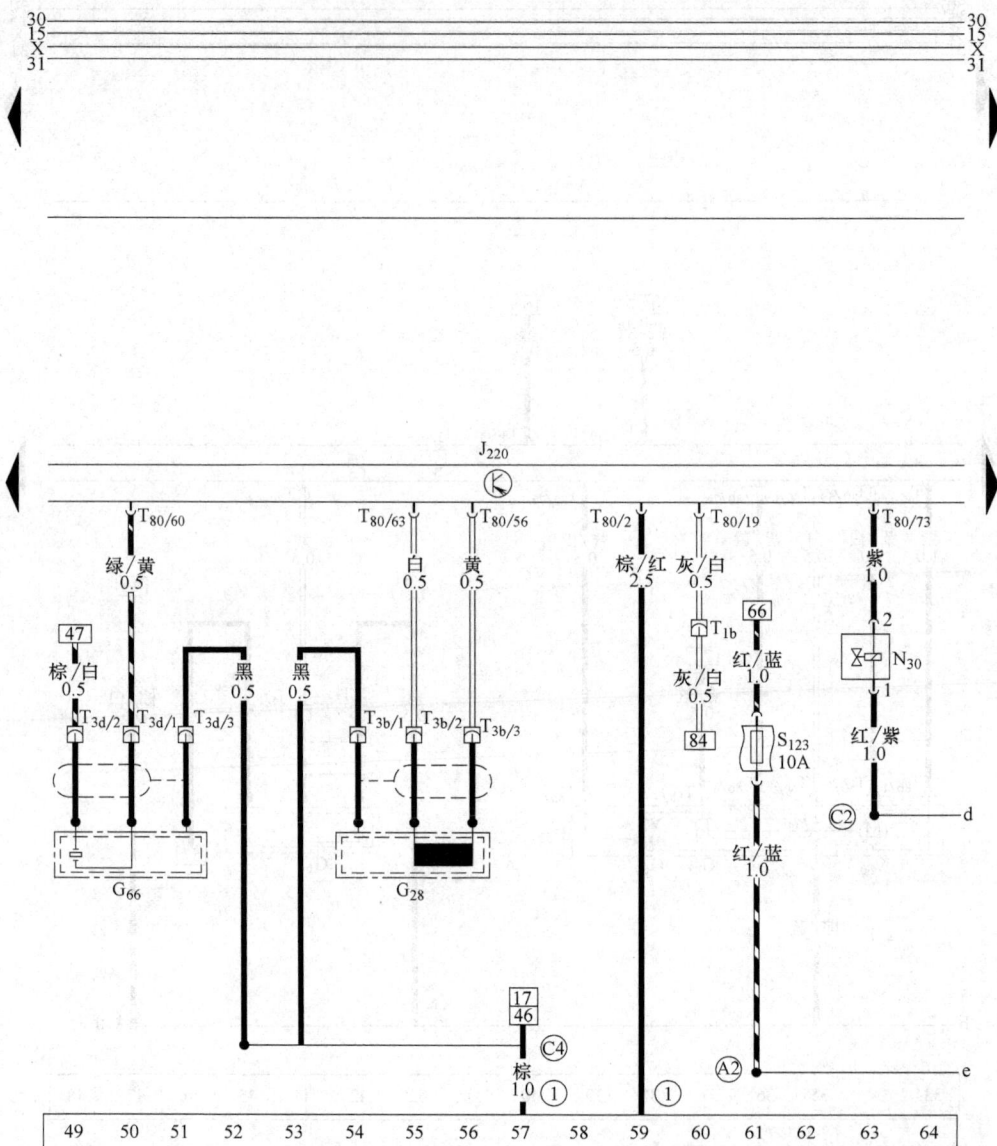

图 A-8　桑塔纳 2000GSi 型轿车发动机控制单元，3、4 缸爆燃传感器，转速传感器电路图
G28—发动机转速传感器　G66—3、4 缸爆燃传感器　J220—发动机控制单元　N30—第 1 缸喷油器
S123—喷油器、空气流量计、AKF 阀、氧传感器加热熔丝（10A）　T1b—发动机线束与仪表板线
束插头连接（1 针，在中央配线盒后面）T3b—发动机右线束与发动机转速传感器插头连接（3 针，
在发动机舱中间支架上）T3d—发动机右线束与 3、4 缸爆燃传感器插头连接（3 针，在发动机舱中
间支架上）T80—发动机线束、发动机右线束与发动机控制单元插头连接（80 针，在发动机控制
单元上）　C4—搭铁连接线（在发动机右线束内）　A2—正极连接线（在发动机线束内）
C2—正极连接线（在发动机右线束内）

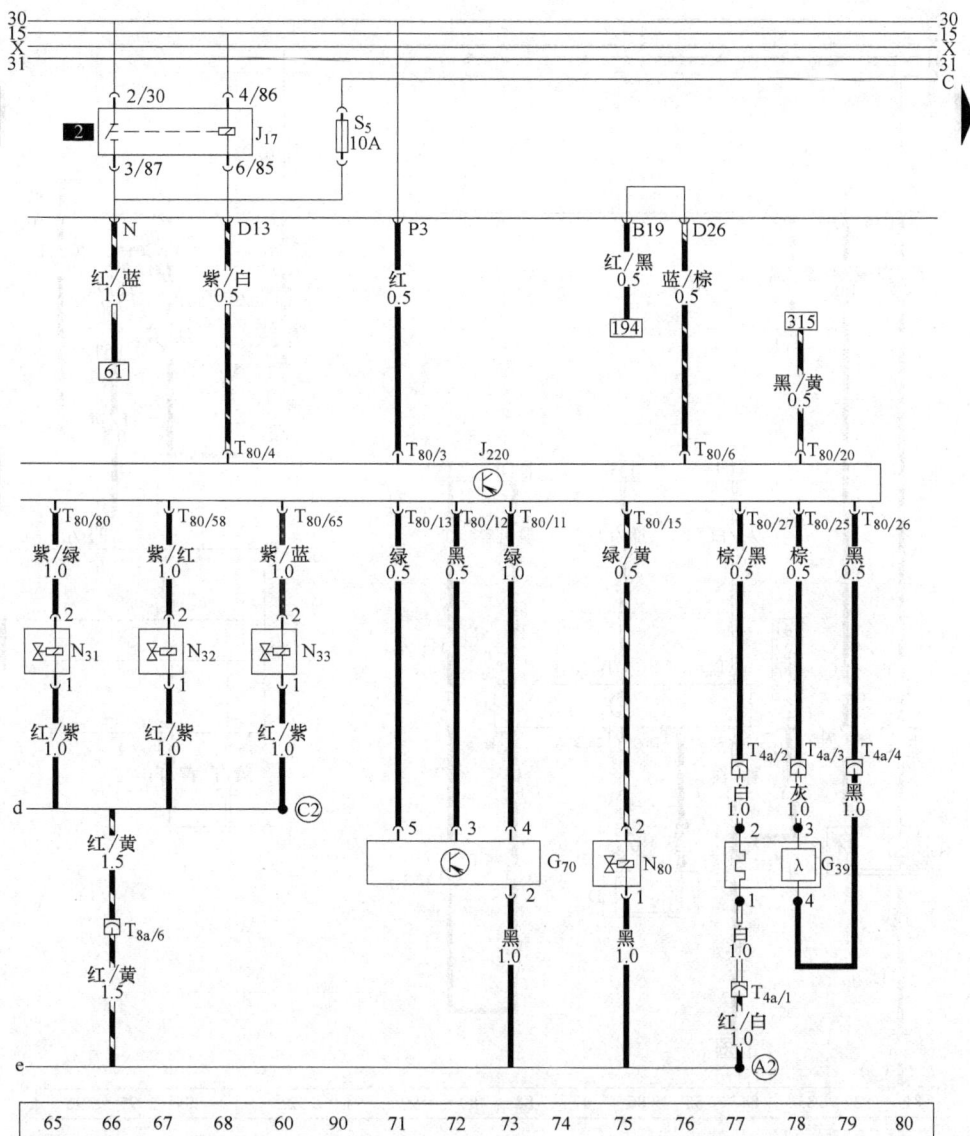

图 A-9 桑塔纳 2000GSi 型轿车发动机控制单元、喷油器、汽油泵继电器、
空气流量计、氧传感器、活性炭罐电磁阀电路图

G_{39}—氧传感器 G_{70}—空气流量计 J_{17}—汽油泵继电器 J_{220}—发动机控制单元 N_{31}—第 2 缸喷油器 N_{32}—第 3 缸喷油器 N_{33}—第 3 缸喷油器 N_{80}—活性炭罐电磁阀 S_5—汽油泵熔丝（10A） T_{4a}—发动机线束与氧传感器插头连接（4 针，在发动机舱中间支架上） T_{8a}—发动机线束与发动机右线束插头连接（8 针，在发动机舱中间支架上） T_{80}—发动机线束、发动机右线束与发动机控制单元插头连接（80 针，在发动机控制单元上） Ⓐ2—正极连接线（在发动机线束内）

Ⓒ2—正极连接线（在发动机右线束内）

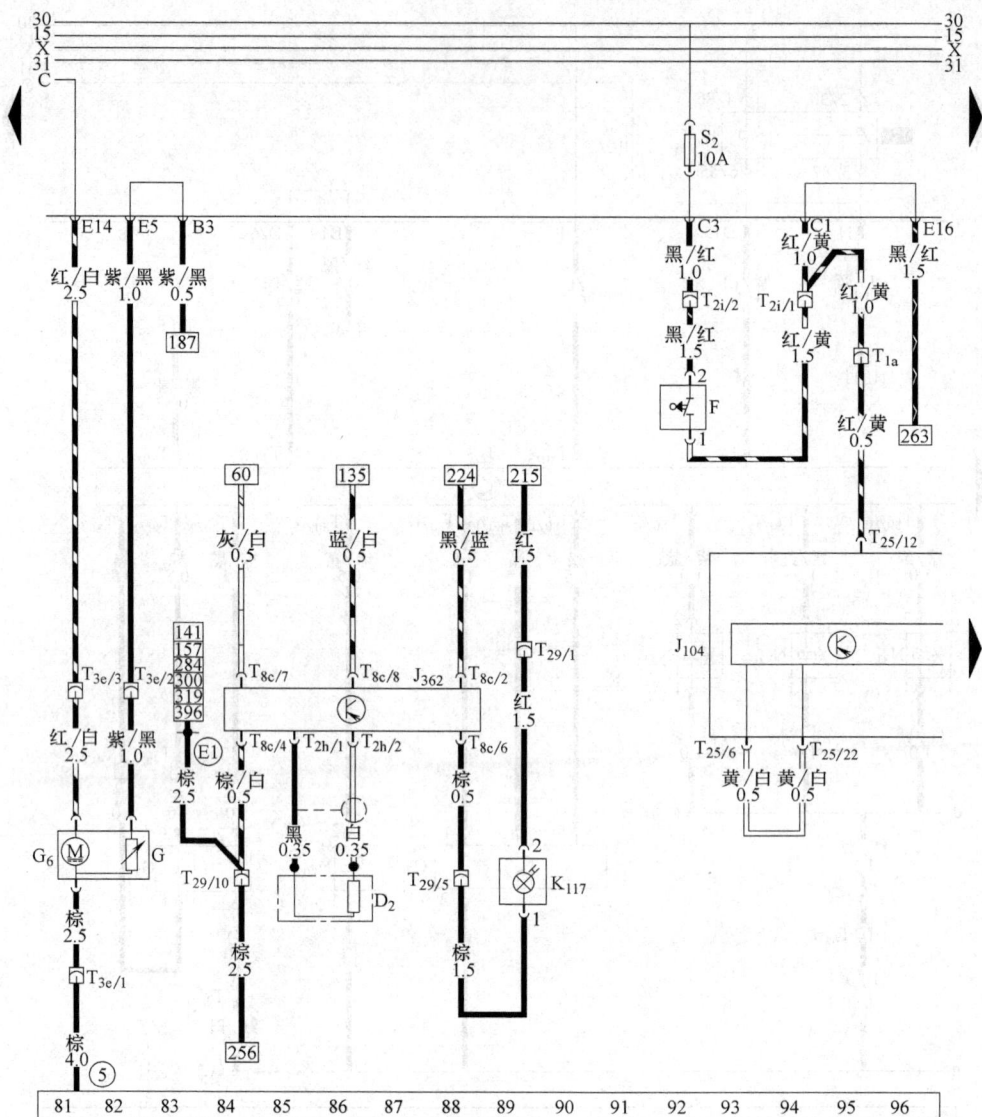

图 A-10　桑塔纳 2000GSi 型轿车汽油泵、电子防盗器、ABS 控制器、制动灯开关电路图

D₂—读识线圈　F—制动灯开关　G—汽油表传感器　G₆—汽油泵　J₁₀₄—ABS 控制器　J₃₆₂—防盗
器控制单元　K₁₁₇—防盗器警告灯　S₂—制动灯熔丝（10A）　T₁ₐ—前照灯线束与 ABS 线束插
头接（1 针，在中央配线盒后面）　T₂ₕ—读识线圈与防盗器控制单元插头连接（2 针，在防盗
器控制单元上）　T₂ᵢ—前照灯线束与仪表板线束插头连接（2 针，在中央配线盒后面）
T₃ₑ—尾部线束与汽油箱插头连接（3 针，在汽油箱盖上）　T₈ᴄ—仪表板线束与防盗器
控制单元插头连接（8 针，在防盗器控制单元上）　T₂₅—ABS 线束与 ABS 控制单元
插头连接（25 针，在 ABS 控制器上）　T₂₉—仪表板线束与仪表板开关线束插头连接
（29 针，在组合仪表下方）　⑤—搭铁点（在中央配线盒左侧星形搭铁爪上）
Ⓔ①—搭铁连接线（在仪表板开关线束内）

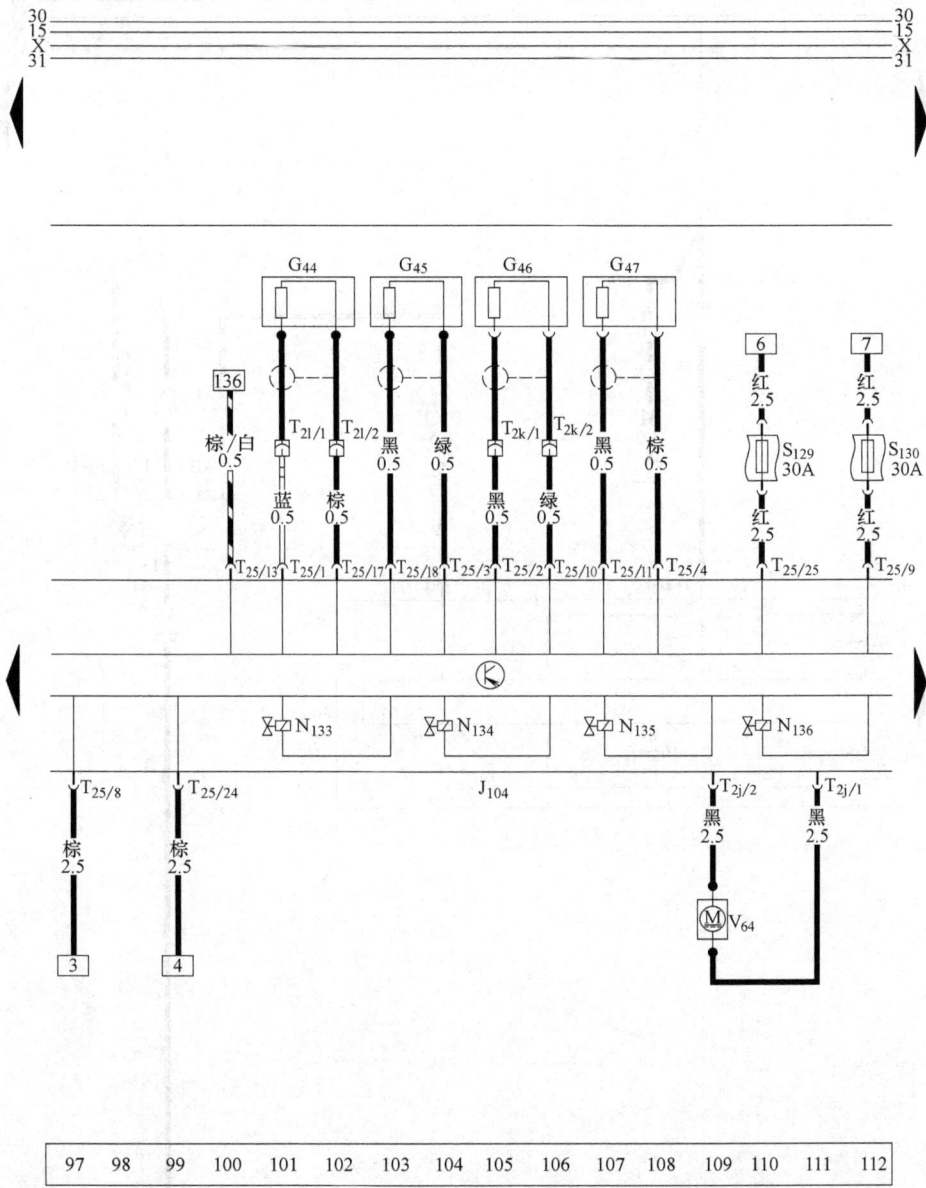

图 A-11　桑塔纳 2000GSi 型轿车 ABS 控制器、车轮转速传感器、ABS 液压泵电路图
G$_{44}$—右后转速传感器　G$_{45}$—右前转速传感器　G$_{46}$—左后转速传感器　G$_{47}$—左前转速传感器
J$_{104}$—ABS 控制器　N$_{133}$—ABS 右后出油电磁阀　N$_{134}$—ABS 右后出油电磁阀　N$_{135}$—ABS 左
后进油电磁阀　N$_{136}$—ABS 左后出油电磁阀　S$_{129}$—熔丝（30A）　S$_{130}$—ABS 电磁阀熔丝（30A）
T$_{2j}$—ABS 液压泵与控制单元插头连接（2 针，在 ABS 控制单元上）　T$_{2k}$—ABS 线束与左后转速传感
器插头连接（2 针，在左后座位下面）　T$_{21}$— ABS 线束与右后转速传感器插头连接（2 针，在右后
座位下面）　T$_{25}$—ABS 线束与控制单元插头连接（25 针，在 ABS 控制器上）　V$_{64}$—ABS 液压泵

30　　　　　　　　　　　　　　　　　　　　　　　　30
15　　　　　　　　　　　　　　　　　　　　　　　　15
X　　　　　　　　　　　　　　　　　　　　　　　　X
31　　　　　　　　　　　　　　　　　　　　　　　　31

S_{12}
15A

G3

黑　黑
1.0　1.0

T_{1e}

黑
1.0

339

灰/黑
0.5

289　　　　　　　f

灰/黑　红　蓝/棕
0.5　0.5　0.5

ABS　15　EBV
$T_{7/1}$　$T_{7/2}$　$T_{7/4}$

K_{47}

$T_{7/6}$
31

$T_{25/23}$　　　$T_{25/16}$

棕
0.5

N_{99}　　N_{100}

J_{104}

N_{101}　　N_{102}

⑩

113	114	115	116	117	118	119	120	121	122	123	124	125	126	127	128

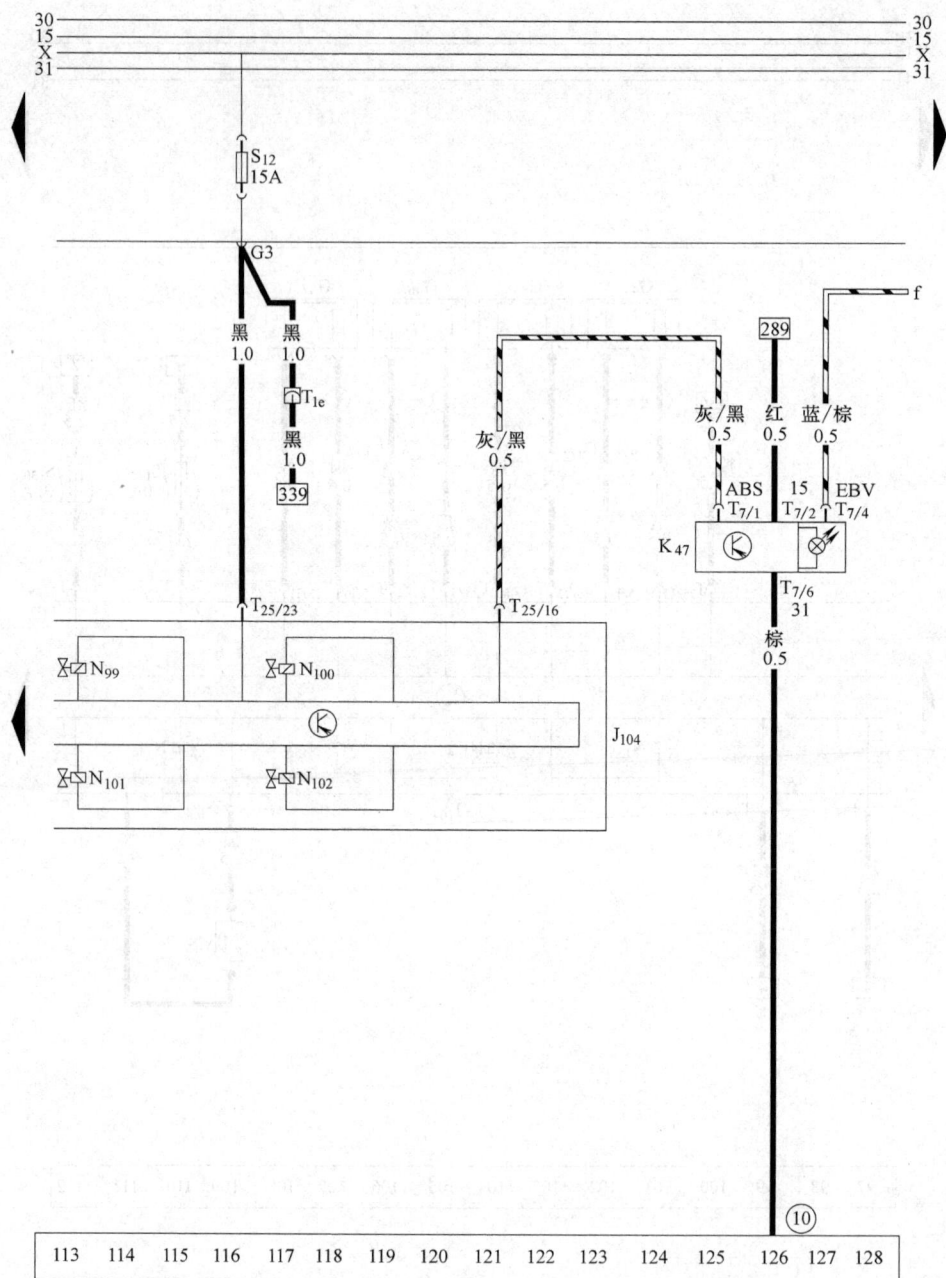

图 A-12　桑塔纳 2000GSi 型轿车 ABS 控制器、ABS 警告灯电路图

J_{104}—ABS 控制器　K_{47}—ABS 警告灯　N_{99}—ABS 右前进油电磁阀　N_{100}—ABS 右前出油电磁阀
N_{101}—ABS 左前进油电磁阀　N_{102}—ABS 左前出油电磁阀　S_{12}—电动摇窗机、ABS 控制单元熔丝
（15A）T_{1e}—ABS 线束与电动摇窗机线束插头连接（1 针，在中央电线板后面）T_7—ABS 线束与 ABS
警告灯插头连接（7 针，在 ABS 警告灯上）T_{25}—ABS 线束与控制单元插头连接（25 针，在 ABS
控制器上）⑩—搭铁点（在中央配线盒后面车身前围板上）

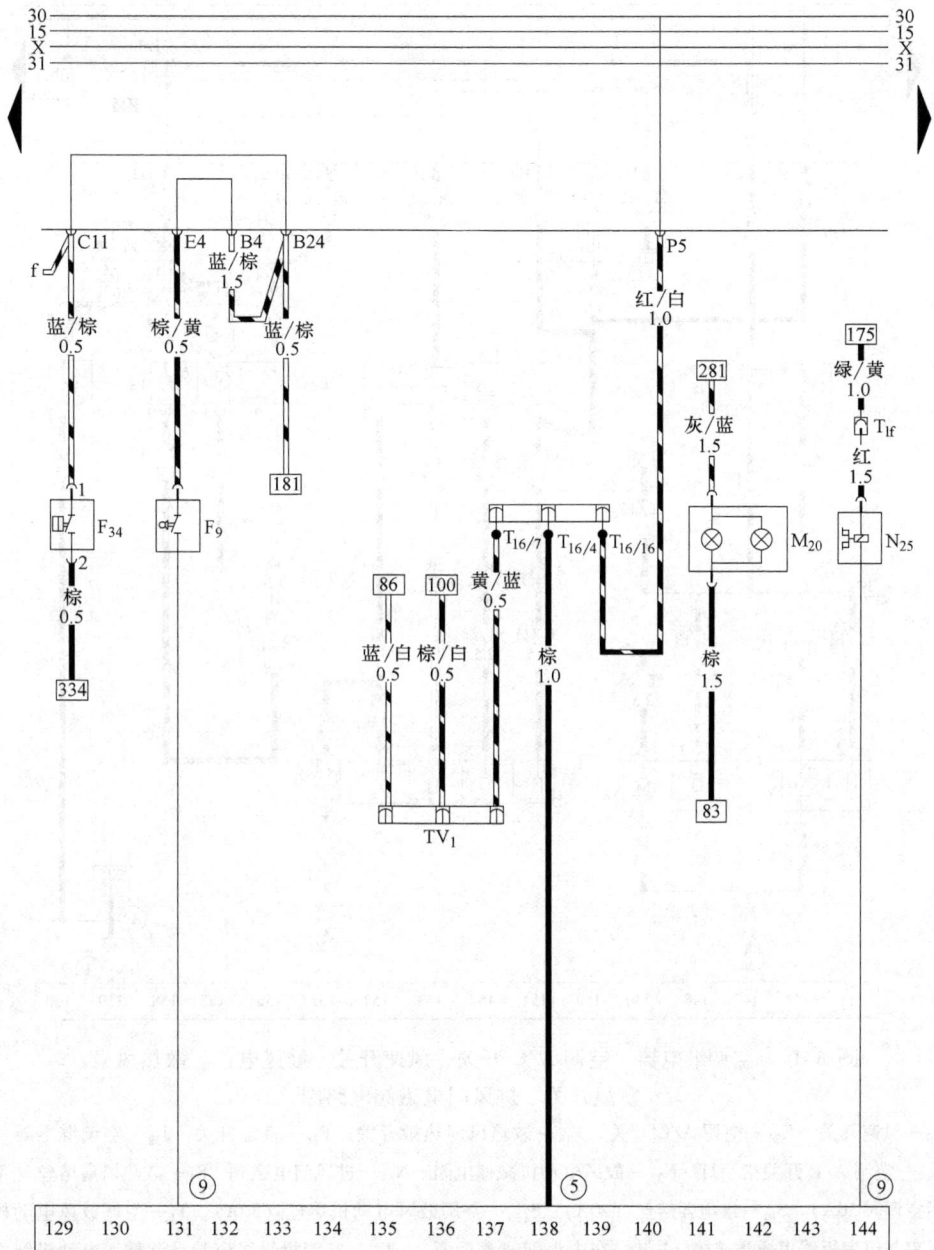

图 A-13　桑塔纳 2000GSi 型轿车制动液位报警开关、驻车制动指示灯开关、
自诊断插座、空调电磁离合器电路图
F$_9$—驻车制动指示灯开关　F$_{34}$—制动液位报警开关　M$_{20}$—空调控制面板照明灯　N$_{25}$—电磁离合器
T$_{1f}$—前照灯线束与压缩机电磁离合器插头连接（1 针，在压缩机旁）　T$_{16}$—故障诊断仪插座（16 针，
在变速杆防尘罩下面）　TV$_1$—诊断线插座（附加插在中央配线盒 13 号位上）　⑤—搭铁点
（在中央配线盒左侧星形搭铁爪上）　⑨—自身搭铁

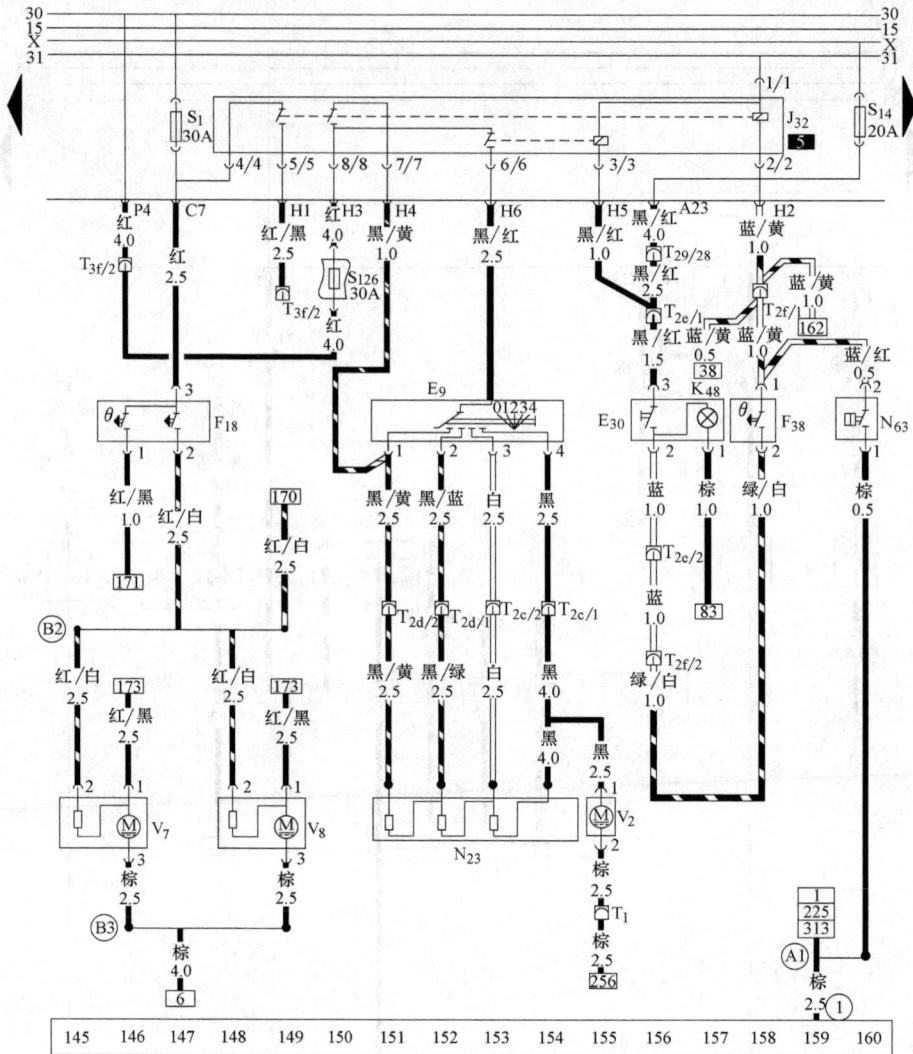

图 A-14　空调继电器、空调 A/C 开关、风速开关、鼓风电机、散热风扇、
室温开关、进风门电磁阀电路图

E_9—风速开关　E_{30}—空调 A/C 开关　F_{18}—散热风扇热敏开关　F_{38}—室温开关　J_{32}—空调继电器　K_{48}—空调 A/C 开关指示灯　N_{23}—鼓风电动机减速电阻　N_{63}—进风门电磁阀　S_1—散热风扇熔丝（不用空调时 30A）　S_{14}—继电器熔丝（20A）　S_{126}—空调鼓风电动机熔丝（30A）　T_1—空调鼓风电动机线束与仪表板线束插头连接（1 针，在中央配线盒后面）　T_{2c}—空调操纵线束与空调鼓风电动机线束插头连接（2 针，在加速踏板上方）　T_{2d}—空调操纵线束与空调鼓风电动机线束插头连接（2 针，在加速踏板上方）　T_{2e}—仪表板开关线束与空调操纵线束插头连接（2 针，在空调操纵面板后面）　T_{2f}—发动机线束与空调操纵线束插头连接（2 针，在中央配线盒后面）　T_{3f}—空调操纵线束与发动机线束插头连接（3 针，在中央配线盒后面）　T_{29}—仪表板线束与仪表板开关线束插头连接（29 针，在组合仪表下方）　V_2—鼓风电动机　V_7—左散热风扇　V_8—右散热风扇　Ⓐ1—搭铁连接线（在发动机线束内）

①—搭铁连接线（在发动机控制单元旁车身上）　Ⓑ2—连接线（在前照灯线束内）

Ⓑ3—搭铁连接线（在前照灯线束内）

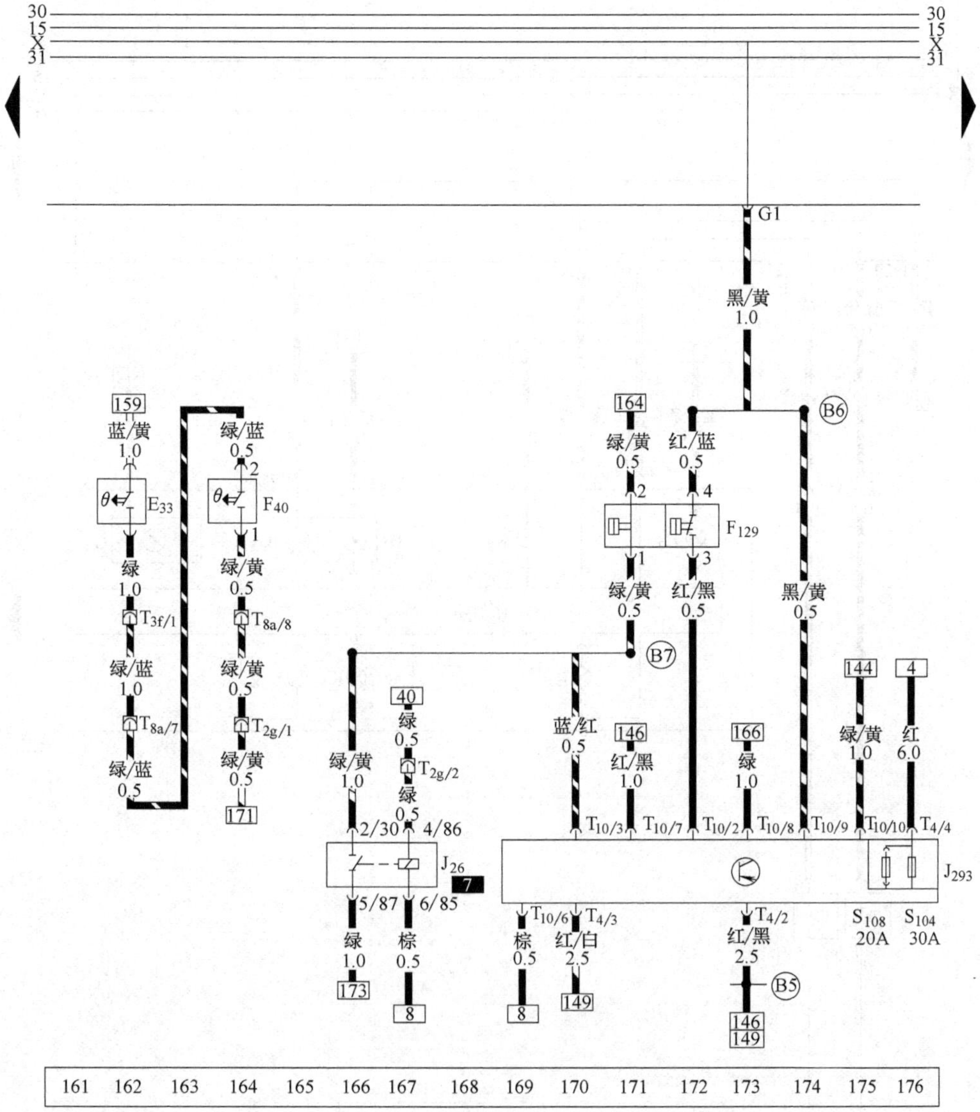

图 A-15　桑塔纳 2000GSi 型轿车散热器风扇控制器、压缩机切断继电器、
冷量开关、组合开关、空调冷却液温度控制开关电路图

E₃₃—冷量开关　F₄₀—空调冷却液温度控制开关　F₁₂₉—组合开关　J₂₆—压缩机切断继电器　J₂₉₃—散热器风扇控制器　S₁₀₄—散热器风扇熔丝（高速档使用空调时）（30A）　S₁₀₈—散热器风扇熔丝（低速档使用空调时）（20A）　T₂g—发动机线束与前照灯线束插头连接（2 针，在中央配线盒后面）　T₃f—空调操纵线束与发动机线束插头连接（3 针，在中央配线盒后面）　T₄—前照灯线束与散热器风扇控制器插头连接（4 针，在散热器风扇控制器上）　T₈a—发动机线束与发动机右线束插头连接（8 针，在发动机舱中间支架上）　T₁₀—前照灯线束与散热器风扇控制器插头连接（10 针，在散热器风扇控制器上）　Ⓑ5—连接线（在前照灯线束内）　Ⓑ6—正极连接线（在前照灯线束内）　Ⓑ7—连接线（在前照灯线束内）

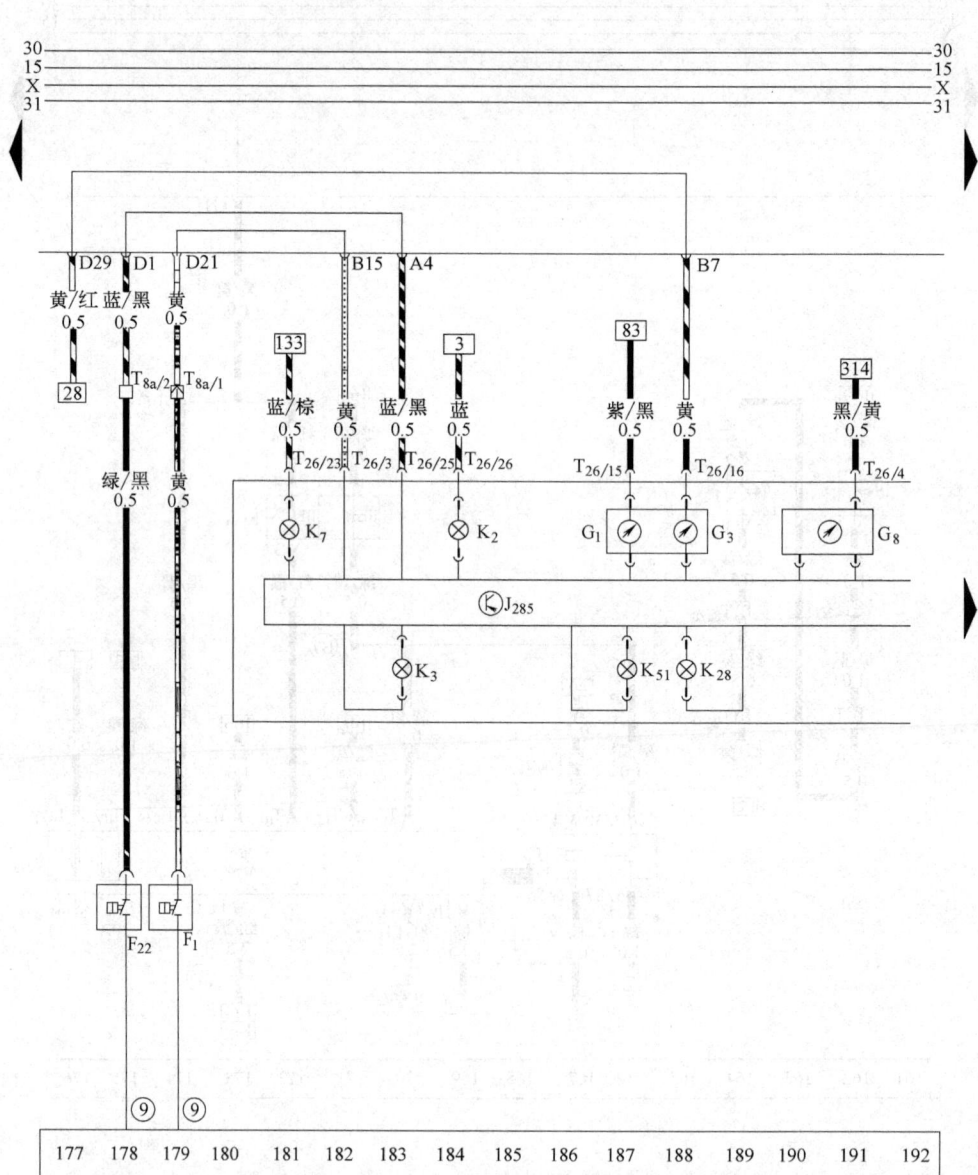

图 A-16　桑塔纳 2000GSi 型轿车组合仪表电路图

F₁—油压开关（180kPa）　F₂₂—油压开关（25kPa）　G₁—汽油表　G₃—冷却液温度表　G₈—车速里程表
J₂₈₅—组合仪表控制器　K₂—充电不足警告灯　K₃—油压警告灯　K₇—驻车制动指示及制动液位警告灯
K₂₈—冷却液温度警告灯　K₅₁—汽油不足警告灯　T₈ₐ—发动机线束与发动机右线束插头连接（8 针，在发动
机舱中间支架上）　T₂₆—仪表板线束与组合仪表插头连接（26 针，在组合仪表上）　⑨—自身搭铁

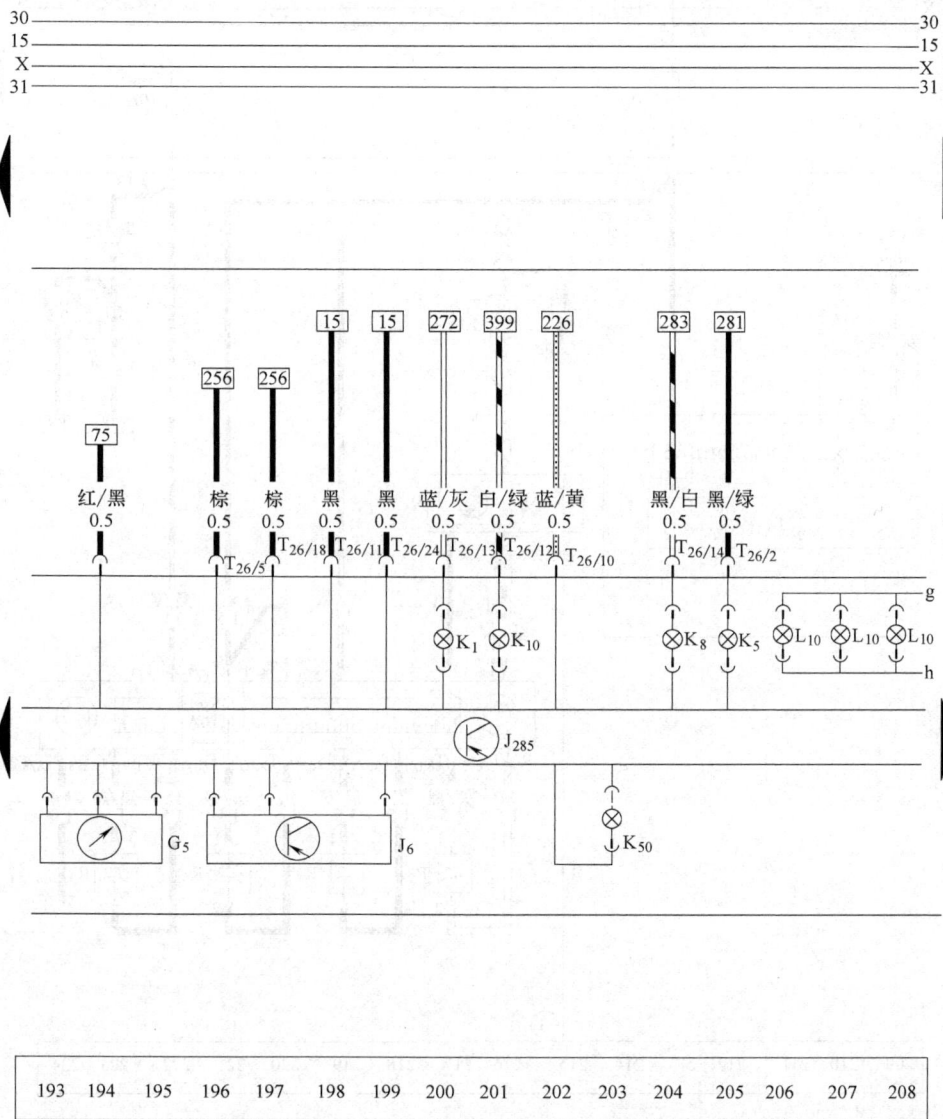

图 A-17　桑塔纳 2000GSi 型轿车组合仪表电路图

G_5—转速表　J_6—稳压器　J_{285}—组合仪表控制器　K_1—远光指示灯　K_5—右转向指示灯　K_8—左转向指示灯　K_{10}—后风窗除霜指示灯　K_{50}—冷却液不足警告灯　L_{10}—仪表照明灯

T_{26}—仪表板线束与组合仪表插头连接（26 针，在组合仪表上）

30　　　　　　　　　　　　　　　　　　　　　　　30
15　　　　　　　　　　　　　　　　　　　　　　　15
X　　　　　　　　　　　　　　　　　　　　　　　X
31　　　　　　　　　　　　　　　　　　　　　　　31

S_3
15A

S_{19}
10A

B12

A13

13
红
1.5

252

黑/蓝
2.5

252

红
1.5

S_{127}
10A

黑/蓝
0.5

灰/蓝
0.5

$T_{29/8}$

89

$T_{26/17}$

红
0.5

红
1.5

黑/蓝
2.5

278　　88

$T_{26/19}$

红
1.5

g

T_{1h}

L_{10}　L_{10}　L_{10}　L_8

红
1.5

Y

h

V_5

J_{285}

绿
1.5

灰/蓝
1.0

红
1.5

黑/黄
1.0

T_{1g}

红/黑
1.0

$T_{8/6}$　　$T_{8/4}$　$T_{8/7}$　$T_{8/3}$

红
1.0

S_{103}
10A

R　$T_{8d/5}$　$T_{8d/6}$　$T_{8d/8}$　$T_{8d/7}$　$T_{8d/2}$　$T_{8d/1}$　$T_{8d/3}$　$T_{8d/8}$　$T_{8/8}$

灰　　灰/黑　　黑　　黑/灰　　黑　　黑/绿　　绿　　绿/黑　　棕
1.5　　1.5　　1.5　　1.5　　1.5　　1.5　　1.5　　1.5　　1.0

1　　　1　　　1　　　1

R_2　　R_4　　R_5　　R_3

2　　　2　　　2　　　2

256

③

209　210　211　212　213　214　215　216　217　218　219　220　221　222　223　224

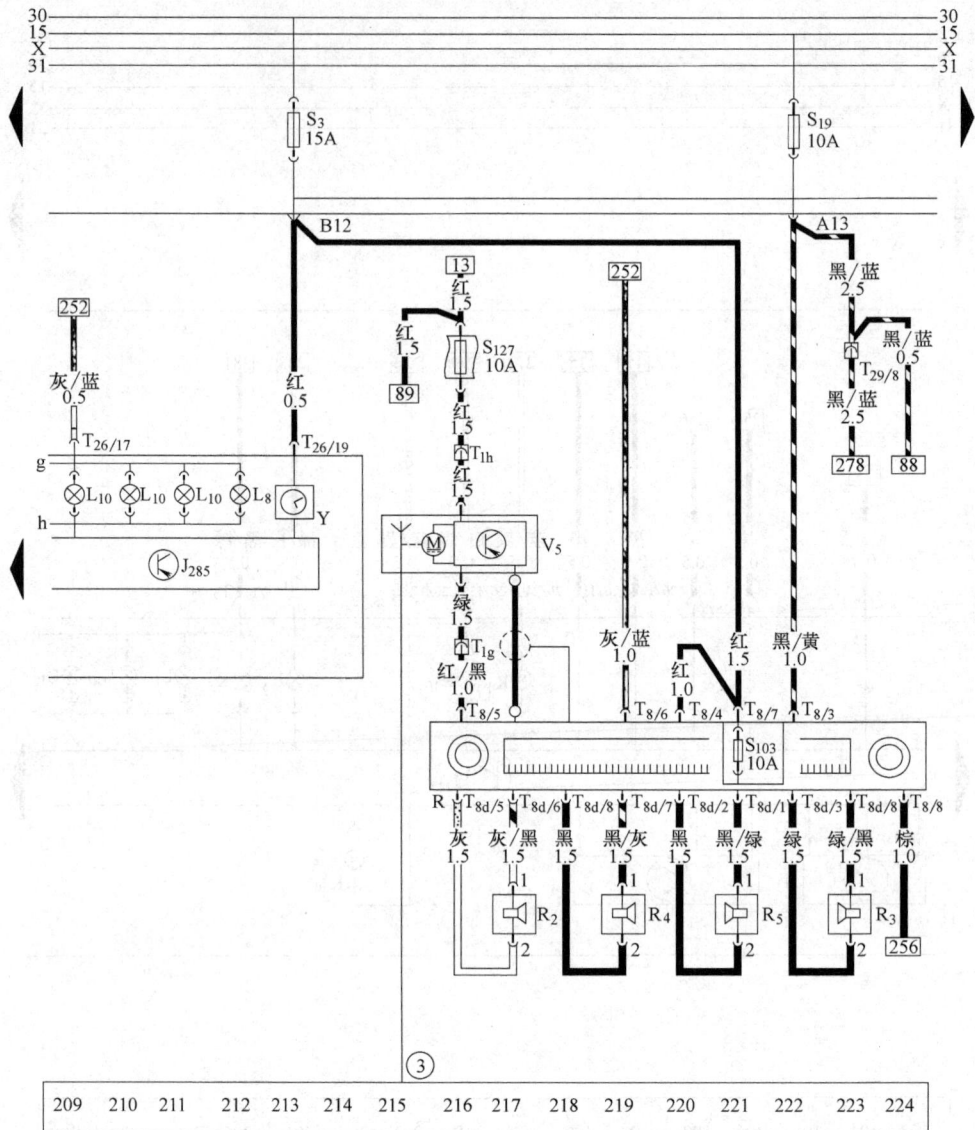

图 A-18　桑塔纳 2000GSi 型轿车组合仪表、收音机、自动天线电路图

J_{285}—组合仪表控制器　L_8—数字钟照明灯　L_{10}—仪表照明灯　R—收放机　R_2—左前喇叭　R_3—右前喇叭　R_4—左后喇叭　R_5—右后喇叭　S_3—点烟器、集控门锁、数字钟、内顶灯、后阅读灯、行李箱灯、遮阳板灯熔丝（15A）　S_{19}—收放机、转向灯、防盗器控制单元熔丝（10A）　S_{103}—收放机熔丝（停车时）（10A）　S_{127}—自动天线熔丝（10A）　T_{1g}—仪表板线束与自动天线插头连接（1针，在收放机后面）　T_{1h}—仪表板线束与自动天线插头连接（1针，在收放机后面）T_8—仪表板线束与收放机插头连接（8针，在收放机后部）　T_{8d}—喇叭线束与收放机插头连接（8针，在收放机后部）　T_{26}—仪表板线束与组合仪表插头连接（26针，在组合仪表上）　T_{29}—仪表板线束与仪表板开关线束插头连接（29针，在组合仪表下方）V_5—自动天线　Y—数字钟　③—搭铁点（在自动天线附近车身上）

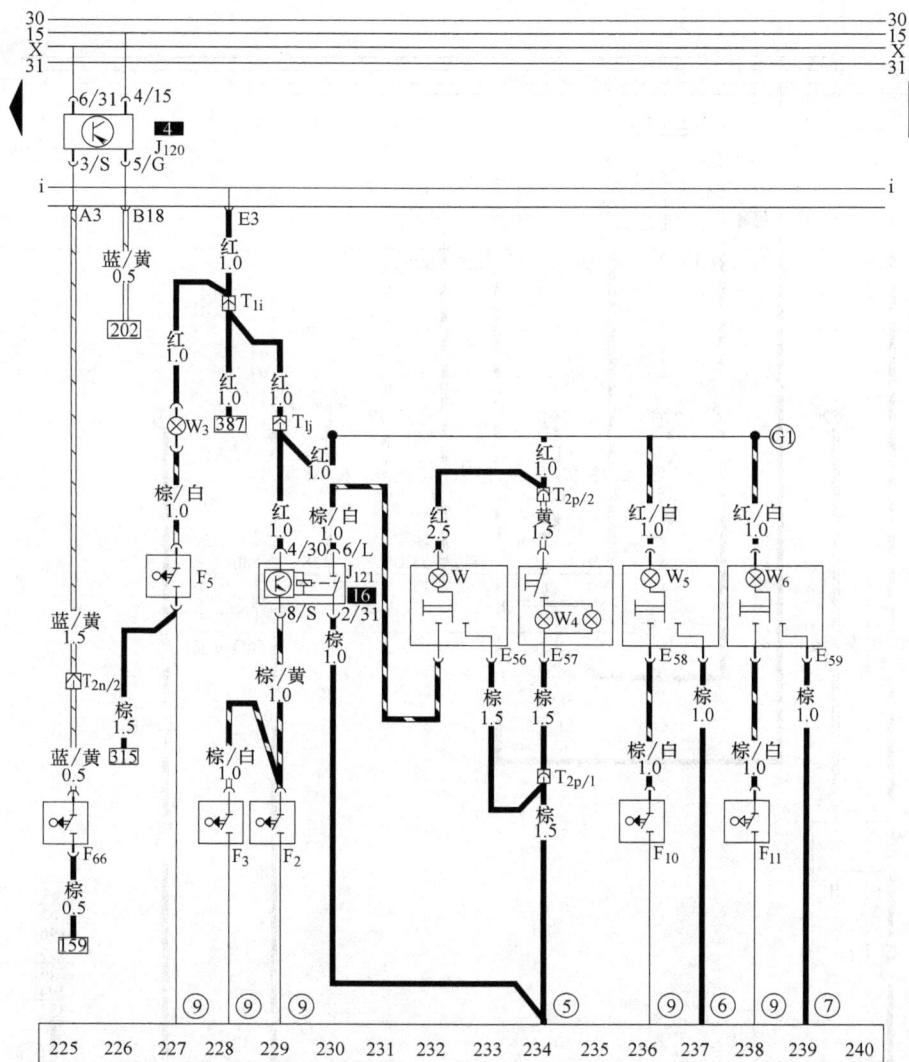

图 A-19　桑塔纳 2000GSi 型轿车内顶灯、后阅读灯、行李箱照明灯、遮阳板灯电路图

E_{56}—内顶灯照明开关　E_{57}—遮阳板灯照明开关　E_{58}—左后阅读灯照明开关　E_{59}—右后阅读灯照明开关　F_2—左前门上内顶灯接触开关　F_3—右前门上内顶灯接触开关　F_5—行李箱照明灯接触开关　F_{10}—左后阅读灯接触开关　F_{11}—右后阅读灯接触开关　F_{66}—冷却液不足警告灯开关　J_{120}—冷却液液位控制器　J_{121}—内顶灯延时继电器　T_{1i}—集控门锁线束与尾部线束插头连接（1 针，在中央配线盒后面）　T_{1j}—集控门锁线束与内顶灯线束插头连接（1 针，在中央配线盒后面）　T_{2n}—发动机线束与仪表板线束插头连接（2 针，在中央配线盒后面）　T_{2p}—内顶灯线束与遮阳板灯插头连接（2 针，在车顶前右侧）　W—内顶灯　W_3—行李箱照明灯　W_4—遮阳板灯　W_5—左后阅读灯　W_6—右后阅读灯　⑤—搭铁点（在中央配线盒右侧星形搭铁爪上）　⑥—搭铁点（在左后阅读灯前方车顶上）　⑦—搭铁点（在右后阅读灯前方车顶上）　⑨—自身搭铁　G1—正极连接线（在内顶灯线束内）

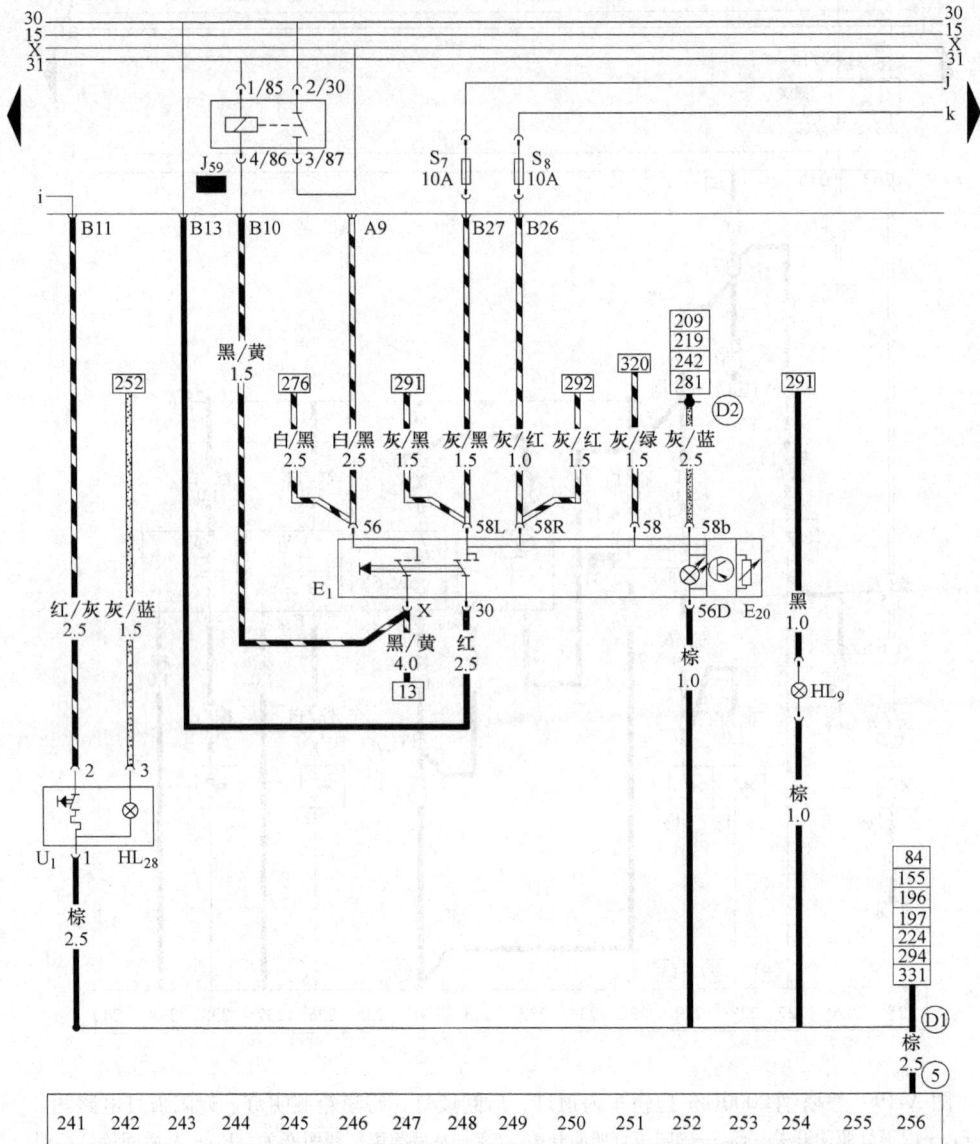

图 A-20　桑塔纳 2000GSi 型轿车灯光开关、点烟器电路图

E₁—灯光开关　E₂₀—仪表板照明调节器　J₅₉—X 接触继电器　HL₉—灯光开关照明灯　HL₂₈—点烟器照明灯

S₇—左尾灯、左前停车灯熔丝（10A）　S₈—右尾灯、右前停车灯、发动机舱照明灯熔丝（10A）　U₁—点

烟器　⑤—搭铁点（在中央配线盒右侧星形搭铁爪上）　D1—搭铁连接线（在仪表板线束内）

D2—连接线（在仪表板线束内）

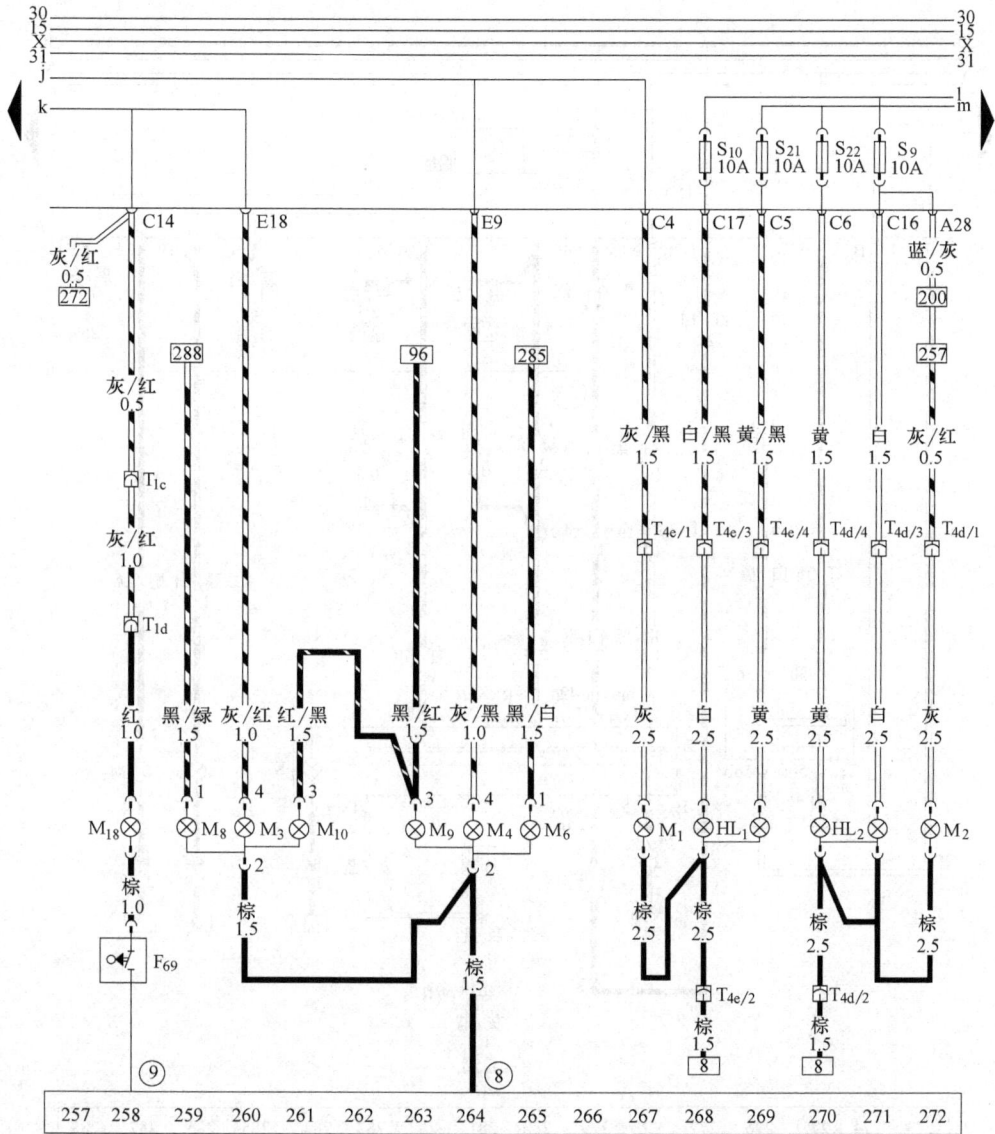

图 A-21　桑塔纳 2000GSi 型轿车前照灯、停车灯、后转向灯、尾灯、制动灯、发动机舱照明灯电路图

F_{69}—发动机舱照明灯接触开关　HL_1—左前照灯　HL_2—右前照灯　M_1—左停车灯　M_2—右停车灯　M_3—左尾灯

M_4—右尾灯　M_6—左后转向灯　M_8—右后转向灯　M_9—左制动灯　M_{10}—右制动灯　M_{18}—发动机舱照明灯

S_9—右前照灯（远光）熔丝（10A）　S_{10}—左前照灯（远光）熔丝（10A）　S_{21}—右前照灯（近光）熔丝（10A）

S_{22}—左前照灯（近光）熔丝（10A）　T_{1c}—前照灯线束与发动机线束插头连接（1 针，在中央配线盒后面）

T_{1d}—发动机线束与发动机舱照明灯电线插头连接（1 针，在刮水器电动机前）　T_{4d}—前照灯线束与右前照灯插头

连接 4 针，在右前照灯上）　T_{4e}—前照灯线束与左前照灯插头连接（4 针，在左前照灯上）　⑧—搭铁点

（在左组合后灯左侧车身上）　⑨—自身搭铁

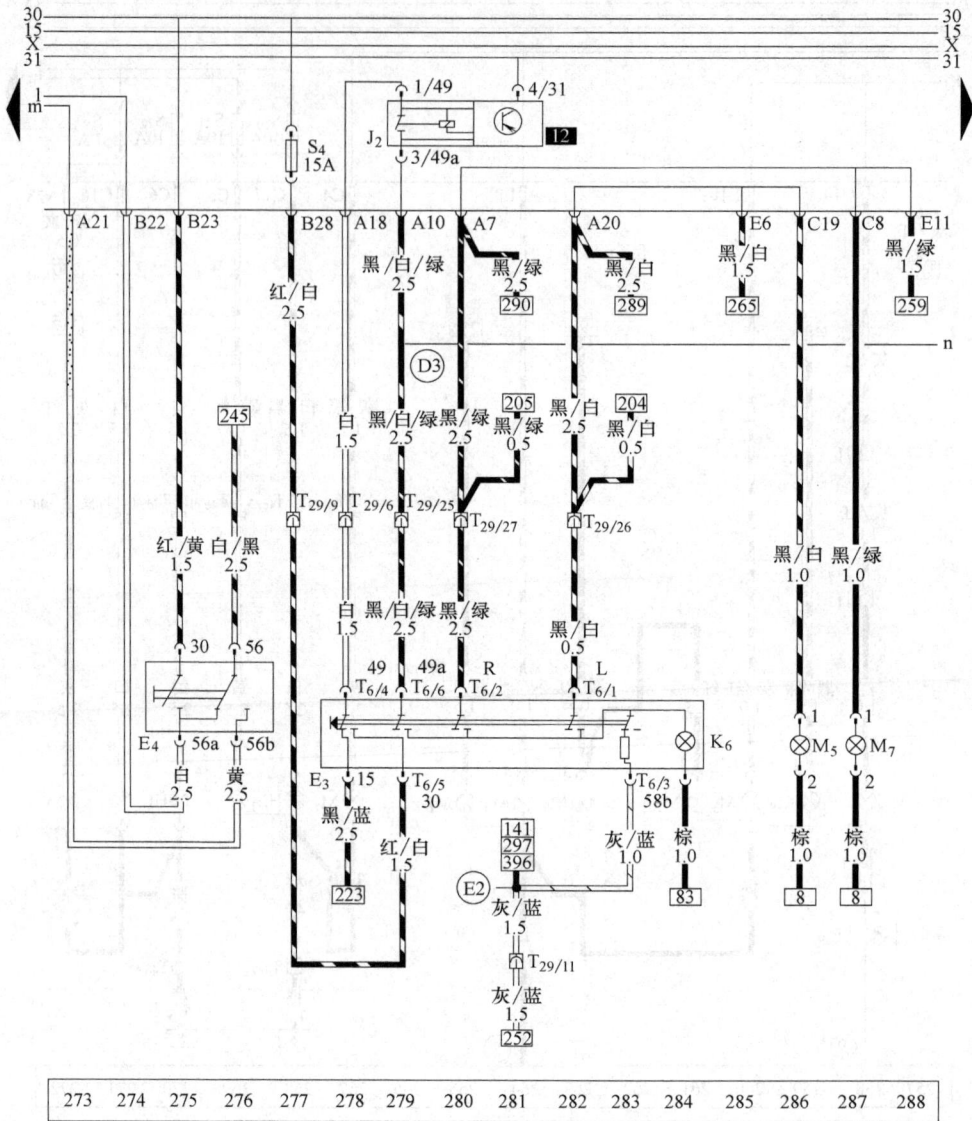

图 A-22 桑塔纳 2000GSi 型轿车变光开关、警告灯开关、前转向灯电路图

E₃—警告灯开关 E₄—变光开关 J₂—转向灯继电器 K₆—报警闪光指示灯 M₅—左前转向灯

M₇—右前转向灯 S₄—警告灯熔丝（15A） T₆—仪表板开关线束与警告灯开关插头连接

（6针，在警告灯开关上） T₂₉—仪表板线束与仪表板开关线束插头连接（29针，在组合仪

表下方） ⒟—正极连接线（在仪表板线束内） ⒠—连接线（在仪表板开关线束内）

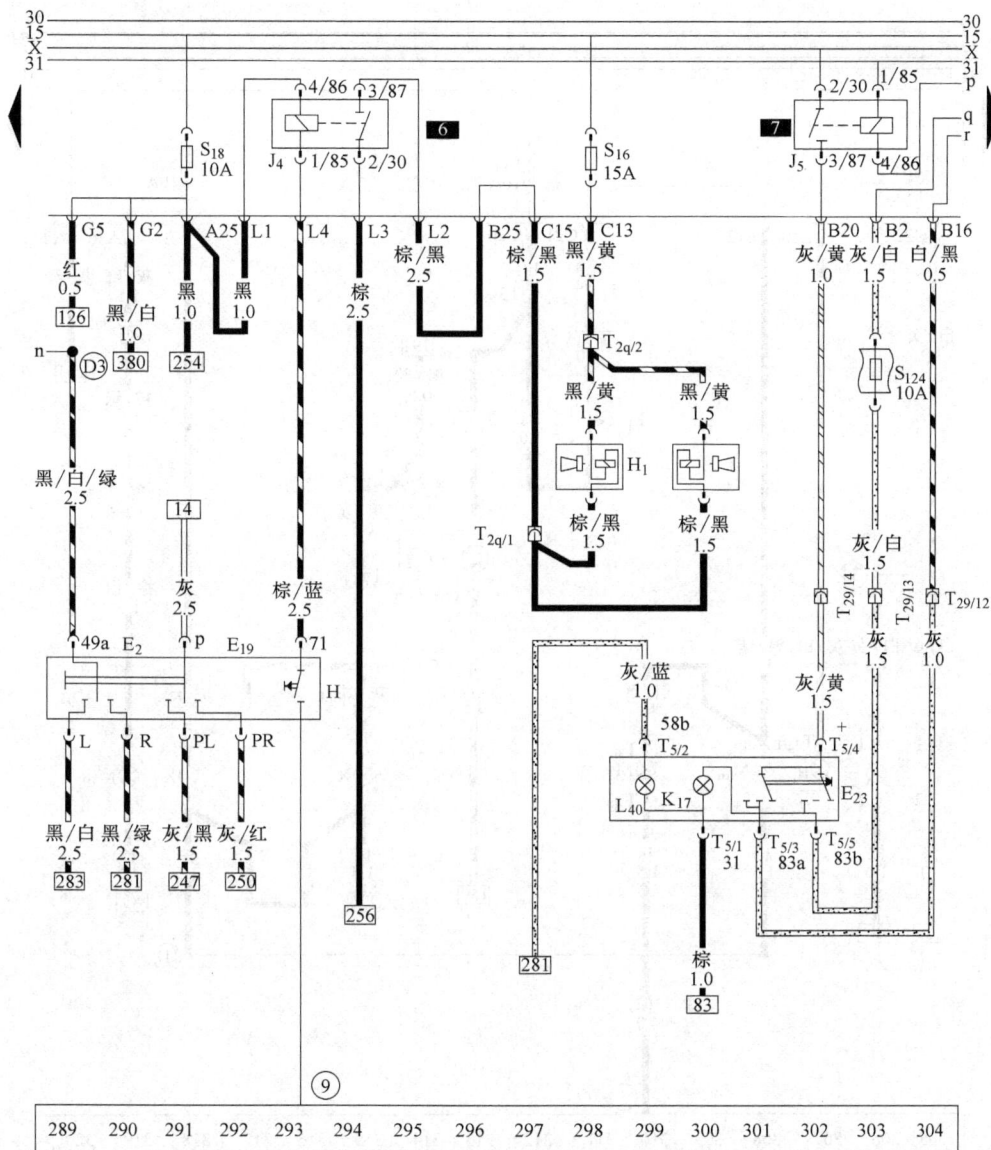

图 A-23　桑塔纳 2000GSi 型轿车转向灯开关、停车灯开关、雾灯开关、双音喇叭电路图

E_2—转向灯开关　E_{19}—停车灯开关　E_{23}—雾灯开关　H—双音喇叭开关　H_1—双音喇叭　J_4—喇叭继电器　J_5—雾灯继电器　K_{17}—雾灯指示灯　L_{40}—雾灯开关照明灯　S_{16}—喇叭熔丝（15A）　S_{18}—喇叭继电器、灯光开关、ABS 警告熔丝（10A）　S_{124}—后雾灯熔丝（10A）　T_{2q}—前照灯线束与喇叭线束插头连接（2 针，在喇叭上方）　T_5—仪表板开关线束与雾灯开关插头连接（5 针，在雾灯开关上）　T_{29}—仪表板线束与仪表板开关线束插头连接（29 针，在组合仪表下方）　⑨—自身搭铁　Ⓓ3—正极连接线（在仪表板线束内）

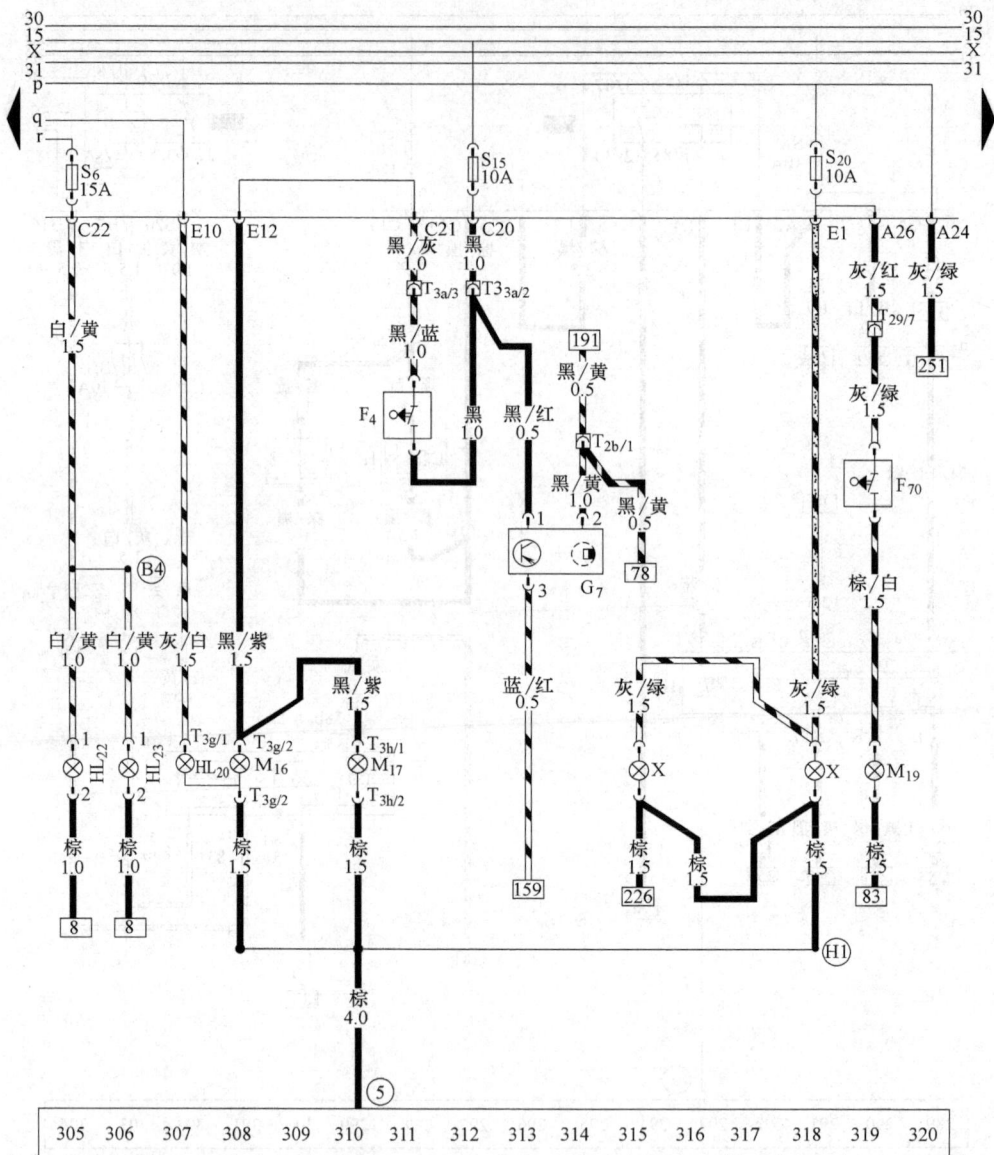

图 A-24 桑塔纳 2000GSi 型轿车雾灯、倒车灯、牌照灯、杂物箱照明灯、车速传感器电路图

F_4—倒车灯开关 F_{70}—杂物箱照明灯接触开关 G_7—车速传感器 HL_{20}—后雾灯 HL_{22}—左前雾灯 HL_{23}—右前雾灯 M_{16}—左倒车灯 M_{17}—右倒车灯 M_{19}—杂物箱照明灯 S_6—前雾灯熔丝（15A） S_{15}—倒车灯、车速传感器熔丝（10A） S_{20}—牌灯、杂物箱照明灯熔丝（10A） T_{2b}—发动机线束与仪表板线束插头连接（2 针，在左倒车灯上） T_{3a}—发动机线束与前照灯线束插头连接（3 针，在中央配线盒后面） T_{3g}—尾部线束与左倒车灯插头连接（3 针，在左倒车灯上） T_{3h}—尾部线束与右倒车灯插头连接（3 针，在右倒车灯上） T_{29}—仪表板线束与仪表板开关线束插头连接（29 针，在组合仪表下方） X—牌照灯 ⑤—搭铁点（在中央配线盒右侧星形搭铁爪上） Ⓑ4—正极连接线（在前照灯线束内） Ⓗ1—搭铁连接线（在尾部线束内）

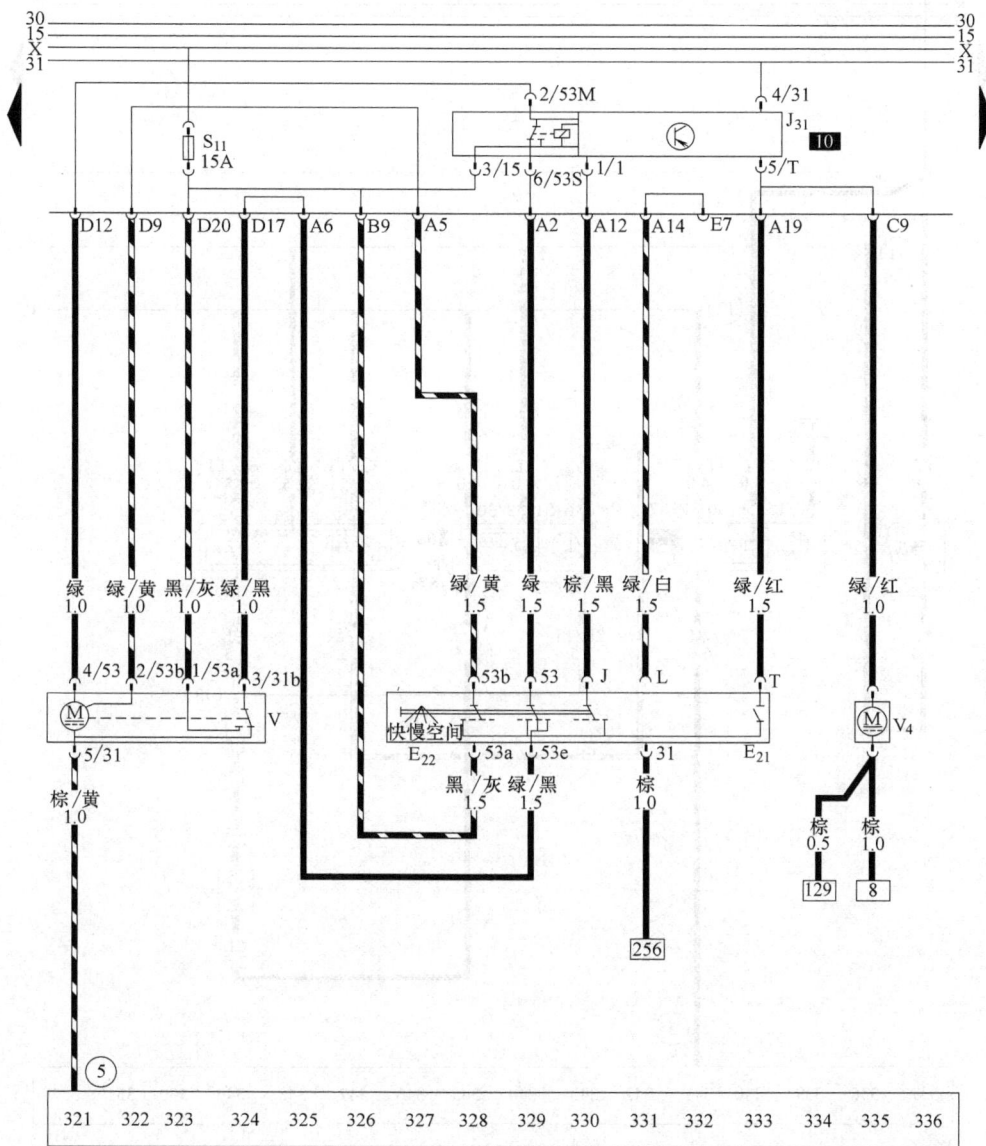

图 A-25　桑塔纳 2000GSi 型轿车前风窗刮水器、前风窗清洗器电路图
E$_{21}$—前风窗清洗泵开关　E$_{22}$—前风窗刮水器开关　J$_{31}$—刮水继电器　S$_{11}$—前风窗刮水器、清洗器熔丝
（15A）V—前风窗刮水电动机　V$_4$—前风窗清洗泵　⑤—搭铁点（在中央配线盒右侧星形搭铁爪上）

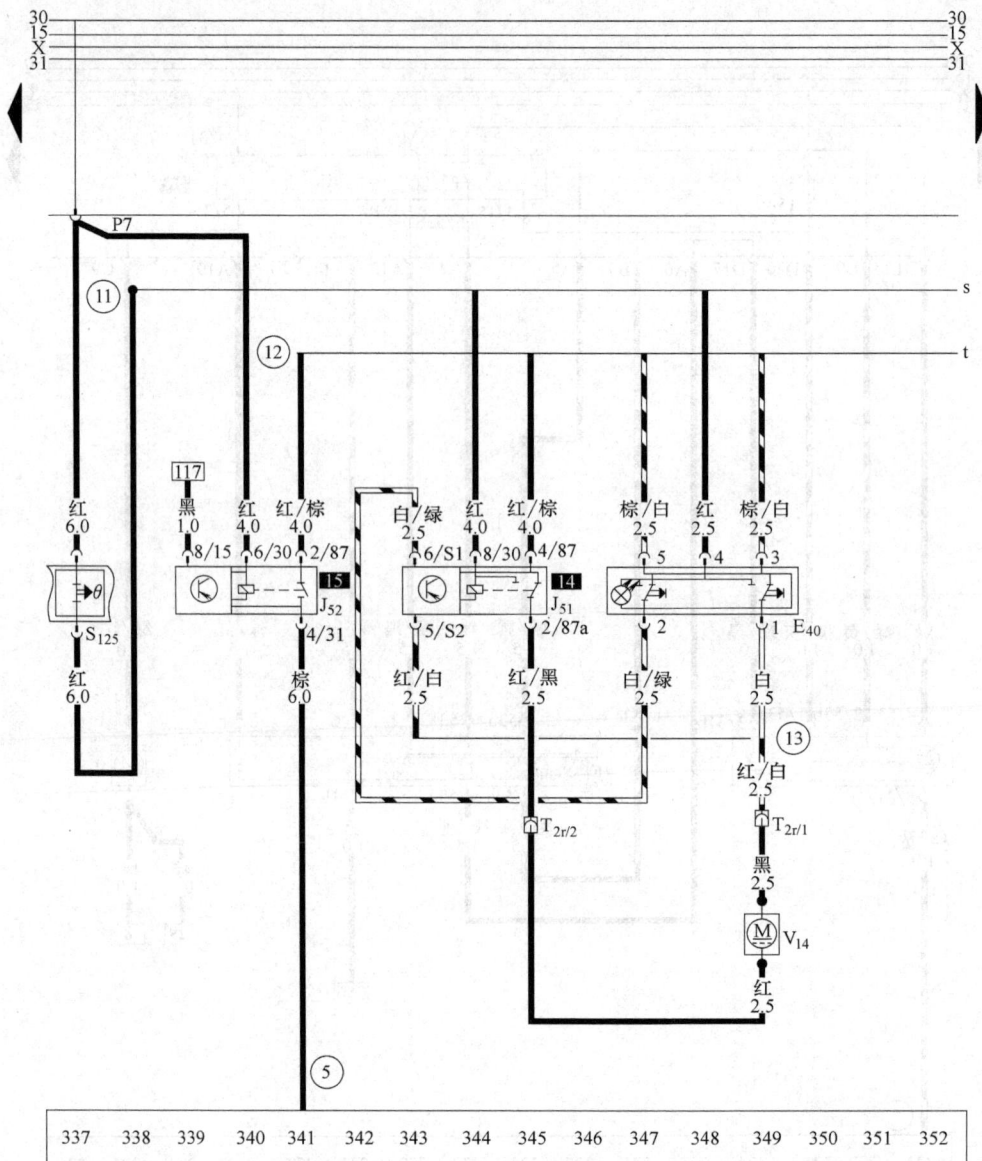

图 A-26　桑塔纳 2000GSi 型轿车电动摇窗机电路图（一）

E_{40}—摇窗机开关　J_{51}—摇窗机自动下降继电器　J_{52}—摇窗机延时继电器　S_{125}—电动摇窗机热保护器
T_{2r}—电动摇窗机线束与电动摇窗机插头连接（2 针，在左前门内）　V_{14}—左前摇窗机电动机　⑤—搭铁点
（在中央配线盒右侧星形搭铁爪上）　⑪—正极连接线（在电动摇窗机线束内）　⑫—连接线（在电动摇窗机
线束内）　⑬—连接线（在电动摇窗机线束内）

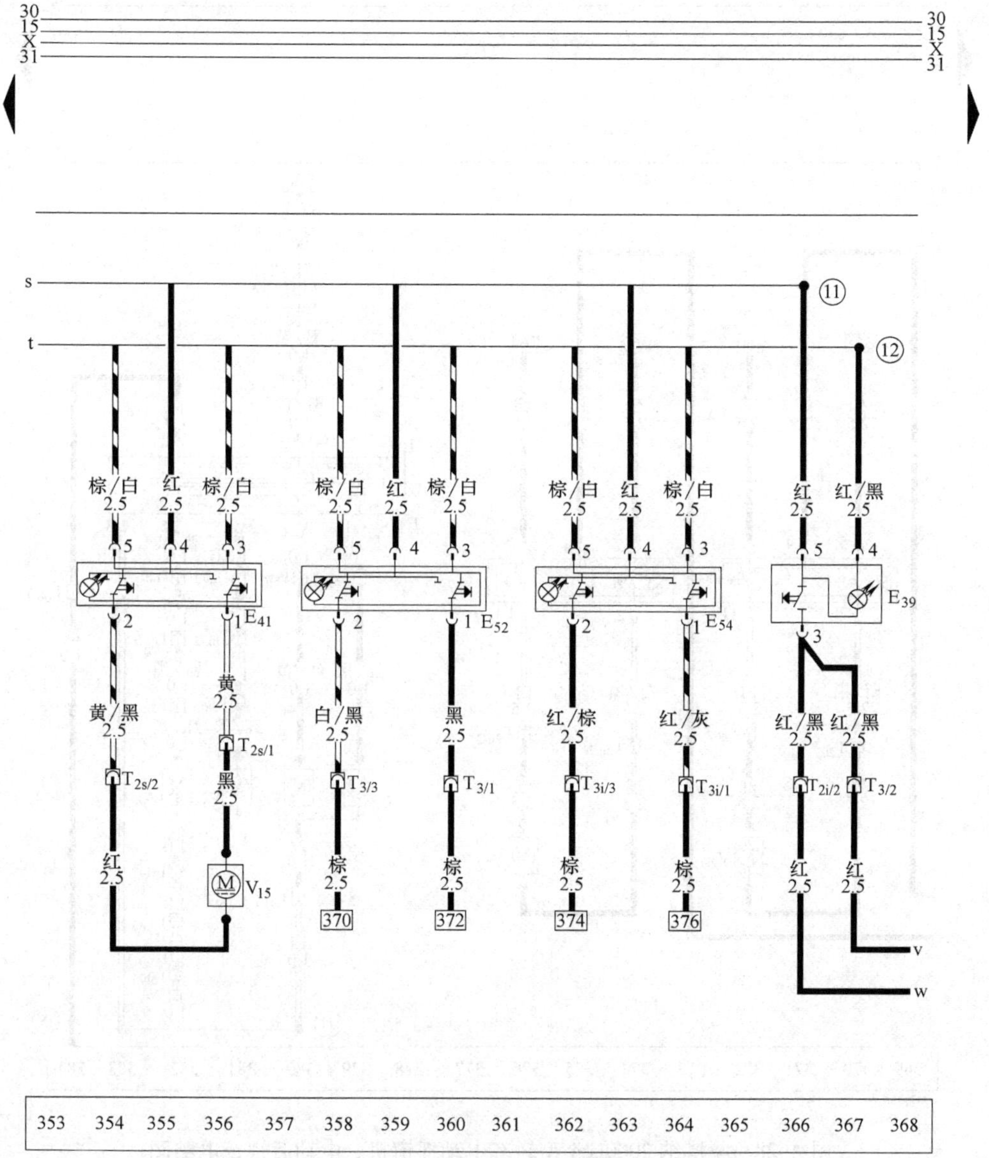

图 A-27　桑塔纳 2000GSi 型轿车电动摇窗机电路图（二）

E_{39}—摇窗机安全开关（后门）　E_{41}—摇窗机开关（左前）　E_{52}—摇窗机开关（左后）　E_{54}—摇窗机开关（右后）　T_{2s}—电动摇窗机线束与电动摇窗机插头连接（2 针，在右前门内）　T_3—电动摇窗机线束与左后摇窗机插头连接（3 针，在左后门内）　T_{3i}—电动摇窗机线束与右后摇窗机插头连接（3 针，在右后门内）

V_{15}—右前摇窗机电动机　⑪—正极连接线（在电动摇窗机线束内）　⑫—连接线（在电动摇窗机线束内）

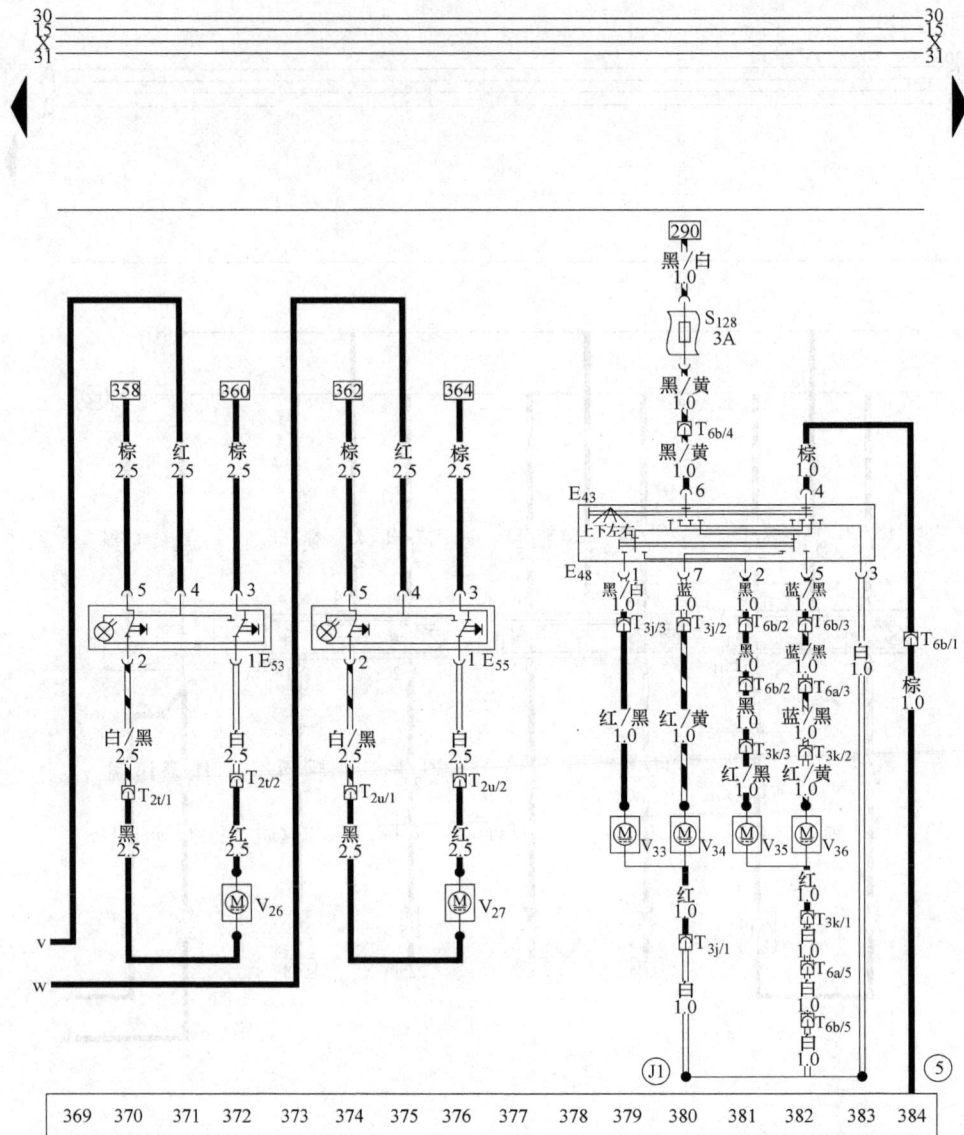

図 A-28　桑塔纳 2000GSi 型轿车电动摇窗机、电动后视镜电路图

E_{43}—电动后视镜调节开关　E_{48}—电动后视镜转换开关　E_{53}—左后门上摇窗机开关　E_{55}—右后门上摇窗机开关　S_{128}—电动后视镜熔丝（3A）　T_{2t}—左后摇窗机开关与摇窗机电动机插头连接（2 针，在左后门内）　T_{2u}—右后摇窗机开关与摇窗机电动机插头连接（2 针，在右后门内）　T_{3j}—左前门线束与左电动后视镜插头连接（3 针，在左前门内）　T_{3k}—右前门线束与右电动后视镜插头连接（3 针，在左前门内）　T_{6a}—电动后视镜线束与右前门线束插头连接（6 针，在杂物箱右侧）　T_{6b}—电动后视镜线束与右前门线束插头连接（6 针，在中央配线盒左侧）　V_{26}—左后摇窗机电动机　V_{27}—右后摇窗机电动机　V_{33}—左电动后视镜上下调节电动机　V_{34}—左电动后视镜左右调节电动机　V_{35}—右电动后视镜上下调节电动机　V_{36}—右电动后视镜左右调节电动机　⑤—搭铁点（在中央配线盒右侧星形搭铁爪上）　Ⓙ1—连接线（在左前门线束内）

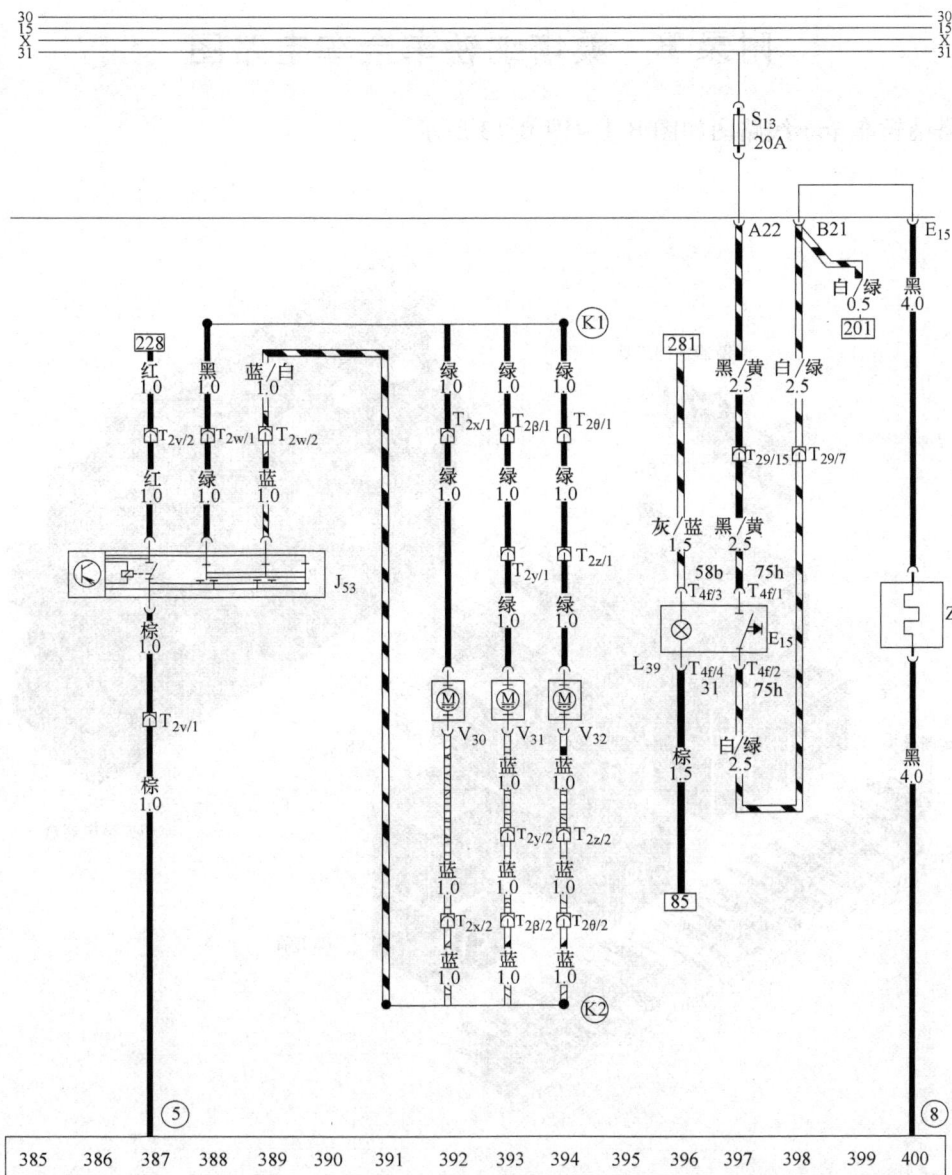

图 A-29 桑塔纳 2000GSi 型轿车集控门锁、后风窗除霜器电路图

E$_{15}$—后风窗除霜器开关   J$_{53}$—集控锁控制器   L$_{39}$—后风窗除霜器开关照明灯   S$_{13}$—后风窗除霜器熔丝（20A）   T$_{2v}$—左前门集控锁附加线束与集控门锁线束插头连接（2 针，在左前门内）   T$_{2w}$—左前门集控锁附加线束与集控门锁线束插头连接（2 针，在左前门内）   T$_{2x}$—右前门集控锁附加线束与集控门锁线束插头连接（2 针，在右前门内）   T$_{2y}$—左后门集控锁附加线束与左后门附加线束插头连接（2 针，在左后门内）   T$_{2z}$—右后门集控锁附加线束与右后门附加线束插头连接（2 针，在右后门内）   T$_{2\beta}$—左后门附加线束与集控锁线束插头连接（2 针，在驾驶人座椅外侧地毯下）   T$_{2\theta}$—右后门附加线束与集控锁线束插头连接（2 针，在副驾驶座椅外侧地毯下）   T$_{4f}$—仪表板开关线束与后窗除霜器开关插头连接（4 针，在后窗除霜器开关上）   T$_{29}$—仪表板线束与仪表板开关线束插头连接（29 针，在组合仪表下方）   V$_{30}$—右前集控锁电动机   V$_{31}$—左后集控锁电动机   V$_{32}$—右后集控锁电动机   Z$_{1}$—后风窗除霜器   ⑤—搭铁点（在中央配线盒右侧星形搭铁爪上）   ⑧—搭铁点（在左组合后灯左侧车身上）   (K1)—连接线（在集控门锁线束内）   (K2)—连接线（在集控门锁线束内）

附录 B 桑塔纳轿车全车电路图

桑塔纳轿车全车线路图如图 B-1 ~ 图 B-13 所示。

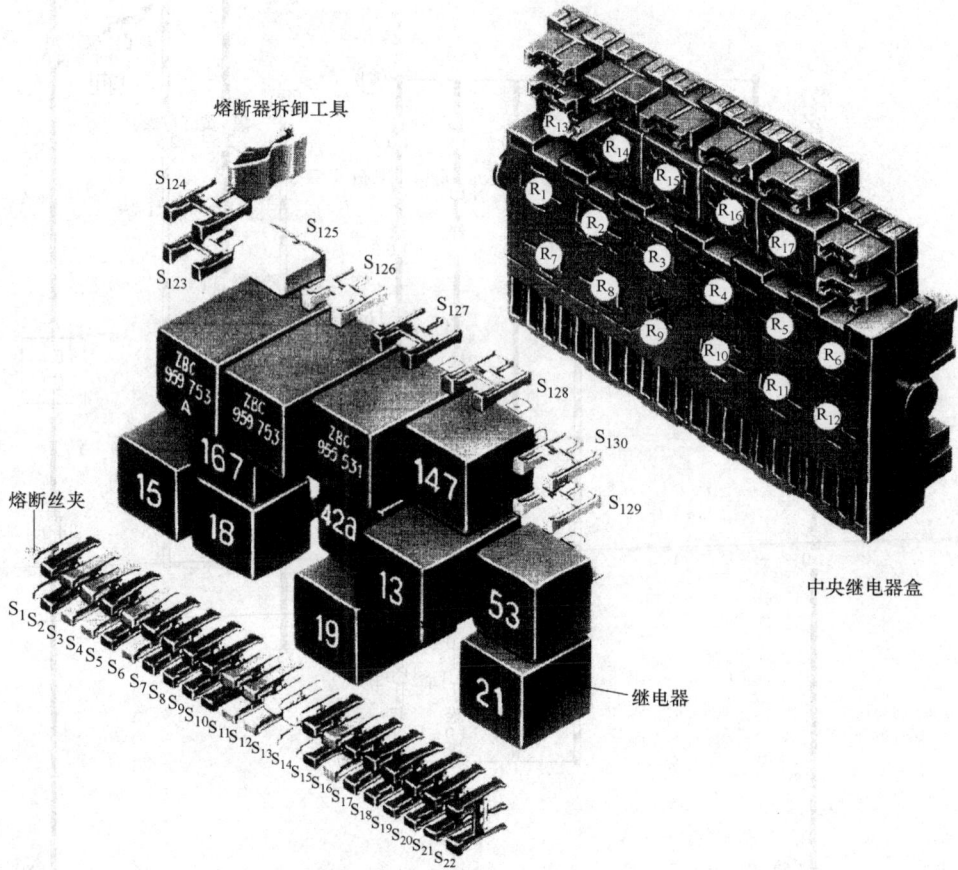

图 B-1 桑塔纳轿车中央配线盒正面继电器与熔断器安装位置

R_1—空位（备用） R_2—燃油泵继电器（壳体顶端识别号为167） R_3—空位 R_4—冷却液位继电器（壳体顶端识别号为42a） R_5—空调继电器（壳体顶端识别号为13） R_6—高、低音喇叭继电器（壳体顶端识别号为53） R_7—雾灯继电器（壳体顶端识别号为15） R_8—减荷继电器（X电源线电源继电器，壳体顶端识别号为18） R_9—拆卸熔断器专用工具安放孔 R_{10}—前风窗玻璃刮水器与清洗器继电器（壳体顶端识别号为19） R_{11}—空位 R_{12}—转向与警告灯闪光继电器（壳体顶端识别号为21） R_{13}—故障诊断插座 R_{14}—车门玻璃升降电机继电器（壳体顶端识别号为ZBC959 753A） R_{15}—车门玻璃升降延时继电器（壳体顶端识别号为ZBC959753） R_{16}—内顶灯延时继电器（壳体顶端识别号为ZBC 955531） R_{17}—空调压缩机继电器（壳体顶端识别号为147）

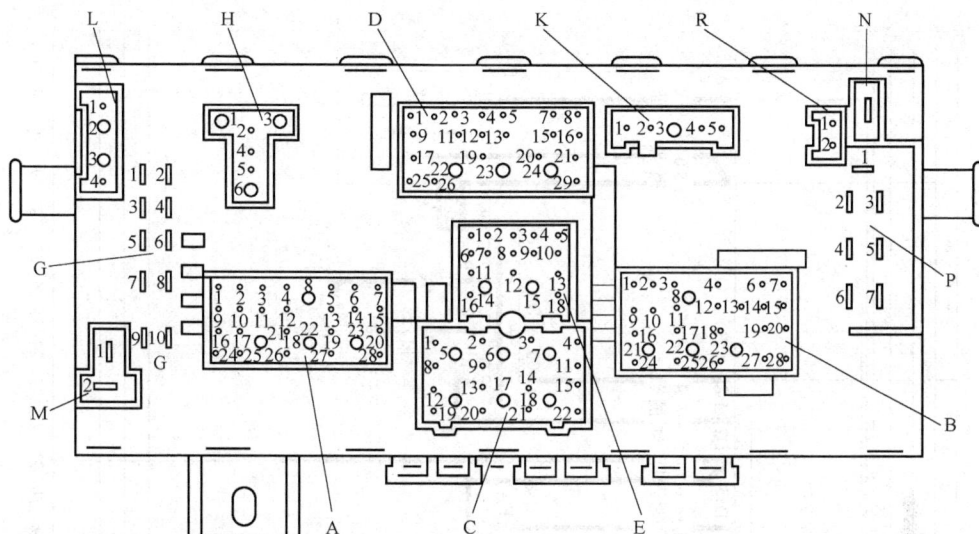

插接器插座代号	连接对象
A	仪表盘线束
B	仪表盘线束
C	前照灯线束
D	发动机舱线束
E	车身后部线束
G	单端子插座（主要用于连接冷却液不足指示控制器电源线）
H	空调系统线束
K	备用插接器插座
L	喇叭继电器线束
M	备用插接器插座
N	单端子插座（主要用于连接进气预热器加热电阻电源线）
P	单端子插座（连接蓄电池与中央电路板"30"号电源线,中央电路板"30"端子与点火开关"30"端子电源线）
R	备用插接器插座

图 B-2 桑塔纳轿车中央配线盒背面插接器插座位置

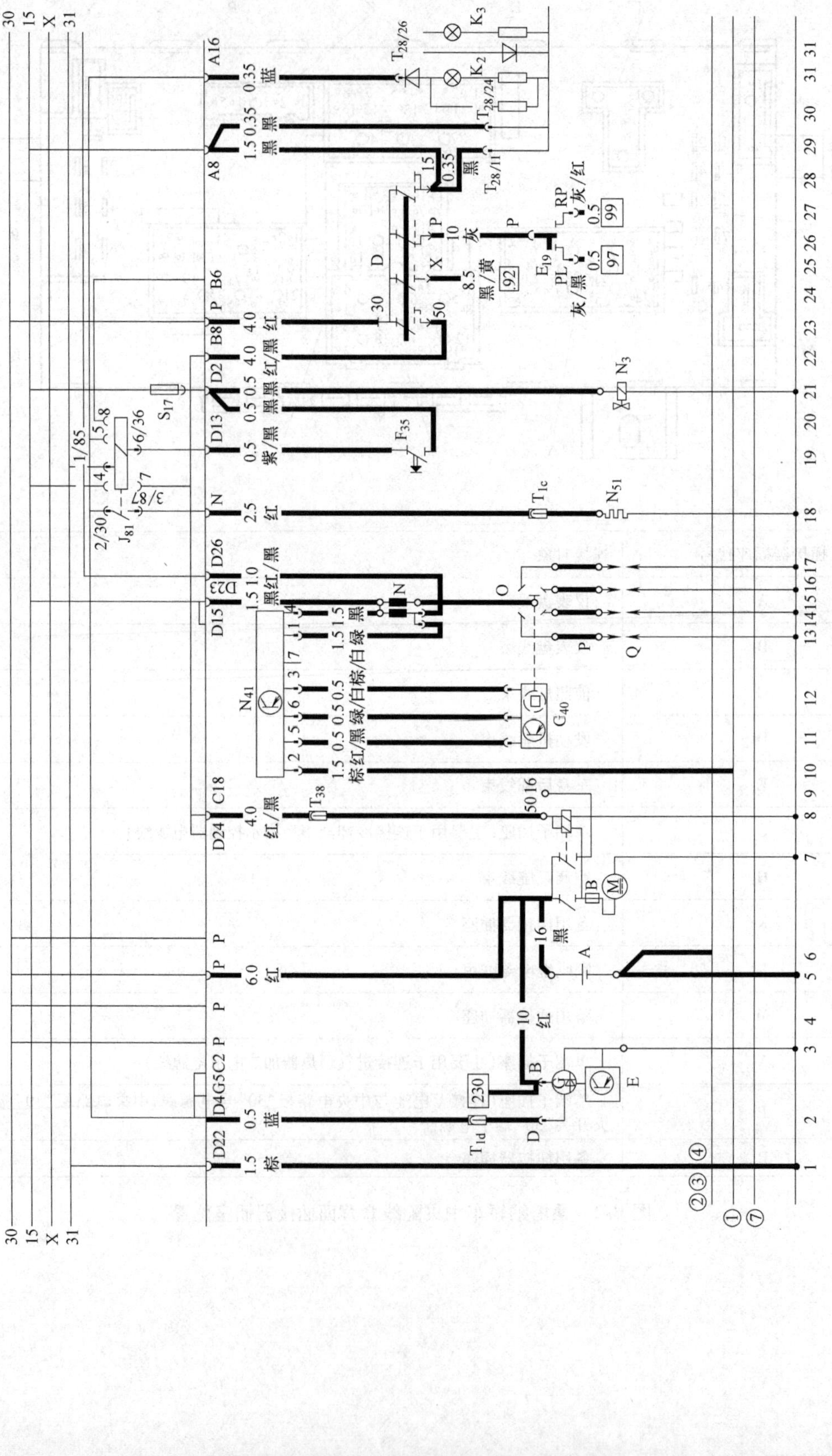

图 B-3　桑塔纳全车电路图（一）

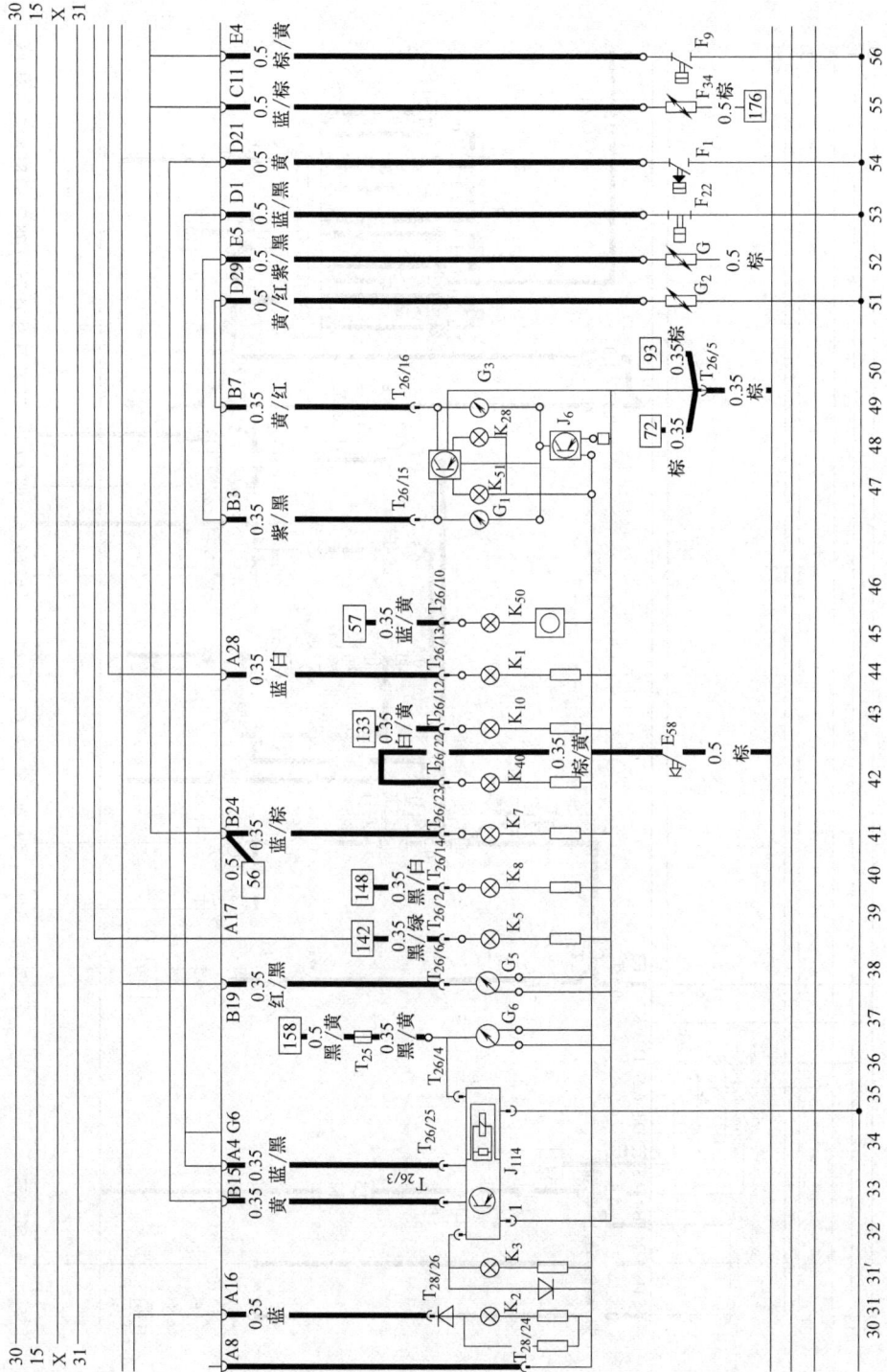

图 B-4 桑塔纳全车电路图（二）

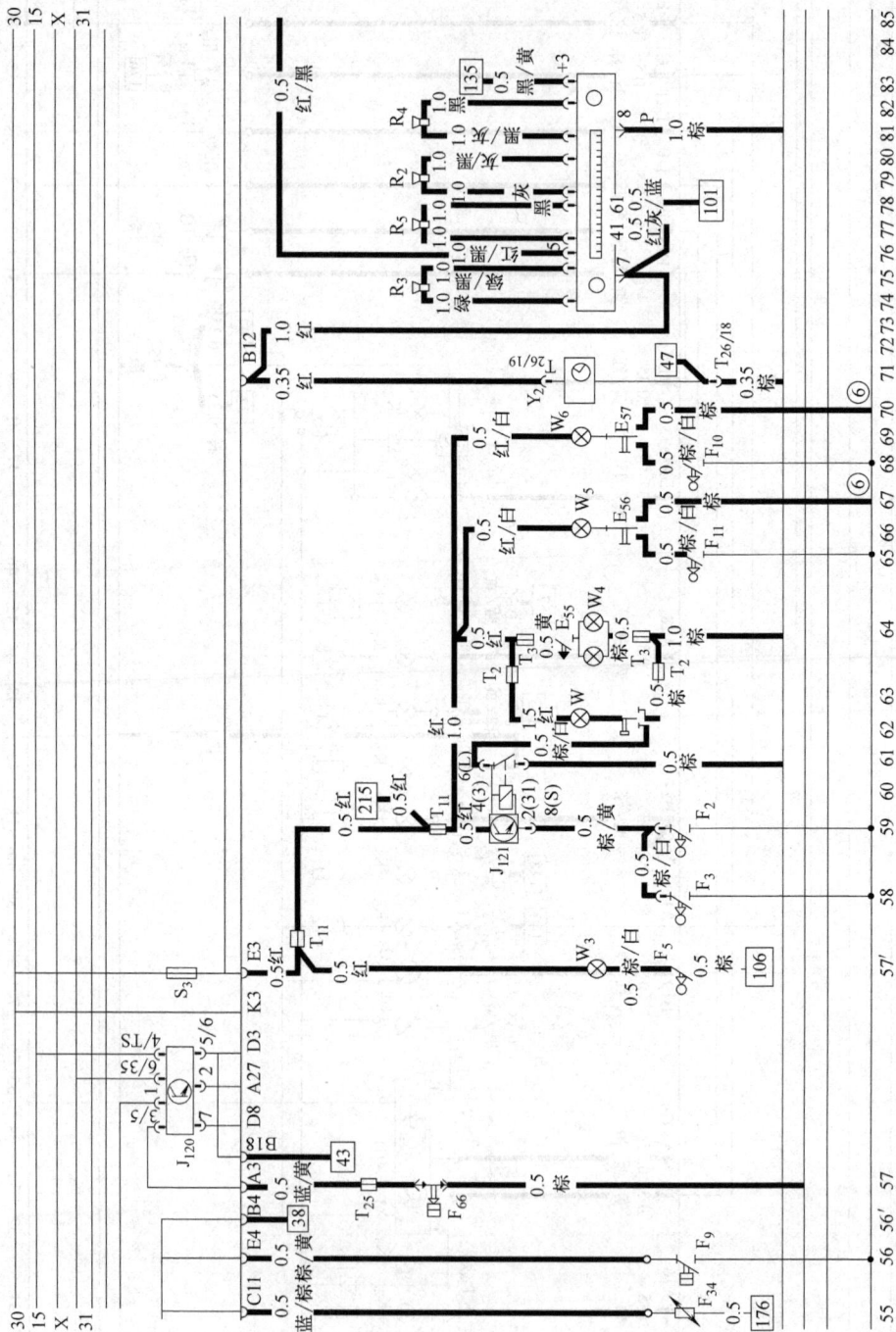

图 B-5 桑塔纳全车电路图（三）

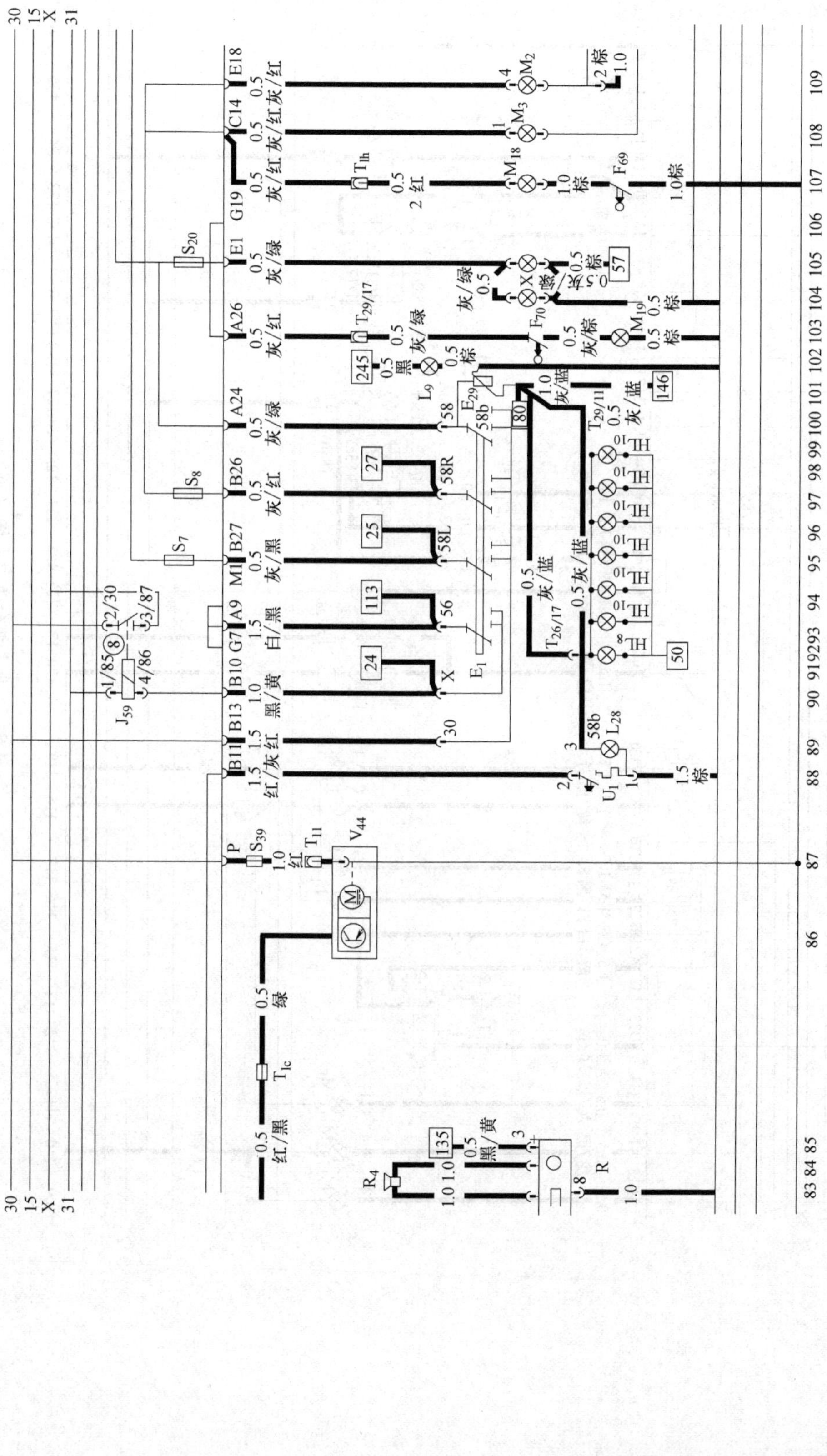

图 B-6　桑塔纳全车电路图（四）

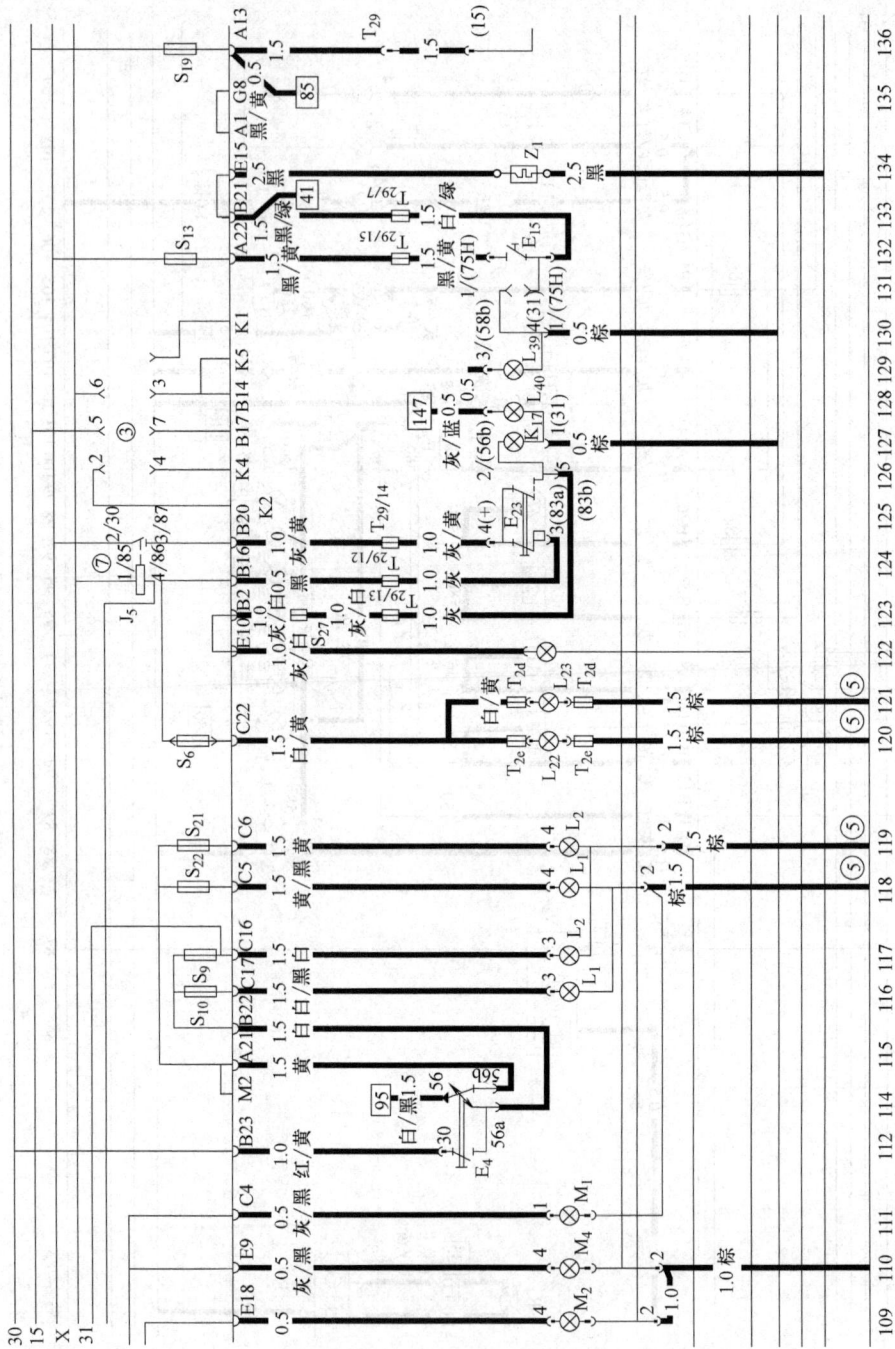

图 B-7　桑塔纳全车电路图（五）

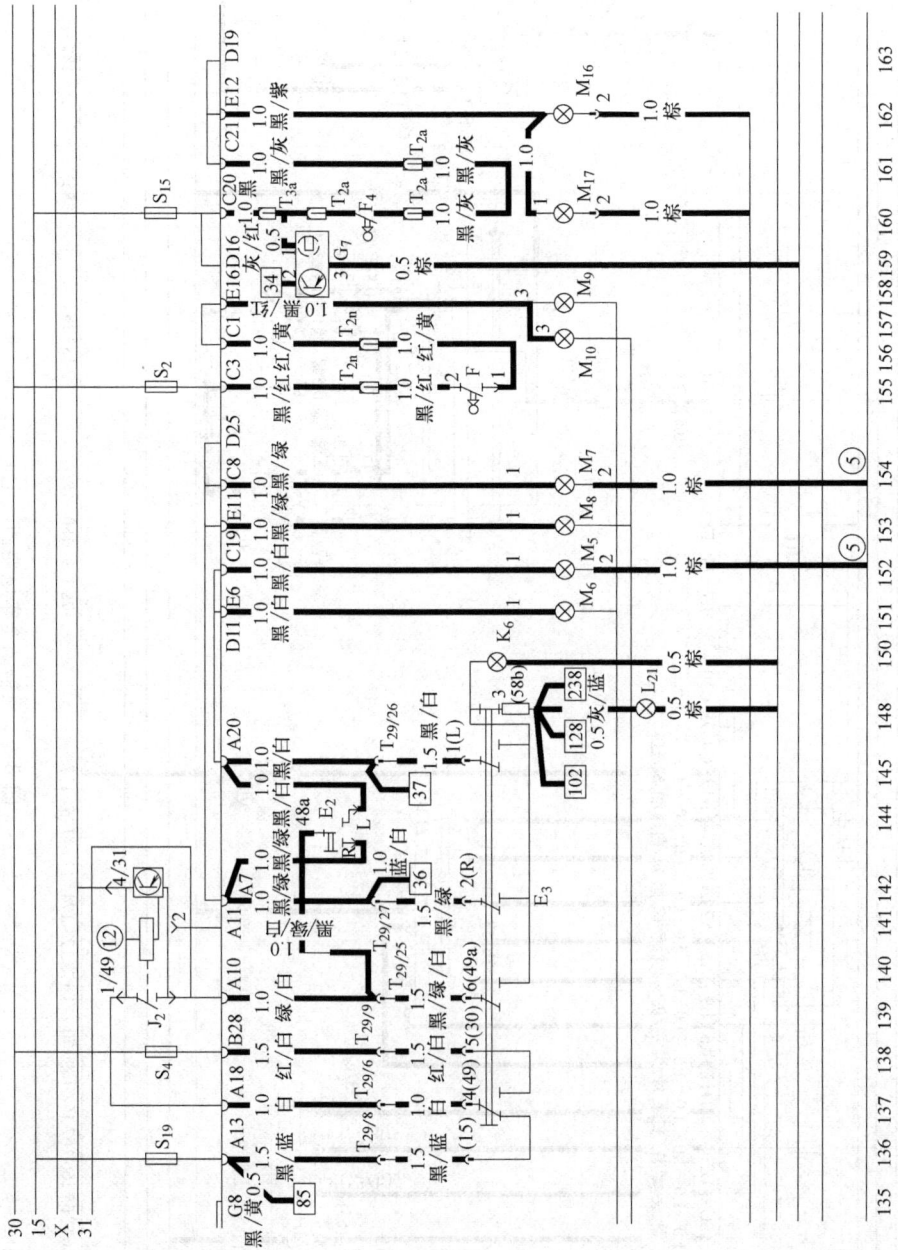

图 B-8 桑塔纳全车电路图（六）

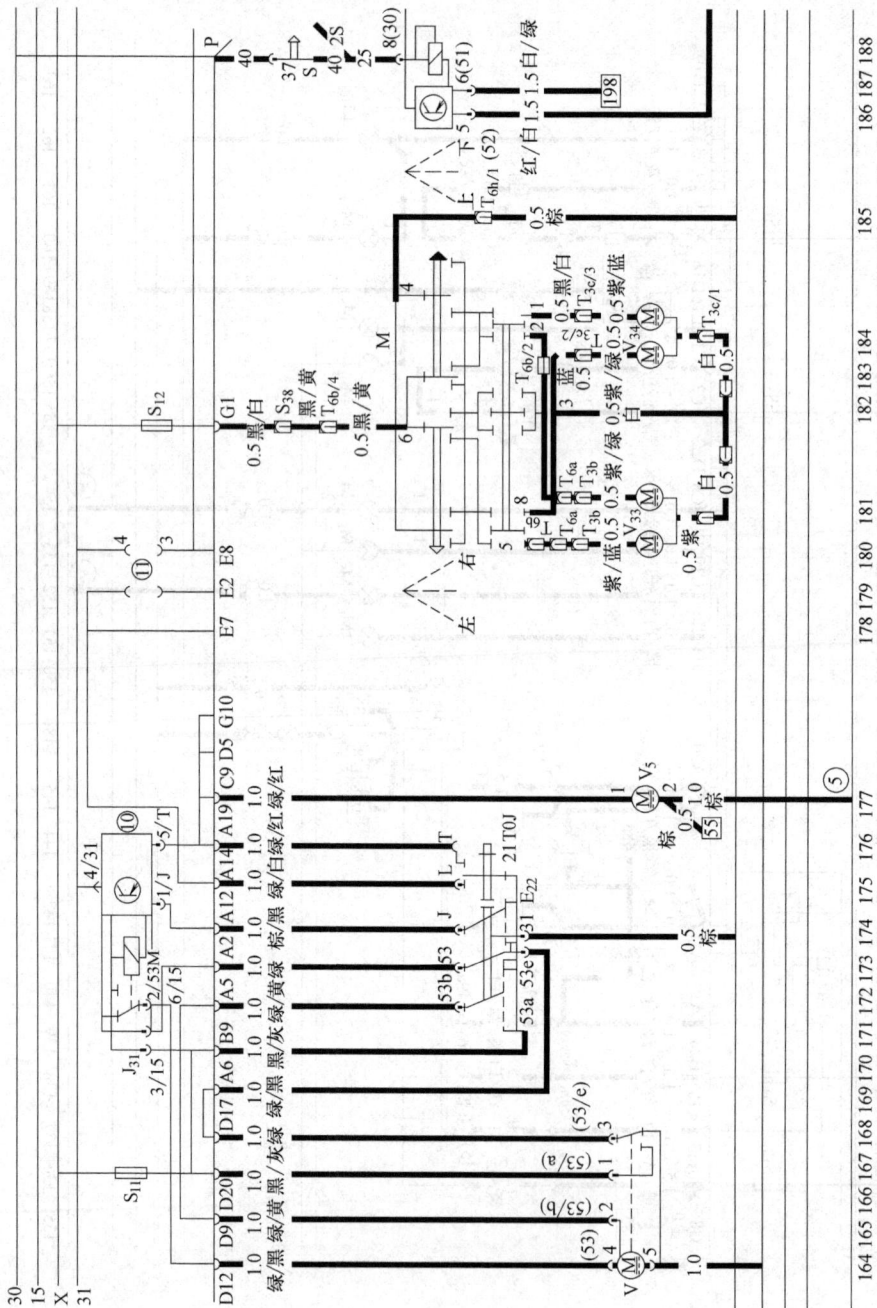

图 B-9 桑塔纳全车电路图（七）

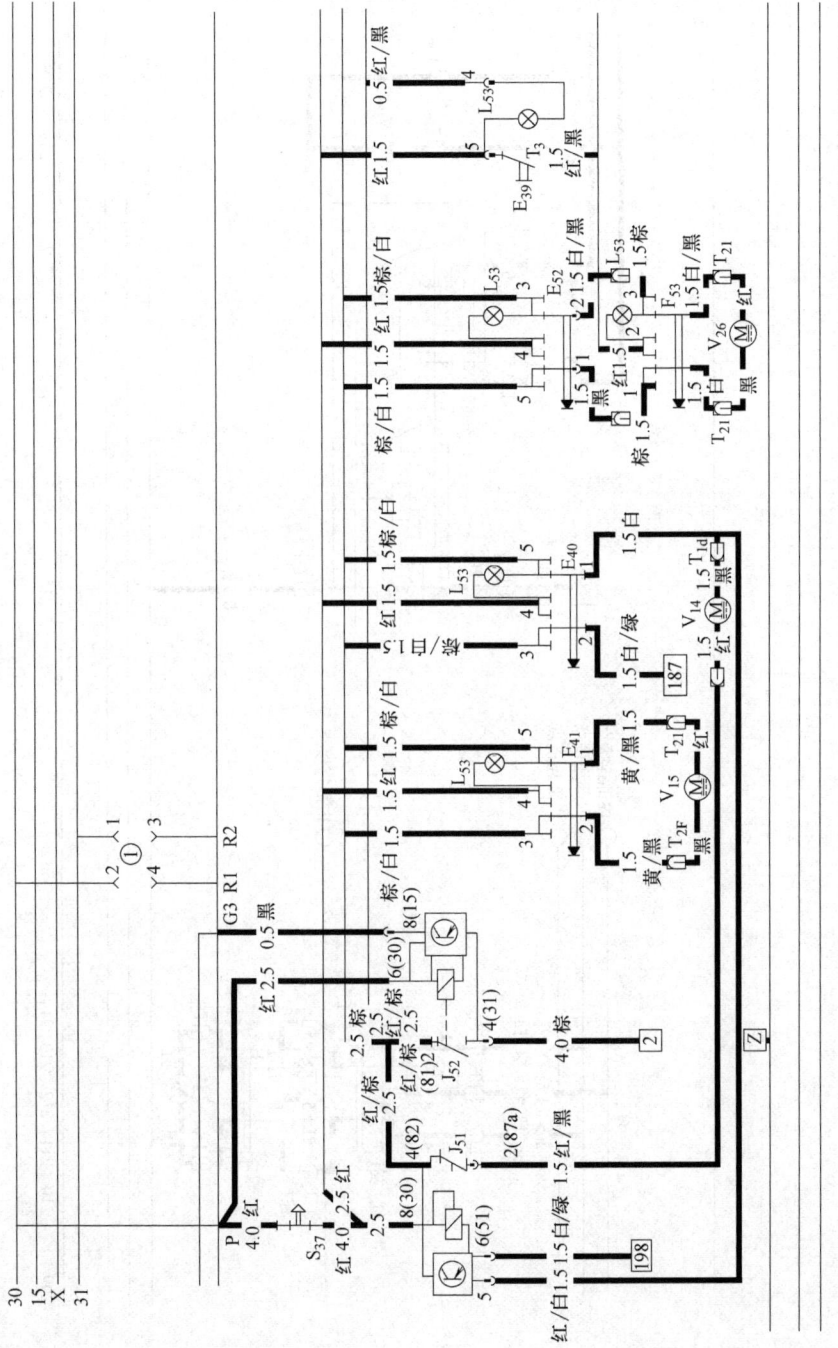

图 B-10 桑塔纳全车电路图 (八)

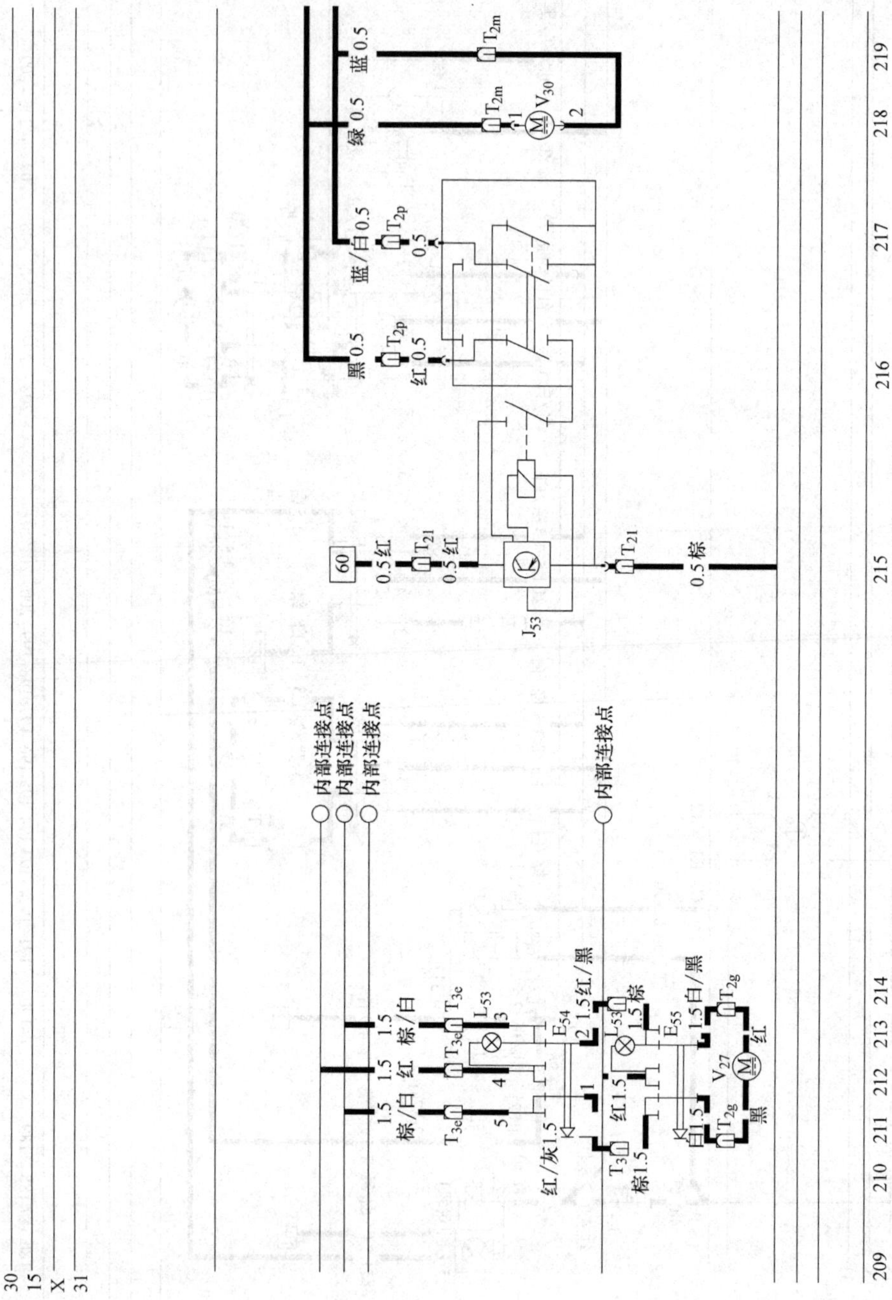

图 B-11   桑塔纳全车电路图（九）

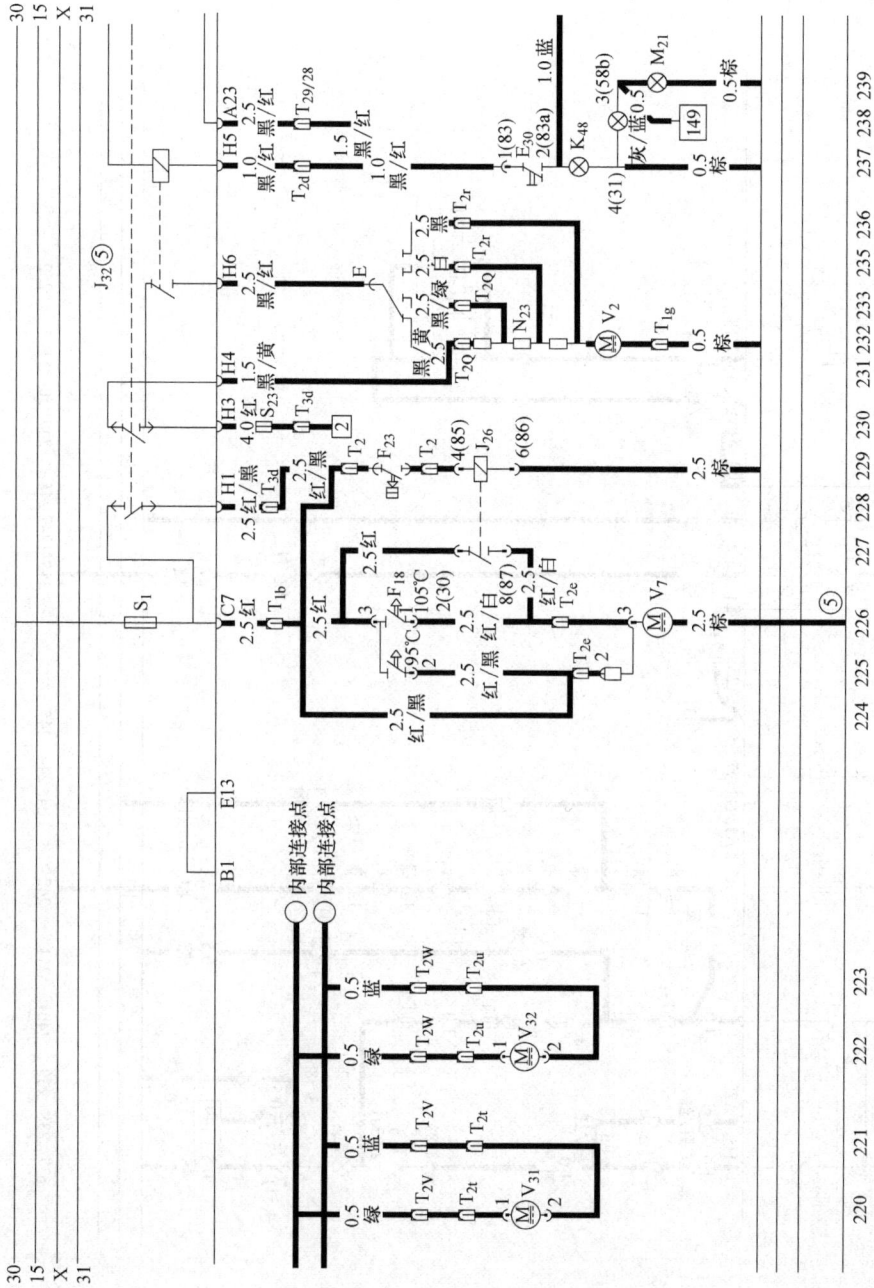

图 B-12　桑塔纳全车电路图（十）

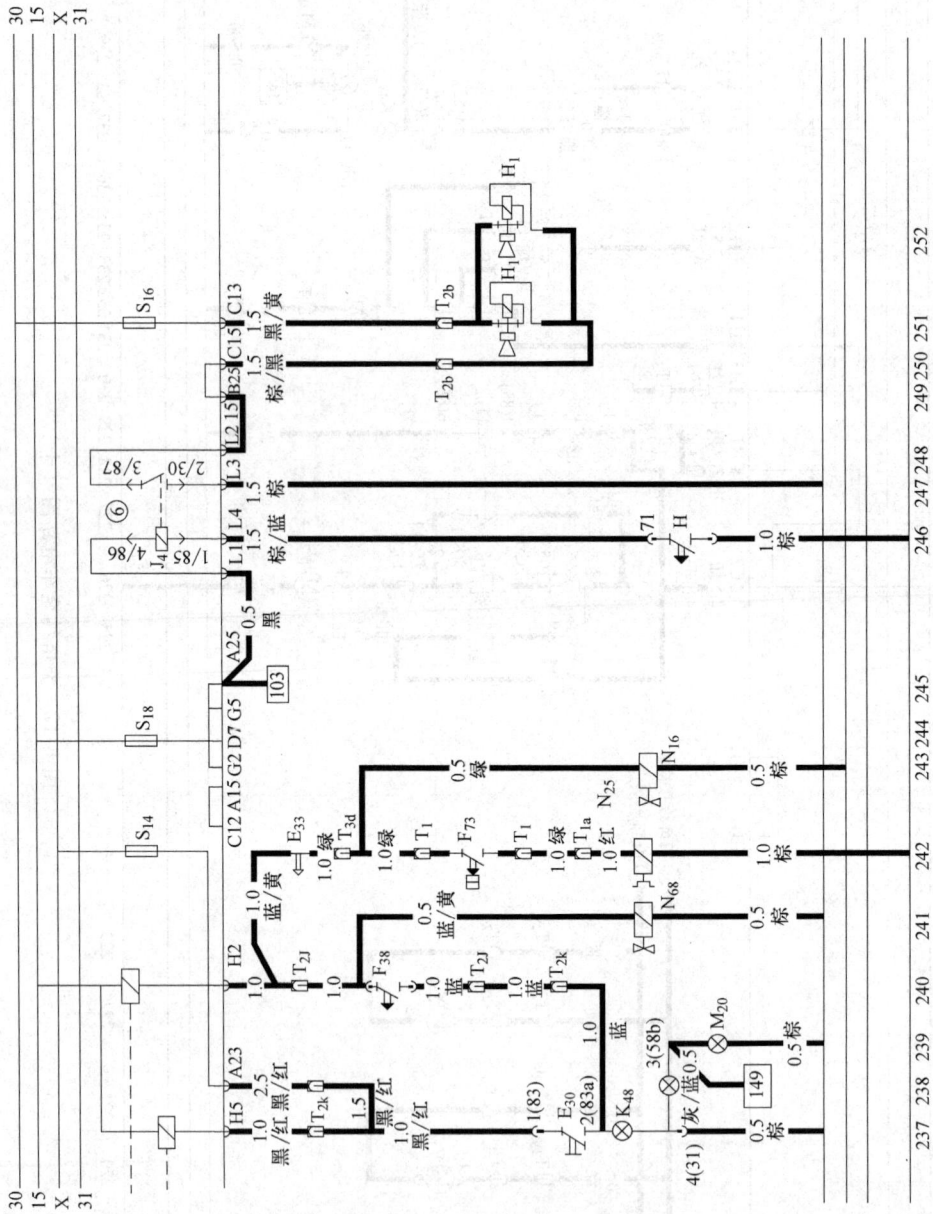

图 B-13　桑塔纳全车电路图（十一）

桑塔纳系列轿车全车电器文字符号的含义如下：

A—蓄电池　B—起动机　C—整体式交流发电机　C₁—整体式交流发电机内部调节器　D—点火开关

E₁—车灯组合开关　E₂—转向灯开关　E₃—危险警告灯开关　E₄—前照灯变光与警告灯开关　E₉—空调鼓风机开关　E₁₉—停车灯开关　E₂₀—仪表照明灯亮度调节电阻　E₂₂—风窗刮水器开关　E₂₃—前后雾灯开关　E₃₀—空调灯开关　E₃₃—空调风量开关　E₃₉—玻璃升降电动机开关　E₄₀—左前玻璃升降电动机开关　E₄₁—右前玻璃升降电动机开关　E₅₂、E₅₃—左后玻璃升降电动机开关　E₅₄、E₅₅—右后玻璃升降电动机开关　E₅₆—后阅读灯开关

F₁—高压油压开关（1800kPa）　F₂—左前车门接触开关　F₃—右前车门接触开关　F₄—倒车灯开关　F₅—行李箱照明灯开关　F₉—手制动指示灯开关　F₁₀—左后车门接触开关　F₁₁—右后车门接触开关　F₁₈—左前车门接触开关　F₂₂—低压油压开关（30kPa）　F₂₃—空调高压开关　F₂₆—冷却液门温度控制开关（现已改为手动控制）　F₃₄—制动液位警告灯开关　F₃₅—进气预热指示灯开关　F₃₈—空调室温控制开关　F₆₂—换档指示器真空控制开关　F₆₆—冷却液不足指示控制开关（63kW以上发动机）　F₆₈—换档油耗指示开关　F₆₉—发动机舱照明灯开关　F₇₀—杂物箱照明灯开关　F₇₃—空调压缩机开关

G—燃油表传感器　G₁—燃油表　G₂—冷却液温度表　G₃—冷却液温度表传感器　G₅—发动机转速表（63kW以上发动机）　G₆—车速表　G₇—车速传感器　G₈—霍尔式传感器

H—喇叭　H₁—双音喇叭

H₂—喇叭按钮

J₂—复合式闪光继电器　J₄—喇叭继电器　J₅—雾灯继电器　J₆—仪表稳压器　J₂₆—空调减负荷继电器　J₃₁—前风窗刮水器与清洗器继电器　J₅₁—风窗玻璃自动升降继电器　J₅₂—风窗玻璃升降延时继电器　J₅₃—左前门锁控制继电器　J₅₉—减荷继电器（中间继电器）　J₈₁—进气预热继电器　J₃₂—空调继电器　J₈₇—电子式急速控制继电器　J₉₈—换档指示器控制器　J₁₁₄—油压检查控制器　J₁₂₀—冷却液不足指示控制器　J₁₂₁—内部照明灯继电器

K₁—车灯组合开关指示灯　K₂—充电指示灯　K₃—油压指示灯　K₅—转向指示灯　K₆—远光指示灯　K₇—手制动指示灯　K₁₀—后风窗除霜器工作指示　K₁₇—雾灯指示灯　K₂₈—冷却液温度过高指示灯（红色发光二极管）　K₄₈—空调开关指示灯　K₄₉—危险警告开关指示灯　K₅₀—冷却液位指示灯　K₅₁—燃油不足指示

L₁—点烟器照明灯　L₂—右前照明灯　L₈—时钟照明灯　L₉—右后照明灯　L₁₀—仪表照明灯　L₂₀—右前雾灯　L₂₁—空调暖风开关照明　L₂₂—左前雾灯　L₂₃—右前雾灯
L₂₈—点烟器照明灯　L₃₉—后风窗除霜器开关照明灯　L₄₀—前后雾灯开关照明灯　L₅₁—玻璃升降电动机开关照明　L₅₃—玻璃升降电动机开关照明

M₁—左前停车灯　M₂—右前停车灯　M₃—左后停车灯　M₄—右后停车灯　M₅—左前转向信号灯　M₆—左后转向信号灯　M₇—右前转向信号灯　M₈—右后转向信号灯　M₉—左制动灯　M₁₀—右制动灯　M₁₆—左后倒车灯　M₁₇—右后倒车灯　M₂₀—空调控制器指示灯
M—电动后视镜驱动电动机

N₃—急速截止电磁阀　N₁₆—急速提高电磁阀（转速）　N₂₃—鼓风电动机调速电阻　N₂₅—空调电磁离合器　N₄₁—电子点火控制器　N₅₁—进气预热器加热电阻
N₆₃—霍尔式分电器

O—霍尔式分电器　P—火花塞抗干扰插头　Q—火花塞

R—收音机　R₂、R₃、R₄、R₅—扬声器

T₁—单端子插接器（位于蓄电池旁）　T₁ₐ—单端子插接器（位于发动机室左方）　T₁ᵦ—单端子插接器（位于发动机室左方）　T₁ᵧ—单端子插接器（位于蓄电池旁）
T₁ᵤ—单端子插接器（位于仪表板右方）　T₁ₑ—单端子插接器（位于中央电路板附近）　T₁ᵣ—单端子插接器（位于仪表板右方）
T₂ₖ—双孔插接器（位于仪表盘背面）　T₃ₐ—三孔插接器（位于仪表盘背面）　T₃ᵦ—三孔插接器（位于行李箱盖）　T₄—四孔插接器（位于仪表盘中央）
T₂₉～29—端子插接器（位于组合仪表盘下方）　T₁₄—14

U—点烟器　U₁—点烟器

V—前风窗刮水器电动机　V₂—后风窗刮水器电动机　V₃—前风窗清洗器电动机　V₇—冷却风扇电动机　V₁₄—左前玻璃升降电动机　V₁₅—右前玻璃升降电动机　V₂₆—左后玻璃升降电动机
升降电动机　V₂₇—右后玻璃升降电动机　V₃₁—右后中央门锁电动机　V₃₂—右前中央门锁电动机　V₃₃—右电动后视镜电动机　V₃₄—左电动后视镜电动机　V₄₄—天线电动机

W—前雾灯　W₃—行李箱照明灯　W₄—遮阳灯　W₅—右后阅读灯　W₆—左后阅读灯　W₂₇—后风窗除霜器

X—牌照灯　Y₂—数字式时钟　Z₁—后风窗除霜器

参 考 文 献

[1] 丰田汽车公司. 汽车电器设备维修 [M]. 北京：高等教育出版社，2006.

[2] 娄云. 汽车电路分析 [M]. 北京：机械工业出版社，2006.

[3] 舒华. 汽车电路设备与维修 [M]. 北京：北京理工大学出版社，2005.

[4] 李春明，魏崴. 汽车电路设备与维修 [M]. 西安：西安科技大学出版社，2003.

[5] 袁苗达. 实施汽车电路系统初级维护 [M]. 北京：机械工业出版社，2010.